主題型遊 SMART

★跟着動漫遊東京、大阪、名古屋、九州…

☆踏遍172個全日本動漫聖地

★149間不可不知的ACG商店

☆不能錯過的動漫展覽、精品

★一定要懂的入門級ACG用語

☆附錄：日本各地交通指南

第一次接觸漫畫是升中學時，偶然經過一家漫畫租書店，被成千上萬畫功精細的日本漫畫深深吸引，從而開始了看漫畫的人生，成為了今天別人眼中的「御宅族」。長大後到日本旅行，當然不忘前往東京秋葉原「朝聖」，然而這個人所共知的動漫聖地，對動漫大國日本來說，只不過是冰山一角、甚至乎是皮毛之選而已！

單是東京，遊客愛到的池袋內，就蘊藏了專售女性向動漫商品的乙女路，而且規模更不斷持續擴大中；作為交通中心樞紐的東京站，有一條東京動漫人物街，不同的電視台進駐於此，出售的大部分為播放相關的動漫產品；以為澀谷是潮人才會去的地區，熱門動漫店連鎖店一家也不少，就連區內的 Tower Record Café 也經常與動漫聯動而擠得水泄不通；台場除了是日劇取景地外，還豎立了一比一的高達模型！

近年在互聯網與手機的迅速發展下，不少人更容易接觸到動漫，創作人更把動漫結合現實，以實地取景，粉絲看罷作品會特地前往作聖地巡遊，帶動不少偏遠地區的旅遊產業：看了《你的名字》，就吸引了不少人前往岐阜與諏訪湖；又或與歷史掛勾，像《刀劍亂舞》的古刀擬人化，讓平常鮮有人前往的博物館變得熱鬧非常！

透過二次元動漫，現在還有 2.5 次元：將動漫真人化成舞台劇，舞台劇的演員都成為粉絲追捧的偶像；成為偶像的還有替動漫聲演的聲優們，為了看喜愛的動漫活動，門券往往更是一票難求，為了追星而出門的人（包括我）不勝其數，又有一個去日本旅行的理由啦！

常道旅行能讓人眼界大開，透過動漫則能讓人腦洞大開，而透過動漫旅行除了讓人錢包大開之餘，更可以從中體驗不一樣的旅行樂趣！翻開後頁，開啟你想前往的動漫之旅！

P.S. 每次不厭其煩的，都要答謝每位與我出行的好友與妹妹，還有出版社的各位編輯！ ^_^

Li

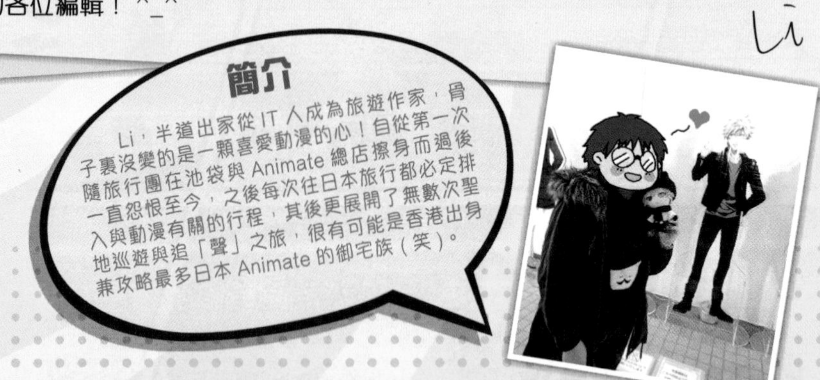

目錄 Contents

目錄

Part I

　　隨着越來越多動漫以日本實地取材，日本在近年興起動漫聖地巡遊(聖巡)，不少動漫愛好者會從動漫中尋找用作藍本的真實地點，再到當地拍照留影。日本各地的觀光組織也看準了商機，與相關的動漫作品推出限定精品與聖地巡遊地圖等，成功帶動一些偏遠的地區的旅遊業！

起動！
動漫聖地巡遊之旅
君の名は…

《LoveLive!》最初是以《LoveLive! School Idol Project》之名，由雜誌《電擊 G's Magazine》聯同著名音樂公司 Lantis 與日昇動畫合作的企畫，透過讓讀者參與故事背景及募集組合名稱等，組成 9 個由聲優聲演的虛擬偶像組合 μ's，及後再創作故事，2013 年第一期動畫推出後，出色的音樂加上與讀者互動更把整個計劃推至高峰，手機遊戲的下載數目更突破 1,000 萬人，同時更受到男女動漫迷的喜愛。

《LoveLive!》雖然不像《LoveLive!Sunshine》以日本某地作為故事舞台，然而 LoveLiver(LoveLive 愛好者，簡稱 LLer) 對位於秋葉原的神田明神卻肯定絕不陌生，只因這裏便是《LoveLive!》主角之一東條希擔任巫女打工的地點！

東京都秋葉原　神田明神

Online地圖:
goo.gl/s3nhb9

神田明神正式名稱為神田神社，建築物本身更是國家登錄有形文化財。神田明神為江戶總鎮守，距今已有 1,300 年歷史，現時的隨神門於昭和 51 年 (1976 年) 重建。神社因《LoveLive!》一舉成名，更指定以東條希作為官方二次元的代表，其後發表以東條希作為主角的繪馬與御守等。

每年 5 月中舉辦的例大祭為神社最盛大的祭典，近年常與《LoveLive!》及其他動漫合作舉辦聯合活動！ 2017 年的神田祭，神社更與另一套動漫《刀劍神域劇場版》合作，推出一系列產品。另外來到神社朝聖時，別忘了欣賞 LLer 信眾們手繪的繪馬，看罷你便會驚嘆粉絲們的畫功，並明白為何日本能成為動漫王國了！

▲神田神社的正門，在《LoveLive!》動畫亦出現過。

▲神社內更可找到《LoveLive!》的海報。

▶神社的繪馬也印上了《LoveLive!》的角色們。

▲想像一下希ちゃん就在正殿前打掃！

▲粉絲們還會一展身手畫上喜歡的角色，看到出色的畫功不禁會想：難道所有日本人都會畫畫的？

▲▶神社更有出售各種《LoveLive!》限定精品，掛件襟章當然不會少，想不到連御朱印的本子也有！

INFO
地址：東京都千代田區外神田 2-16-2
交通：從 JR 秋葉原站電氣街口出口步行約 7 分鐘
時間：24 小時開放
電話：03-3254-0753
官網：www.kandamyoujin.or.jp

由電擊文庫改篇的《無頭騎士異聞錄》以池袋為故事舞台，動畫已播出三季，故事以光怪陸離的事件及人物串連，主角更是騎着黑色電單車的「無頭騎士」！大部分動畫背景地都不是以真實地名展示出來，然而《無頭騎士異聞錄》則開宗明義指故事的發生地就是東京的池袋，更把池袋多個地標作為動畫的場景，讓池袋成為粉絲們聖巡必到的地方。

東京都池袋 Toyku Hands 池袋店

Online地圖：goo.gl/sGfftA

▲高音譜號石碑第一季的開場曲片段內帝人、正臣、杏里三人組聚集的背景，而石碑就在池袋 60 通街道附近。

▶配合舞台めぐり的 App，可隨意把正臣加到相片中。

幾乎來池袋的遊客都會必到的 Tokyu Hands 池袋店，想不到會是動畫的其中一個場景吧？在第一部結局中，Dollars 集合的地方就是敲定在這裏！

INFO

地址：東京都豊島區東池袋 1-28-10
交通：從 JR 池袋站東口步行約 5 分鐘
時間：10:00~21:00
電話：03-3980-6111
官網：https://ikebukuro.tokyu-hands.co.jp

《你的名字》 3

在日本票房取得過億的佳績，同時紅遍中港台的動畫電影《你的名字》讓不少人認識動畫家及導演新海誠，同時亦引發一陣聖地巡遊的熱潮。動畫中女主角三葉居住的糸守町雖為架空小鎮，然而小鎮部分場景及糸守湖則參考了新海誠的出生地長野縣的諏訪湖與附近地方，同時男主角瀧前往尋找三葉下車的車站則是飛驒古川站，町中的其餘取景地亦有參考飛驒市部分市景。

須賀神社

Online地圖：goo.gl/82qU5s

須賀神社主祭神為須賀大神與稻荷大神，現時本殿內奉納的三十六歌仙繪為兩位大師大岡雲峰及千種有功於 1836 年繪成，現為新宿區指定有形文化財。《你的名字》的宣傳海報與動畫最終幕——瀧與三葉再遇的樓梯就是這間須賀神社，距神社不遠的餐廳カフェ ラ·ボエム更是瀧兼職的地方呢！

▲因電影大受歡迎，不少人特地前來聖巡。

▲須賀神社面積不大。

INFO

地址：東京都新宿區須賀町 5 番地
交通：從 JR 四ツ谷站或信濃町站步行約 10 分鐘；或從地下鐵四ツ谷站步行約 10 分鐘；或從地下鐵四谷三丁目站步行約 7 分鐘
時間：24 小時開放
電話：03-3351-7023
官網：www.sugajinjya.org

▲神社的繪馬出現不少三葉呢！

▲瀧與三葉互相找尋對方然後再遇的樓梯，成為電影經典的一幕。

東京都新宿　カフェ ラ・ボエム

於日本擁有超過 10 間分店的カフェラ・ボエム (Cafe La Bohéme) 是一家意大利餐廳，店內幾乎重現了電影中瀧兼職的場景，唯一不盡相同的是店員的服裝。另外留意店鋪不可穿着運動短褲等過於悠閒的服裝進內，同時 18:00 後 20 歲以下人士需有成人陪伴方可進場。

◀位於轉角處的カフェラ・ボエム，來吃一頓晚餐，找尋瀧與奧寺前輩的身影。

INFO
地址：東京都新宿區新宿 1-1-7 コスモ新宿御苑ビル 1-2F
交通：從地下鐵新宿御苑前站 2 號出口步行約 3 分鐘
時間：星期一至五 11:30~23:30，星期六、日或假日 11:00~23:30 (最後點餐：食物 22:30、飲品 23:00)
電話：03-5366-2242
官網：www.boheme.jp/shinjukugyoen

Starbucks SHIBUYA TSUTAYA 店

位於涉谷十字路口 TSUTAYA 2 樓的 Starbucks 亦是《你的名字》其中一個場景：與瀧互換了身體的三葉與奧寺前輩約會的地點正是面向十字路口的座位！

◀身體與瀧互換的三葉就是坐在二樓與奧寺前輩傾吐心事。

INFO
地址：東京都涉谷區宇田川町 21-6 QFRONT 1-2F
交通：從地下鐵渋谷站 6 號出口步行約 2 分鐘
時間：06:30~28:00
休息：不定休
電話：03-3770-2301
官網：www.starbucks.co.jp/store/search/detail.php?id=2003

4 《文豪野犬》

《文豪野犬》以世界著名文豪及作品為主角們的名字與特殊異能，展開黑手黨與武裝偵探社之間的故事。自 2016 年動畫化後已播放兩季，2018 年更推出劇場版。故事的背景為橫濱，當中大量場景都成為聖地巡遊的目標地。橫濱市觀光局亦曾與《文豪野犬》合作，以蓋章活動吸引不少粉絲到訪！

神奈川縣橫濱　橫濱地標大廈　横浜ランドマークタワー

位於橫濱地標大廈 69 樓的空中花園高達 273 米，除了可盡覽橫濱海岸景色外，看過《文豪野犬》的朋友必定會對東面的景色感到非常熟悉——這不就是《文豪野犬》第一季主題曲開首的一段場景嗎？

▲《文豪野犬》第一季主題曲開首，正是橫濱的夜景。

▲ Sky Garden 除了設有賣店，還有 Sky Café 提供簡餐。

INFO
地址：神奈川縣橫浜市西區みなとみらい 2-2-1 69F
交通：從 JR 或地下鐵桜木町站步行約 5 分鐘
時間：10:00~21:00，星期六及暑假期間延至 22:00(最終入場時間為閉館前 30 分鐘)
費用：成人 ￥1,000，高中生或 65 歲以上長者 ￥800，中學生及小學生 ￥500，4 歲以上兒童 ￥200
電話：045-222-5030
官網：www.yokohama-landmark.jp/skygarden/

神奈川縣橫濱 象之鼻公園
象の鼻パーク

Online地圖:
bit.ly/2KGeCp5

《文豪野犬》第一季片尾曲內大部分場景及第二季片尾曲開首的取景地均為象之鼻公園，公園的石橋、木地板還有一閃即逝的大象公仔，都可在公園不同角落內找到，這裏更是 Cosplayer 愛到的拍攝聖地！

動漫用語小知識

Cosplay

Cosplay 即以服裝及道具配搭下扮演動漫角色，而 Cosplayer 則指進行角色扮演的人。(詳見 P.52)

(文字：IKiC)

▲第一季片尾曲《名前を呼ぶよ》，太宰與敦正是躺在公園的木地板上。

▲成一排的石柱現時成為 Cosplayer 的取景地。

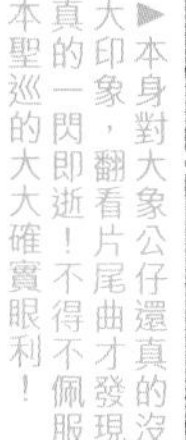

▶本身對大象公仔還真的沒大大印象，翻看片尾曲才發現是真的一閃即逝！不得不佩服日本聖巡的大大確實眼利！

INFO

地址：神奈川縣橫濱市中區海岸通 1
交通：從みなとみらい線日本大通り站 1 號出口步行約 2 分鐘
電話：045-671-7188

神奈川縣橫濱 元町商店街

Online地圖:
goo.gl/YDfJbK

圓拱型的商店街入口，是太宰與敦於第一季第 2 集因工作而前來的元町商店街，而街道上的場景亦有於之後集數出現過。

▶太宰與敦穿過圓拱型的入口來元町工作。

INFO

地址：神奈川縣横浜市中區元町 1
交通：從みなとみらい線元町 • 中華街站 5 號元町口即達
電話：045-641-1557

神奈川縣橫濱 橫濱中華街

Online地圖:
goo.gl/snXQaL

橫濱中華街的善隣門於第一季第 9 集出現，就是敦向鏡花提出約會的地點。而縱橫交錯的中華街於第 11 集再度出場，為賢治與敦執行任務之地。

INFO

地址：神奈川縣横浜市中區山下町
交通：從みなとみらい線元町 • 中華街站 1 號山下公園口即達
電話：045-773-5885
官網：www.chinatown.or.jp

▲在張掛着紅燈籠的小街穿梭，很切合武裝探偵社的設定啊！

▲鏡花在第 9 集內也享受了不少中華街的美食。

神奈川縣橫濱 横濱紅磚貨倉 2 號館 赤レンガ倉庫

Online地圖:
goo.gl/VPi7CF

▲還原劇中一幕只欠班戟車。

橫濱紅磚貨倉於第 9 集出現，就是敦與鏡花約會的其中一個地點，鏡花還在這裏讓敦請吃班戟！

INFO
地址：神奈川縣橫浜市中區新港 1-1
交通：從 JR 或地下鐵桜木町站步行約 15 分鐘；或從みなとみらい線馬車道站或日本大通り站步行約 6 分鐘
時間：10:00~20:00　電話：04-5227-2002
官網：www.yokohama-akarenga.jp

神奈川縣橫濱 横濱市開港記念会館、神奈川県立歴史博物館、横濱税関本関庁舎

横濱市開港記念会館
Online地圖:
goo.gl/zfz2Zr

神奈川県立歴史博物館
Online地圖:
goo.gl/S6boum

横濱税関本関庁舎
Online地圖:
bit.ly/2UtxJqx

第 9 集敦向鏡花提出約會後，兩人曾到過橫濱球場、横浜市開港記念会館、神奈川県立歴史博物館及横浜税関本関庁舎等地，同時横浜市開港記念会館與神奈川県立歴史博物館亦於第二季片尾曲開首時出現。這三棟建築可說是橫濱大正時期的代表建築，亦強調了文豪的故事正是在橫濱市內發生。

▲以紅磚建成横浜市開港記念会館。

▲前身為橫濱正金銀行本店的神奈川県立歴史博物館。

◀橫浜税関本関庁舎劇中雖說由敦提出，但其實都是由約會鏡花介紹不同的建築物。

INFO
横浜市開港記念会館
地址：神奈川縣横浜市中區本町 1-6
交通：從みなとみらい線日本大通り站 1 號出口步行約 1 分鐘
時間：走廊及資料室 10:00~16:00，另每月一次公開入內參觀，日期可參考網頁
休息：每月第 4 個星期一 (若遇假期則順延一天)、12 月 29 日至 1 月 3 日
電話：045-201-0708
官網：www.city.yokohama.lg.jp/naka/kaikou
神奈川県立歴史博物館
地址：神奈川縣横浜市中區南仲通 5-60
交通：從みなとみらい線馬車道站 5 號馬車道口出即達
時間：09:30~17:00(最終入場時間為 16:30)
休息：星期一 (若遇假期則順延一天)、12 月 28 日至 1 月 4 日
電話：045-201-0926
官網：http://ch.kanagawa-museum.jp
横浜税関本関庁舎
地址：神奈川縣横浜市中區海岸通 1-1
交通：從みなとみらい線日本大通り站 1 號出口步行約 3 分鐘
官網：www.customs.go.jp/kyotsu/map/yokohama/yokohama.htm

神奈川縣橫濱 Cosmo World

Online地圖:
goo.gl/AVUF8x

第 9 集敦與鏡花坐上的摩天輪，就是 Cosmo World 內的巨型摩天輪。Cosmo World 本身免費入場，遊戲均為個別收費。不說不知原來名為 Cosmo Clock 21 的摩天輪曾經是全世界最大的摩天輪！

◀鏡花在摩天輪上看到了從未見過的景色。

INFO
地址：神奈川縣横浜市中區新港 2-8-1
交通：從 JR 或地下鐵桜木町站步行約 10 分鐘；或從みなとみらい線みなとみらい站步行約 2 分鐘
時間：平日 11:00~20:00，星期六、日或假期 11:00~22:00，個別開放時間可參考官網
費用：Cosmo Clock 21 每人 ￥800
電話：045-641-6591
官網：http://cosmoworld.jp

其他場景一覽：

地點／場景	Online地圖	地點／場景	Online地圖
地點：電話ボックス 場景：第一季第 4 集敦與黑手黨樋口一葉通電話的電話亭	Online地圖： goo.gl/muW2Uv	地點：三渓園 場景：第二季第 17 集黑手黨幹部尾崎紅葉與首領森鷗外現身的場所	 Online地圖： goo.gl/wpFUWf
地點：橫濱球場／山下公園／港の見える丘公園 場景：第一季第 9 集敦與鏡花約會的地方，山下公園亦於第二季第 17 話及第 24 話登場	Online地圖： goo.gl/vak5yU	地點：新港橋 場景：第二季第 19 集鏡花被北美異能組織組合的團長襲擊時，敦立即趕來救援的地方	Online地圖： bit.ly/2UmPumU
地點：山手警察署 港の見える丘公園前交番 場景：第一季第 9 集鏡花打算前往自首的警局	Online地圖： goo.gl/BkXecP	地點：日本大通り站 場景：第二季第 20 集敦協助太宰逃走的場景	 Online地圖： goo.gl/qxaMnh
地點：橫濱美術館 場景：美術館外的空地為第二季第 15 集黑手黨與異能組織 Mimic(ミミツク) 戰鬥的地方，第二季第 24 集太宰則曾與黑蜥蜴首領廣津柳浪在館內對話	Online地圖： goo.gl/rHmm8D	地點：アメリカ山公園 場景：第二季第 21 集敦與探偵社社長福沢諭吉在這裏提出與黑手黨合作	 Online地圖： goo.gl/ayh3qG

這套漫畫可說是 Jump 當代最經典的作品之一，90 年代的《男兒當入樽》掀起一股籃球熱潮。不良少年櫻木花道為了女主角赤木晴子而加入籃球部，繼而激發櫻木對籃球的興趣，並慢慢成為湘北高校的主力球員。劇中的舞台相信是以神奈川縣的湘南地區為藍本，日本國內、以至世界各地的入樽迷也會特意到此朝聖。

神奈川縣鎌倉
江之島電鐵「鎌倉高校前」站

Online地圖：
goo.gl/xXrtb3

由 BAAD 主唱的《男兒當入樽》第一期主題曲《君が好きだと叫びたい》長踞日本卡拉 OK 動漫熱唱榜上，即使不會日文的人們也會對這經典歌曲大有印象。而動畫開場曲的片段內，江之島電鐵的電車駛過平交道，櫻木在上學途中碰到晴子的經典一幕，正是江之島電鐵「鎌倉高校前站」旁通往學校的平交道。現在每天平交道上碰到最多的並非學生，而是來自各地朝聖的遊客！

►即使不是假日，平交道上也擠滿來朝聖的人群。

INFO
地址：神奈川縣鎌倉市腰越 1-1-25 江之島電鐵鎌倉高校前站平交道
交通：從 JR 鎌倉站轉乘江之島電鐵，於鎌倉高校前站下車步行約 2 分鐘
時間：24 小時

神奈川縣鎌倉　腰越海水浴場

最終回內，櫻木因受傷而要進行復健療養，在夕陽下於沙灘旁看着別人跑步，説出櫻木最常説的話：「因為我是天才嘛！」亦是整套漫畫中最經典的其中一個場面，眼利的日本粉絲已一眼看出劇中地正是可遠眺江之島的腰越海水浴場！

◀黃昏的沙灘，還可遠眺江之島。

INFO
地址：神奈川縣鎌倉市腰越 3 丁目
交通：從 JR 鎌倉站轉乘江之島電鐵，於江之島站下車步行約 8 分鐘
時間：24 小時

在日本譽為當代最偉大的動畫之一的《新世紀福音戰士》(簡稱 EVA) 已播出超過 20 年，然而熱潮一直有增無減，隨着新劇場版的推出，讓 EVA 更為人氣急升。以未來為故事背景的 EVA，其主場景第 3 新東京市便是現在的箱根町。而箱根觀光協會更與 EVA 合作，推出一系列聖地巡遊路線！

神奈川縣箱根　EVA 屋

Online地圖:
goo.gl/hSCGtA

大部分遊客都會從箱根湯本站開始 EVA 的聖巡旅程，開始前先到箱根湯本站地下的 EVA 屋吧！店鋪內有出售各種 EVA 相關的限定商品！

▲位於箱根湯本站的 EVA 屋的裝潢走和風路線。

▲店外還有綾波麗 (台譯：綾波零) 的 1 比 1 人像。

▲以使徒拍的箱根宣傳海報，為何會有種悠閒的感覺啊？

▲由熱愛務農的加持製作的西瓜饅頭，每盒 12 個 ￥1,080，內裏的饅頭其實是以綠茶為外皮的豆沙饅頭，加上以黑芝麻當作西瓜籽，讓整個造型更像西瓜而已！

▲各款以箱根為主題的EVA精品。

▶紀念蓋章。

▲店內櫃上的燈籠全為劇中人物的姓氏。

INFO
地址：神奈川縣足柄下郡箱根町湯本字白石下 707-1 箱根湯本站 1F
交通：從新宿乘搭小田原線，於箱根湯本站下車即達
時間：09:00~18:00
電話：0460-85-9881
官網：www.evastore2.jp/evaya

神奈川縣箱根　箱根神社

Online地圖：
goo.gl/UVYkrM

在《EVA 新劇場版：序》中登場的神社外觀，正是參照箱根神社的本殿！箱根神社為關東總鎮守，亦是箱根其中一個熱門景點。

INFO

地址：神奈川縣足柄下郡箱根町元箱根 80-1
交通：從箱根湯本站乘伊豆箱根巴士或箱根登山巴士往元箱根 • 箱根町方向，於元箱根港站下車再步行約 10 分鐘
電話：0460-83-7123　官網：http://hakonejinja.or.jp

▶電影版中登場的箱根神社。

神奈川縣箱根　桃源台站

Online地圖：
bit.ly/2X8N4tR

主角碇真嗣與加持第一次相遇的地方，正是箱根空中纜車的桃源台站。從桃源台站旁的桃源台可乘搭箱根海賊船至箱根町港及元箱根港，而桃源台港旁的蘆之湖正是在動畫中 EVA 與第 5 使徒展開激戰的地方啊！

INFO

地址：神奈川縣足柄下郡箱根町元箱根 164 桃源台
交通：從箱根湯本站乘箱根登山列車，至早雲山站轉乘空中纜車，於桃源台站下車即達
時間：2 月至 11 月 09:00~17:00，
12 月至 1 月 09:00~16:15
費用：(單程)成人 ￥1,450，小學生或以下 ￥730，
(來回)成人 ￥2,550，小學生或以下 ￥1,280
電話：0460-84-8439
官網：www.hakoneropeway.co.jp

▲車站中的賣店亦有出售 EVA 相關產品。

▲真嗣與加持就是在這樓梯上相遇。

神奈川縣箱根 Lawson 第 3 新東京市分店

箱根第3東京市南店(仙石原店)
Online地圖：
bit.ly/2Sgk04y

Lawson 在 EVA 中並沒有登場，然而在箱根的其中三間分店，Lawson 特意把它們打造成第 3 新東京市內的分店，不但店內有出售 EVA 的限定品，就連凍櫃也貼上 EVA 的角色！

▲飲品凍櫃上是穿上戰鬥制服的綾波麗與明日香。

▲這間 Lawson 則是位於「第 3 新東京市」的北店。

▲外表與一般 Lawson 無異，但店門的玻璃上寫的是第 3 東京市南店！

▶西店雖有出售 EVA 的精品，但比較可惜的是飲品凍櫃沒有貼上角色貼紙，相對較為欠缺氣氛。

INFO

箱根第 3 東京市南店（仙石原店）
地址：神奈川縣足柄下郡箱根町仙石原 889-1
交通：從箱根湯本站自駕約 27 分鐘即達
時間：24 小時　電話：04-6084-6682
官網：https://goo.gl/poUvtu

箱根第 3 東京市北店（箱根金時山入口店）
地址：神奈川縣足柄下郡箱根町仙石原 322-7
交通：從箱根湯本站自駕約 27 分鐘即達
時間：09:30~17:00　電話：04-6084-8477
官網：https://goo.gl/zd1gWM

箱根第 3 東京市西店（箱根仙石高原店）
地址：神奈川縣足柄下郡箱根町仙石原 1246-265
交通：從箱根湯本站自駕約 29 分鐘即達
電話：04-6086-3941　官網：https://goo.gl/ojpf6g

▲既然來到「第 3 新東京市」，當然要買點土產回家！

▲坐陣南店凍櫃上的是劇場版新角色真希波。

7 《聲之形》

以聽障人士與校園欺凌為主題，改篇自漫畫的電影《聲之形》於 2016 年上演，更入圍第 40 屆日本電影金像獎優秀動畫作品獎，在日本的名氣不下於《你的名字》。《聲之形》的作者大今良時出身自岐阜縣大垣市，故事背景亦以大垣市為藍本，現時市內觀光會更與漫畫合作，製作了《聲之形》的聖地巡遊地圖，並於觀光會內免費派發。

官網：《聲之形》漫畫版聖地巡遊 www.ogakikanko.jp/koenokatati
《聲之形》電影版聖地巡遊 www.ogakikanko.jp/koenokatati/movie

岐阜縣大垣市　西美濃觀光案內所

Online地圖:
goo.gl/xXqmdr

前往《聲之形》的聖巡之前，不妨先到西美濃觀光案內所取得動畫版與漫畫版的地圖再出發。觀光案內所除了可索取聖巡用的地圖外，門口更有專門給聾啞人士以筆代口的筆記本，本子上更寫上女主角西宮硝子的名字，更添故事色彩！

▲與 JR 大垣站連接的觀光案內所。

►可向職員索取有關聲之形的聖地巡遊地圖。

▲與劇中相似的筆記本，勾起動畫中的種種片段。

INFO

地址：岐阜縣大垣市高屋町 1-145
交通：與 JR 大垣站南口連接
時間：09:00~17:00
休息：12 月 29 日至 1 月 3 日休息
電話：0584-75-6060
官網：www.ogakikanko.jp

岐阜縣大垣市　JR 大垣站

Online地圖:
goo.gl/XcMeop

JR大垣站亦在電影中出現過，是將也與硝子約見的地點。

◄電影中的大垣站情景完全神還原！劇中人物彷彿在你我身邊走過。

INFO

地址：岐阜縣大垣市郭町 1
交通：與 JR 大垣站連接

岐阜縣大垣市　新大橋

Online地圖:
bit.ly/2VkOpRJ

水門川上的大橋，亦是硝子送禮物給將太然後告白的地方。

►雖然告白失敗，但是騎着單車的將也和硝子在橋上的這一幕仍相當浪漫。橋旁放了一輛單車，讓聖巡者可以重現劇中情景！

INFO
地址：岐阜縣大垣市郭町 1
交通：從 JR 大垣站步行約 4 分鐘

岐阜縣大垣市　大垣公園

Online地圖:
goo.gl/J9jKWM

《聲之形》電影中多次出現的重要場景，除了主角將太曾帶着外甥女瑪莉亞來這裏遊玩外，當中的滑梯更是女主角硝子的妹妹結弦離家出走後的藏身之處。

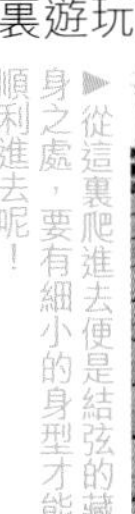

►從這裏爬進去便是結弦的藏身之處，要有細小的身型才能順利進去呢！

▲大垣公園內的大型遊樂設施。

INFO
地址：岐阜縣大垣市郭町 2-53
交通：從 JR 大垣站步行約 12 分鐘
時間：24 小時　電話：0584-81-4111
官網：www.city.ogaki.lg.jp/0000002797.html

岐阜縣大垣市　美登鯉橋周邊

Online地圖:
goo.gl/vppXVP

美登鯉橋是故事中另一個重要場景，將也每星期與硝子見面之地。小學時期的將也經常與好友島田及廣瀨等在此跳橋，進行不同的試膽大會。橋下的四季之廣場則是結弦參加完祖母的葬禮後，被將也發現她在此偷偷流淚的地方。

▲結弦哭泣的場面，與劇中的場景一模一樣。

INFO
地址：岐阜縣大垣市馬場町 159
交通：從 JR 大垣站步行約 18 分鐘

▲美登鯉橋的高度不算高，但跳下來試膽的話也需要一定的勇氣！

▲在橋上等着將也的，會是永速與真柴等真正了解自己的朋友們嗎？

本身為電腦 18 禁遊戲的《Fate/Stay Night》於 2006 年動畫化，至 2014 年重新將前傳《Fate/Zero》動畫化，連同輕小說與劇場版等，Fate 已發展成系列作品，手機遊戲《Fate/Grand Order》(簡稱 FGO) 更把整個系列的受歡迎度推至高峰。Fate 系列的故事環繞聖杯戰爭開始，劇中場景取自日本各地，當中以神戶及犬山市明治村的聖地較為有名。

兵庫縣神戶　風見雞之館

Online地圖:
goo.gl/hFCjwz

《Fate/Zero》第一集出現的風見雞之館，劇中為遠坂凜的家，從大屋的外型到屋內的裝潢都一一呈現於觀眾眼前。

INFO
地址：兵庫縣神戶市中央區北野町 3-13-3
交通：從 JR、阪急、阪神或地下鐵三宮站北口步行約 15 分鐘
時間：09:00~18:00(最後入場時間 17:45)
休息：每年 2 月及 6 月第一個星期二 (若遇假期則會順延一天)
費用：成人 ¥500，高中生或以下免費入場　電話：078-242-3223
官網：www.kobe-kazamidori.com/kazamidori

愛知縣犬山　博物館明治村

Online地圖:
goo.gl/uhBkuA

不少明治時代建築遷移至犬山市的明治村，這裏可說是近代建築物的博物館。村內的其中三座建築：聖ザビエル天主堂、帝國酒店中央玄關與舊三重縣廳同時成為《Fate/Zero》的參考場景。

聖ザビエル天主堂

◀第一集出現過的聖ザビエル天主堂。

▲出現於開場曲片段內的教堂內部。

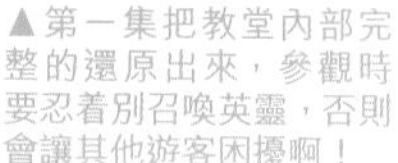

▲第一集把教堂內部完整的還原出來，參觀時要忍着別召喚英靈，否則會讓其他遊客困擾啊！

帝國酒店中央玄關

◀帝國酒店中央玄關是第一集內遠坂時臣與言峰父子見面之地。

舊三重縣廳

▲同樣在第一集出現過的舊三重縣廳，間桐父子交談的場景。

INFO
地址：愛知縣犬山市內山 1
交通：從名鐵犬山站轉乘往明治村方向巴士，車程約 20 分鐘；或從名鐵名古屋站的巴士站乘搭直達明治村的巴士，巴士班次可參考：www.meijimura.com/guide/access/timetable
時間：3 至 7 月、9 至 10 月 09:30~17:00，8 月 10:00~17:00，11 月 09:30~16:00，12 至 2 月 10:00~16:00(最後入場時間為閉館前 30 分鐘)，個別營業時間請參考網頁
費用：成人 ¥1,700，大學生 ¥1,300，高中生 ¥1,000，中、小學生 ¥600
電話：0568-67-0314
官網：www.meijimura.com

《Free!》

由小說《High Speed!》作為原案改篇而成的動畫《Free!》於 2013 年首播，故事以只游自由式的七瀨遙為視點所展開的成長故事，帥氣的人設加上細膩的感情刻劃，成為近年的大熱作品，隨後更播出第二、三季與多套劇場版，2020 年更會推出第四季動畫。動畫內以架空的岩鳶町作為故事舞台，而取景地由動畫工作人員與鳥取縣觀光聯盟共同策劃，並敲定以鳥取縣的岩美町作為故事的背景地。自動畫播出後不少日本國內甚至其他國家的粉絲均特地前往岩美町進行聖地巡遊，重溫劇中各個場面，而岩美町觀光會亦與動畫合作策劃不同活動，讓這次合作取得前所未有的成功。

動漫用語小知識

男性向 / 女性向

男性向指的是針對男性市場的作品，而女性向則指主要目標顧客群為女性的作品。(詳見 P.51)

(文字：IKiC)

TIPS

《Free!》的誕生

《Free!》的誕生源於京都動漫在播出前製作的一段名為「游泳篇」的廣告，片段播出後引來廣泛注意，及後引發的簽名行動便成為動畫化的契機。京都動漫先前一向以製作男性向作品為主，《Free!》可說是公司第一次以女性向作為市場的試點。

岩美町觀光會

Online地圖:
bit.ly/2P1GKBn

位於岩美町旁的觀光會，除了可取得《Free!》的限定聖地巡遊地圖外，亦有出售岩美町限定的精品及提供觀光服務。由於岩美町內的公共交通工具不多，建議自駕或於觀光會租借單車前往各個場面景點，除了租借單車外，觀光會更可出租得載有《Free!》畫面的數碼相機呢！

▶由觀光會特製的聖地巡遊地圖。

▲位於車站旁的觀光會。

▶還可找到岩鳶的吉祥物イワトビちゃん！

▲進入觀光會的販賣部，差點以為自己進了 Animate 呢！

▲「Free! x EXILIM」數碼相機，像素雖然不高，但裏面裝載了 20 款 Free! 圖案，作為粉絲又怎能不借？

▲角度調校得宜的話，幾乎可以當成劇照了！

▶可以與遙還有真琴一起合照。

INFO

地址：鳥取縣岩美郡岩美町浦富 783-8 JR 岩美站旁
交通：從 JR 鳥取站乘搭山陰本線至 JR 岩美站
時間：09:00~18:00
休息：星期一 (若遇假期則順延一天)、年末年始休息
費用：(租借單車) 每次 ￥500，按金 ￥500，冬季及積雪期間暫停租借單車服務；(租借「Free! x EXILIM」數碼相機) 每日 ￥1,000，按金 ￥1,000
電話：0857-72-3481
官網：www.iwamikanko.org

JR 岩美站

Online地圖:
goo.gl/9aiXFp

在動畫內數度登場的車站，差別只在劇中顯示的是「岩鳶」站！

◀不看名字的話與動畫內的車站一模一樣。

◀渚與怜設定為不在「岩鳶」町居住，因此不少場面是二人在站內候車上下課，留意需持有 JR 車票才能入內拍照。

INFO
地址：鳥取縣岩美郡岩美町浦富 783-8
交通：從 JR 鳥取站乘搭山陰本線至 JR 岩美站

焼きたてパン ティンクル Twinkle Bread Factory

Online地圖:
goo.gl/JSnq9W

劇中的渚是吃貨一名，還吃過以岩鳶吉祥物イワトビちゃん為造型的麵包，位於 JR 岩美站附近的麵包店焼きたてパン ティンクル更實體化了該款麵包，售價 ¥300，而且每天限量發售！

INFO
地址：鳥取縣岩美郡岩美町浦富 1035-8
交通：從 JR 岩美站步行約 2 分鐘
時間：10:00~19:30
電話：0857-73-1329

浦富海水浴場

Online地圖:
goo.gl/G8CmrR

劇中經常出現的場面，遙與真琴上學必經之路。

▲劇中的游泳部部員不時在這裏慢跑集訓。

▲三位小學時代舊友，今天在浦富海岸重聚。

INFO
地址：鳥取縣岩美郡岩美町浦富
交通：從 JR 岩美站踏單車約 10 分鐘

鳥取縣岩美町　荒砂神社

Online地圖:
bit.ly/2WW0tFg

浦富海水浴場旁的神社，是第一季比賽前岩鳶小隊前往參拜的荒砂神社，黃昏時更有劇中氣氛，另外劇場版《High Speed! -Free! Starting Days-》內也有登場。

►比賽前，四人前來祈求比賽順利。

►真琴、渚與怜曾經坐在樓梯上喔！

INFO
地址：鳥取縣岩美郡岩美町浦富 2475-17
交通：從 JR 岩美站踏單車約 12 分鐘
電話：0857-72-3481

鳥取縣岩美町　田後地區

Online地圖:
goo.gl/Py7TNk

田後地區為住宅區，亦是劇中主角遙與真琴的家的所在地。雖然兩者的家並非真實存在，但一起相約上下課時的樓梯與環境則忠實地重現眼前。

►真琴的家就在左面，遙的家在樓梯上的鳥居旁，兩人就在這裏分別。這天還幸運地碰上了 Cosplayer 在拍照啊！

►穿過小巷，去找尋遙與真琴的家。

INFO
地址：鳥取縣岩美郡岩美町田後
交通：從 JR 岩美站踏單車約 20 分鐘

鳥取縣岩美町　田後公園展望台

Online地圖:
goo.gl/JyTUq6

第一季第二集中，真琴與渚還有江談起凜的地方。

▲從展望台可欣賞到美麗的浦富海岸。

INFO
地址：鳥取縣岩美郡岩美町田後 496
交通：從 JR 岩美站踏單車約 20 分鐘

▲►涼亭與內裏的圓凳與劇中一模一樣。

田後港神社

Online地圖:
goo.gl/QiNhx4

田後港神社可說是《Free!》其中一個重要場景，不但在劇中多次登場，亦是第二季遙與真琴爭執的場所，是劇中尤為重要的一幕，留意田後港神社與田後神社並非同一處地方喔！

▲田後港神社不設本殿，只有石製的鳥居與簡單祭祀的地方。

▲依傍欄杆可看到田後港的景色，沉默寡言的遙似乎很喜歡來這裏，而每次真琴也會來到神社找到他，果然是認識多年的摯友。

INFO
地址：鳥取縣岩美郡岩美町田後 496
交通：從 JR 岩美站踏單車約 20 分鐘

鳥取沙丘

Online地圖:
goo.gl/zq1hM7

以游泳為題材的動畫，結尾曲片段卻是五名主角變成阿拉伯「男郎」漫步於沙丘上，就連劇中的聲優們看到後也大吃一驚！雖然片段中的沙丘沒明確表示是鳥取沙丘，但岩美町位於鳥取縣，動畫組又與觀光局有所連繫的關係下，連帶鳥取沙丘也成為《Free!》聖巡的其中一個熱點！

▲漫步於沙丘上，就像片尾曲拖着駱駝尋找水源的遙一樣。

▲要更像真的話，還可以租借駱駝拍照留念！

▲再配上《Free!》內的角色：凜、遙與真琴，更有聖巡的味道了！

INFO
地址：鳥取縣鳥取市福部町湯山 2164-661
交通：從 JR 鳥取站乘搭ループ麒麟獅子巴士或往砂丘方向的日交巴士，於鳥取砂丘站下車
時間：乘駱駝體驗 09:30~16:30，12 至 2 月底 10:00~16:00，雨天與強風時暫停
費用：乘駱駝拍照 ￥500，乘駱駝漫步沙灘單人 ￥1,300，雙人 ￥2,500
電話：0857-20-2231
官網：http://sakyu.city.tottori.tottori.jp

日本動畫鮮有以花式滑冰（花滑）作為題材，2016 年的《Yuri!!! on ICE》以此為主題，掀起世界各地對花滑的興趣，甚至連現役的世界花滑選手也關注起這部動畫來！主人公勝生勇利的出身地為長谷津，其實是以唐津的溫泉旅館為藍本，故事開端更以唐津多個景點作為背景。由於動畫於世界各地均大受歡迎，讓唐津以至九州一時成為許多動漫迷前往朝聖的地區，九州各個地區的觀光業者更幾乎無人不識這套大熱作品！

佐賀縣唐津　唐津市觀光協會

Online地圖：
bit.ly/2Nlxirz

唐津市觀光協會與其他地區觀光會一樣看準了動漫聖巡的先機，先後以《Yuri!!! on ICE》推出多次觀光蓋章活動，成功讓世界認識到唐津的魅力！來唐津聖巡時先到位於車站的觀光會，取得英文地圖再出發！

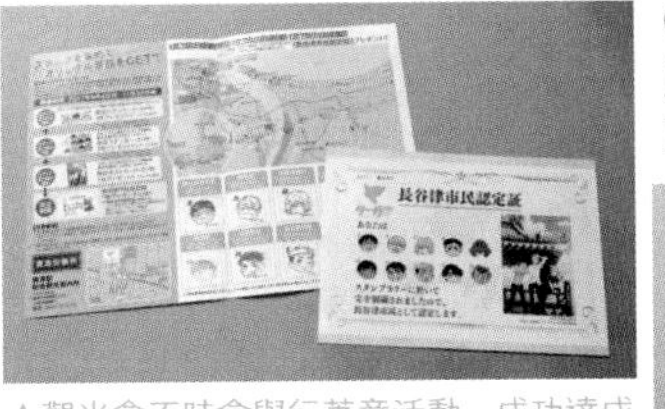

▲觀光會不時會舉行蓋章活動，成功達成可到觀光會取得特定的《Yuri!!! on ICE》禮物。

▲聖地巡遊地圖設有英文版與日文版，英文版封面的歡迎詞集合了英文、中文、俄羅斯文、韓文與日文，配合動畫中的有多個國家共同參與的概念。

▲位於 JR 唐津站內的觀光協會，在蓋章活動期間非常熱鬧。

INFO
地址：佐賀縣唐津新興町 2935-1
交通：與 JR 唐津站連接
時間：09:00~18:00
電話：0955-74-3355
官網：www.karatsu-kankou.jp

佐賀縣唐津　JR 唐津站

Online地圖：
bit.ly/2Ubyfom

JR 唐津站可說是《Yuri!!! on ICE》聖巡的起始站，站內多個地方都有在動畫中出現。

▲ JR 唐津站北口停車場上的站前謎之石像，雖然與第二集內尤里吐槽的石像有所不同，但所指的就是同一座石像。

INFO
地址：佐賀縣唐津市新興町 2936-1
交通：從 JR 博多站乘搭地下鐵福岡市營空港線西唐津方向，於 JR 唐津站下車，車程約 1 小時 22 分鐘

▲來到唐津尋找維克托的尤里一到達唐津便一腳踏上去的陶板，不少粉絲來到都要踏一下才夠過癮！

▲車站正門貼上多張《Yuri!!! on ICE》的海報。

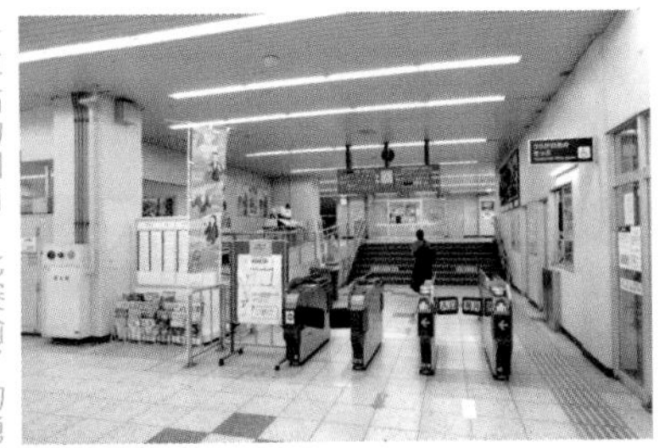

▶車站的閘口，比賽輸了的勇利乘搭列車回老家，老師美奈子便在這裏拉着橫額迎接他。

佐賀縣唐津　京町商店街

Online地圖：
goo.gl/fyRd88

尤里來到唐津之後，隨即踏上尋找維克托之旅，途經的商店街正是京町商店街，現時商店街內數間店鋪不但有出售《Yuri!!! on ICE》的相關產品，街道上更會播放動畫的原聲大碟呢！

▲商店街與動畫中的幾乎一模一樣。

▲部分店鋪更貼上《Yuri!!! on ICE》的動畫與活動宣傳海報。

◀當中有服裝店出售《Yuri!!! on ICE》與ACOS合作推出的動漫服裝，門口更掛有劇中尤里一見鍾情的老虎Tee！

◀距商店街不遠處的則是美奈子老師的舞蹈教室，現實中是店名為つぼみ的酒吧。

INFO

地址：佐賀縣唐津市京町 1783
交通：從 JR 唐津站北口步行約 5 分鐘
電話：0955-72-4562
官網：https://ja-jp.facebook.com/ 京町商店街 -302931213073310

佐賀縣唐津　鏡山溫泉

Online地圖：
bit.ly/2I9xQRT

勇利老家以距唐津市不遠的鏡山溫泉為藍本，從外表到內裏的裝潢都忠實呈現，動畫中維克托與尤里均讚不絕口的滑蛋豬排飯也能在此吃到啊！

▲與動畫中設定的溫泉ゆーとぴあ かつき幾乎一樣的鏡山溫泉。

▲茶屋的牆上更貼上了眾人在茶屋相聚的海報！

▶原作者之一久保ミツロウ特意畫給鏡山溫泉的手繪圖。

▲溫泉內特設拍照用的人形板，相當貼心。

▶溫泉內設有茶屋與溫泉設施，茶屋的座敷處不就是維克托吃滑蛋豬排飯的地方嗎？

◀維克托在劇中穿過的旅館工作服，每套￥5,000。

▲還有勇利穿過的選手運動服！

▲既然來到又怎能不嘗一下滑蛋豬排飯呢？每客￥750，的確非常美味，вкусно(劇中維克托説出的俄羅斯語)！

◀動畫中維克托也曾在男浴室內泡湯，可惜作為女性的作者進不去，太可惜了！

INFO

地址：佐賀縣唐津市鏡 4733
交通：從 JR 虹之松原站步行約 10 分鐘
時間：10:00~22:00(最終入場時間為 21:30)
休息：除 1 至 2 月及 8 月外，每月第三個星期四 (若遇假期則照常營業)、及 12 月 31 日為休息日
費用：10:00~17:00 成人 ￥600，小童 ￥300；17:00 後成人 ￥500，小童 ￥250
電話：0955-70-6333

佐賀縣唐津　唐津城

Online地圖:
goo.gl/M4Xfxb

第二集維克托與勇利一起開始練習，跑步途經舞鶴橋再到達唐津城，成為到唐津聖巡必到的其中一個景點。

▶唐津城1樓的海報上，也可找到角色原案久保ミツロウ的親筆作畫。

▲登上唐津城需經過百多級樓梯，觀光會更貼心的告訴你劇中出現的應是從上而下第65級樓梯左右！

▶動畫中維克托就是因為上傳了與「長谷津城」合照的相片至Instagram而暴露了行蹤，來聖巡也讓你的維克托與唐津城合照一張吧！

INFO
地址：佐賀縣唐津市東城內8-1
交通：從JR唐津站北口步行約10分鐘
時間：09:00~17:00(最後登城時間為16:30)
休息：12月29至31日
費用：成人￥500，初中及小學生￥250
電話：0955-72-5697
官網：www.karatsu-bunka.or.jp/shiro.html

▲舞鶴橋連接唐津城與鏡山溫泉一帶。

▲唐津城下的舞鶴公園是春天賞櫻、夏天賞紫藤的好去處，而紫藤棚架旁向海的兩張石椅則是維克托與勇利一起閒談的地方。

佐賀縣唐津　虹之松原海岸

Online地圖:
bit.ly/2J6lwBm

動畫中不少片段都描述勇利的心理變化，而維克托曾在海邊開導勇利，這個海邊被認為是取材自虹之松原海岸。而片尾曲眾人以花灑玩水的一幕，亦同樣來自虹之松原海岸沙灘旁的免費沖身花灑。

▲沙灘旁的花灑在片尾曲其中一幕出現，雖為免費，但作為盡責的旅人，開水拍照後記緊關好水喉以免浪費喔！

▲想再次逃避的勇利被維克托帶來海邊，最終對維克托敞開心扉，盡力滑出表現來。

INFO
地址：佐賀縣唐津市浜玉町浜崎
交通：從JR浜崎站步行約5分鐘
時間：24小時

佐賀縣唐津　唐津神社

Online地圖:
goo.gl/r5ikKu

動畫中雖然沒有出場的機會，然而不少粉絲朝聖後都會來神社留下精彩的手繪繪馬，也是非常值得一看！

▶日本稱很會畫畫的人為「畫伯」，從繪馬上已看到這些畫伯的畫功有多了得！

INFO
地址：佐賀縣唐津市南城內3-13
交通：從JR唐津站北口步行約13分鐘
電話：0955-72-2264

▲規模不算大的唐津神社。

與一般降魔伏妖的妖怪動畫不同，改走溫馨路線的《夏目友人帳》自 2008 年起至今已播出六季，2018 年更推出了劇場版，無論在國內或海外也有不錯的人氣。外表柔弱的夏目與可愛的貓咪老師在妖怪間的友情與故事，也溫暖了不少人的心。故事的舞台為有九州小京都之稱的人吉市，鄉郊景色加上人文風情，在近年來吸引不少人來朝聖。

熊本縣人吉　JR 人吉站

Online地圖：goo.gl/37amgV

劇中距夏目家最近的為「何樫站」，在動畫中多次登場，而何樫站的月台與改札口 (檢票口) 均以 JR 人吉站為參考。而站內的觀光案內所有不少夏目的展品，也是夏目粉絲不可錯過的地方。

◀觀光案內所除了有眾多貓咪老師的精品外，還有飾演夏目好友田沼要聲優堀江一真的簽名！

▲外表古樸的 JR 人吉站。

◀JR 人吉站的改札口。

INFO
地址：熊本縣人吉市中青井町 326-1
交通：從 JR 熊本站乘搭列車至 JR 人吉站即達

熊本縣人吉　人吉觀光案內所

INFO
時間：09:00~18:00
費用：(租借單車) 電動單車 2 小時內 ￥200，4 小時內 ￥1,000，超過 4 小時 ￥1,500，憑 JR 車票可享折扣優惠；另外 JR 人吉站東面ゲストハウスくまたび內亦提供租借單車服務，每日 ￥500
電話：0966-22-2411　官網：https://hitoyoshionsen.net

熊本縣人吉　田町菅原天滿宮

Online地圖：goo.gl/kcKJdB

在第二期開場曲片段內出現過的田町菅原天滿宮，為一座小小的神社。神社設有貓咪老師的紀念蓋章，亦有記念冊供遊客寫上聖巡的感想。

◀神社雖小，卻因夏目的關係而變得滿有人氣。

▲從繪馬可看出有不少人非常喜歡《夏目友人帳》。

▲從天滿宮步行往胸川，亦在動畫中出現過。

▶日本不少聖巡景點均愛準備筆記本，讓人寫下對作品的感想與愛，不經不覺筆記本已是第 19 冊了！

◀記念章當然是以劇中「吉祥物」貓咪老師作為主角了！

INFO
地址：熊本縣人吉市田町 37
交通：從 JR 人吉站步行約 22 分鐘
時間：24 小時

熊本縣人吉　天狗橋

Online地圖:
goo.gl/2oS25G

夏目上學途經的紅色橋，正是人吉市內的天狗橋，亦是動畫中經常出現的場景之一。

▲貓咪老師當然也曾在橋上出現！

▶紅色的橋正是夏目上學途經之地。

INFO
地址：熊本縣人吉市中神町 1-2
交通：從 JR 人吉站駕車約 13 分鐘

熊本縣人吉　武家藏

Online地圖:
goo.gl/6k6K7t

武家藏本為相良藩屬下武士新宮家的故居遺址，庭園曾於人吉花火大會與《夏目友人帳》合作的宣傳海報上出現，而武家藏旁的咖啡室ぶけぐら內更擺放許多漫畫的複製原畫與精品！

▲作為宣傳海報背景的庭園。

▲茶座內掛滿夏目的複製原畫。

▲甫進武家藏的正門，發現收藏了不少夏目相關的物品。

▲精品數目之多，讓人差點以為到了動漫主題餐廳呢！

▶人吉花火大會多年來均以《夏目友人帳》作為宣傳海報的主角，2015 年的海報便是以武家藏的庭園作為背景。

INFO
地址：熊本縣人吉市土手町 35
交通：從 JR 人吉站步行約 15 分鐘
時間：09:00~17:00
費用：成人 ￥300，小童 ￥100
電話：0966-22-5493
官網：www.geocities.co.jp/HeartLa nd-Gaien/7730

刀劍亂舞為一款近年大熱的手機及電腦遊戲，故事把日本古代的刀劍擬人化，化成人形的刀劍男子與審神者(即玩家)透過對戰阻止敵人改變真實的歷史。遊戲於 2016、17 年兩度動畫化，2018 年仍繼續有動畫及劇場版作品，人氣持續高企。這些刀劍於現實中部分已失傳，但部分至今依然保存良好，並存放於日本各地的博物館或神社中，因此日本國內興起了有關刀劍的聖地巡禮，不少博物館更藉此與刀劍亂舞合作，吸引人們前往參觀，從而引發對歷史的興趣。以下為各刀劍的存放地點，留意部分刀劍只會期間限定展出，能不能參觀到真身就跟刀會不會掉下來或鍛成一樣要靠運氣才可以啊！

東京 三日月宗近、鳴狐、獅子王、大包平、厚藤四郎、毛利藤四郎

東京都台東區　東京都国立博物館

不時會公開展示以上刀劍，詳細資料可參考官方網頁。

地址：東京都台東區上野公園 13-9
交通：從 JR 上野站公園口站或 JR 鶯谷站南口步行約 10 分鐘
時間：09:30~17:00(最後入館時間為閉館前 30 分鐘)，個別日子延長開放時間
休息：星期一，個別開放時間及休息日可參考網頁
費用：成人 ¥620，大學生 ¥410，部分日子免費入場；黒田記念館與資料館免費入場；特別個展需另付入場費
電話：03-5777-8600　官網：www.tnm.jp

Online地圖：goo.gl/Kr6V9y

東京 明石國行

東京都涉谷區　東京刀劍博物館

地址：東京都涉谷區代々木 4-25-10
交通：從 JR 両国站西口步行 7 分鐘；或從地下鐵両国站 A1 出口步行 5 分鐘
時間：09:30~17:00(最後入館時間為 16:30)
休息：星期一(若遇假期則順延一天)，個別休館日請參考網頁
費用：成人 ¥1,000，大學生或高中生 ¥500
電話：03-3379-1386　官網：www.touken.or.jp/museum

Online地圖：goo.gl/Zd1ruS

東京 歌仙兼定 不定期展出

東京都文京區　東京永青文庫

地址：東京都文京區目白台 1-1-1
交通：從都電荒川線早稻田站步行約 10 分鐘；或從地下鐵江戶川橋站 1a 出口或早稻田站 3a 出口步行約 15 分鐘
時間：10:00~16:30(最後入館時間為 16:00)
休息：星期一(若遇假期則順延一天)，個別休館日請參考網頁
費用：成人 ¥800，70 歲或以上長者 ¥600，大學生及高中生 ¥400，初中生或以下免費
電話：03-3941-0850　官網：www.eiseibunko.com

Online地圖：goo.gl/oowY14

東京 和泉守兼定 不定期展出

東京都日野市　東京土方歲三資料館

地址：東京都日野市石田 2-1-3
交通：從多摩モノレール万願寺站 3 號出口步行約 3 分鐘
時間：只在指定日子開放，詳情請參考網頁
費用：成人 ¥500，中小學生 ¥300
電話：042-581-1493
官網：https://www.hijikata-toshizo.jp

◀位於日野市的土方歲三資料館，留意館內不能拍照，只能把「和泉守兼定」的美姿留於心中。

Online地圖：goo.gl/WgL7ze

關西 乱藤四郎 不定期展出

大阪市中央區　大阪歷史博物館

地址：大阪市中央區大手前 4-1-32　電話：06-6946-5728
交通：從地下鐵谷町四丁目站 2 號或 9 號出口即達
時間：09:30~17:00(最後入館時間為閉館前 30 分鐘)
休息：星期二 (若遇假期則順延一天) 及 12 月 28 日至 1 月 4 日
費用：成人 ￥600，大學生或高中生 ￥400　官網：www.mus-his.city.osaka.jp

Online地圖：goo.gl/kj25mh

關西 石切丸 不定期展出

大阪府東大阪市　大阪石切劍箭命神社

由寶物館收藏，不定期公開展出。

地址：大阪府東大阪市東石切町 1-1-1　交通：從地下鐵本町站步行約 7 分鐘
時間：09:00~16:00　電話：072-982-3621　官網：www.ishikiri.or.jp

Online地圖：goo.gl/nRMWNG

關西 骨喰藤四郎、秋田藤四郎、宗三左文字 不定期展出

京都府京都市　京都國立博物館

地址：京都府京都市東山區茶屋町 527　電話：075-525-2473
交通：從京阪七条站步行約 7 分鐘　官網：www.kyohaku.go.jp/jp
時間：星期日至四 09:30~17:00，星期五、六 09:30~20:00
休息：星期一 (若遇假期則順延一天)，個別休館日請參考網頁
費用：成人 ￥520，大學生或高中生 ￥260，特別展個別收費

Online地圖：goo.gl/xzB3Yo

關西 膝丸 不定期展出

京都府京都市　京都大覺寺

地址：京都府京都市右京區嵯峨大沢町 4
交通：從 JR 嵯峨嵐山站步行約 20 分鐘　時間：09:00~17:00
費用：成人 ￥500，高中生、中小學生 ￥300
電話：075-871-0071　官網：www.daikakuji.or.jp

Online地圖：goo.gl/zyLhRx

關西 髭切 不定期展出

京都府京都市　京都北野天滿宮

地址：京都府京都市上京區馬喰町
交通：從 JR 京都站乘搭市バス 50 或 101 號，於北野天滿宮站下車
時間：4 至 9 月 05:00~18:00，10 至 3 月 05:30~17:30；寶物殿開館時間請參考網頁
費用：(寶物殿) 因應不同活動而有所不同
電話：075-461-0005
官網：www.kitanotenmangu.or.jp

▲髭切就收藏於北野天滿宮的寶物殿中。

▲部分酒商更合作推出髭切的清酒套裝，每套 ￥3,500。

▲展覽期間神社更推出不少相關商品。

▲髭切旁還立了「髭切」的大立板。

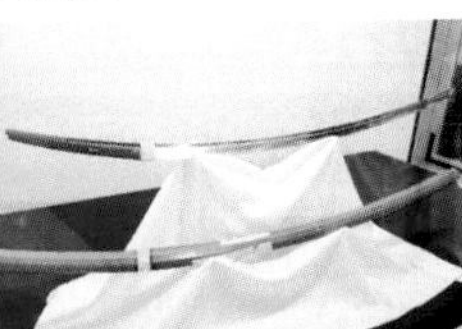

▲強大又善忘的髭切，留意館內只可使用電話拍攝。

Online地圖：goo.gl/eaCaVU

關西 數珠丸恒次 不定期展出

兵庫縣尼崎市　大本山本興寺

地址：兵庫縣尼崎市開明町 3-13
交通：從私鐵 (阪神) 尼崎站步行約 5 分鐘
電話：06-6411-3217
官網：www.hokkeshu.or.jp/honzan/honkoji.html

Online地圖:
goo.gl/2jr9AX

不定期展出

廣島縣福山市　廣島ふくやま美術館

地址：廣島縣福山市西町 2-4-3　交通：從 JR 福山站步行 3 分鐘
時間：09:30~17:00　休息：星期一 (若遇假期則順延一天) 及年末年始
費用：￥300，個別企劃展需額外收費　電話：084-932-2345
官網：www.city.fukuyama.hiroshima.jp/site/fukuyama-museum

Online地圖:
goo.gl/FLQ6G7

不定期展出

香川縣丸亀市　丸亀市立資料館

地址：香川縣丸亀市一番丁丸亀城內　交通：從 JR 丸亀站步行約 10 分鐘
時間：09:30~16:30　休息：星期一、假期及年末年始
費用：免費　電話：087-722-5366
官網：www.city.marugame.lg.jp/institution/culture/shiryo.html

Online地圖:
goo.gl/wbEWwu

中部 太郎太刀、次郎太刀

愛知縣名古屋市　名古屋熱田神宮

地址：愛知縣名古屋市熱田區神宮 1-1-1
交通：從名鐵或 JR 神宮前站西口步行約 3 分鐘；或從地下鐵神宮西站 2 號出口步行約 3 分鐘
時間：寶物館 09:00~16:30(最後入館時間為 16:10)
休息：每月最後一個星期三與四及 12 月 25~31 日　電話：052-671-4151
費用：寶物館成人 ￥300，中、小學生 ￥150　官網：www.atsutajingu.or.jp/jingu

Online地圖:
goo.gl/T1Ucct

不定期展出

愛知縣名古屋市　名古屋德川美術館

地址：愛知縣名古屋市東區德川町 1017
交通：從地下鐵大曾根站 3 號出口步行約 15 分鐘；或從 JR 大曾根站南口步行約 10 分鐘；或乘搭觀光巴士 Me-Guru 號，於德川園站下車即達
時間：10:00~17:00　休息：星期一 (若遇假期則順延一天)，個別休館日請參考網頁
費用：成人 ￥1,400，大學生及高中生 ￥700，初中、小學生 ￥500；憑名古屋地下鐵一日券或 Me-Guru 號一日乘車券可享入場折扣優惠
電話：052-935-6262　官網：www.tokugawa-art-museum.jp

Online地圖:
goo.gl/JLoMA4

中部 ソハヤノツルギ(騷速劍) 不定期展出

静岡縣静岡市　静岡久能山東照宮

地址：静岡縣静岡市駿河區根古屋 390
交通：從 JR 静岡站乘搭巴士至日本平，轉乘纜車前往
時間：4 月 1 日至 9 月 30 日 08:30~17:00，10 月 1 日至 3 月 31 日 08:30~16:00
費用：(社殿) 成人 ￥500，小童 ￥200，(博物館) 成人 ￥400，小童 ￥150，(社殿與博物館共通券) 成人 ￥800，小童 ￥300
電話：054-237-2438　官網：www.toshogu.or.jp/tw/museum

Online地圖:
goo.gl/CqncdL

不定期展出

靜岡縣三島市　靜岡佐野美術館

地址：靜岡縣三島市中田町 1-43
交通：從 JR 三島站南口轉乘伊豆箱根鐵道線，於三島田町站下車，步行約 3 分鐘
時間：10:00~17:00(最後入館時間為 16:30)
休息：星期四 (若遇假期則順延一天) 及年末年始，個別休館日請參考網頁
費用：根據不同個展收費
電話：055-975-7278
官網：www.sanobi.or.jp

Online地圖:
goo.gl/WKTtcC

山形縣米澤市　米沢市上杉博物館

現由個人收藏，曾多次於米沢市上杉博物館展出。

地址：山形縣米澤市丸之內 1-2-1
交通：從 JR 米沢站乘ヨネザアド號循環巴士右回線 (藍車)，於上杉神社前站下車，步行 2 分鐘，回程則乘搭左回線 (黃車)
時間：09:00~17:00
休息：個別休館日請參考網頁
費用：成人 ￥410，大學生及高中生 ￥200，初中、小學生 ￥100
電話：0238-26-8001
官網：www.denkoku-no-mori.yonezawa.yamagata.jp/uesugi.htm

Online地圖:
goo.gl/Mokjed

東北 燭台切光忠

茨城縣水戶市　茨城水戶德川博物館

地址：茨城縣水戶市見川 1-1215-1
交通：從 JR 水戶站北口 4 號巴士站乘搭茨城交通巴士 3 號或 37 號，於見川 2 丁目站下車，步行約 5 分鐘
時間：10:00~17:00
休息：星期一 (若遇假期則順延一天)，個別休館日請參考網頁
費用：(一室開放期間) 成人 ￥800，小童 ￥600；(二室開放期間) 成人 ￥1,100，小童 ￥800；(三室開放期間) 成人 ￥1,200，小童 ￥900
電話：029-241-2721
官網：www.tokugawa.gr.jp

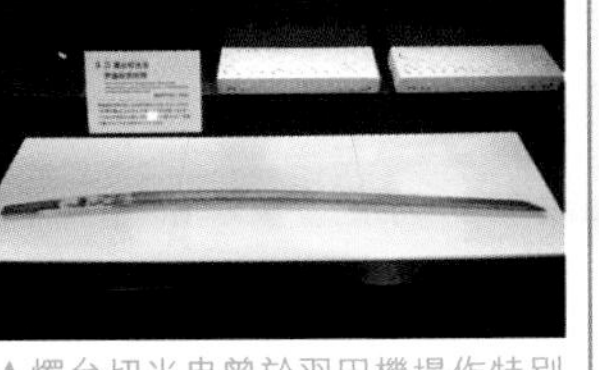

▲燭台切光忠曾於羽田機場作特別展，有幸見過一面！

Online地圖:
goo.gl/GhdXfY

九州 へし切長谷部 (壓切長谷部)、日本號

不定期展出

福岡縣福岡市　福岡市博物館

地址：福岡縣福岡市早良區百道浜 3-1-1
交通：從地下鐵西新站 1 號出口步行約 15 分鐘
時間：09:30~17:30(最後入館時間為 17:00)
休息：星期一 (若遇假期則順延一天) 及 12 月 28 日至 1 月 4 日
費用：成人 ￥200，大學生及高中生 ￥150
電話：092-845-5011
官網：http://museum.city.fukuoka.jp

Online地圖:
goo.gl/pp8TdB

其他刀劍資料：

大典太光世：由東京前田德育會收藏，曾借予石川縣立美術館展出。

信濃藤四郎：由山形致道博物館收藏。

13《薄櫻鬼》

《薄櫻鬼》為 2008 年由 IDEA FACTORY 開發的乙女戀愛遊戲，遊戲故事背景為幕末維新，並以新選組內的真實歷史人物為遊戲角色。遊戲因唯美的畫風與極具故事性而大受歡迎，更於 2010 年改編成動畫及劇場版等。由於遊戲與日本歷史息息相關，不少與新選組有關的景點及地區與《薄櫻鬼》合作，如會津若松市推出 AR App 及可於市內的觀光點蓋章，部分蓋章點皆與《薄櫻鬼》內的故事或人物有所關連，讓前往朝聖的粉絲更能代入其中。

◀日本著名旅遊雜誌るるぶ亦有推出以《薄櫻鬼》為主題的聖地巡遊書，持有雜誌到會津若松參加蓋章活動的話更可獲得限定貼紙。

動漫用語小知識

乙女向

乙女向是女性向其中一個分支，指的是針對女性市場、戀愛發展為異性戀（即 BG、一般向）的故事。

（文字：IKiC）

薄櫻鬼 X Samurai City 會津 AR App

IOS

Android

*只能在日本地區使用

參加聖巡的朋友可先透過 JTB 網上商店購買 AR 機能活動，又或直接前往會津町傳承館即場參加，參加者除了可啟用軟件附載的 AR 功能外，更可隨機抽選限定襟章一次。AR 功能有效時間為 2 天，使用時需開啟 GPS 功能，便可於會津若松市內 15 處地點，找到《薄櫻鬼》內的不同角色隨意拍照了！下文會分別介紹 15 個 AR 互動地點及出現角色。

▶歷史上的真實人物如土方歲三、沖田總司與齋藤一等於《薄櫻鬼》化身成帥哥，堪稱是作品內三大俊男。

▶進入 App 後需要先輸入用家名稱，繼而會顯示你已收集多少個印章（Stamps）。開啟 GPS 功能後可探測四周附近有沒有印章或 AR 景點。

▶打開右下方的 STAMP NOTE 可看到收集印章的進度，也可隨時勾選 English 把介面變成英文版本，方便不會日文的朋友。

▲1比1的沖田出現啦！

◀整個 App 可於會津市內 50 個地區收集印章，而接近具備 AR 功能的地點時，相關角色會出現於螢幕提醒你他就在附近，因此要記着開啟 GPS 功能啊！

▲拍照之餘也別忘了蓋章喔！

◀畫面會以紅線提示你把手機的鏡頭對準某個位置才可「召喚」角色出場，如在滿田屋要對準招牌才可。

◀已蓋章的地點在玩家進內時，會看到相關的角色簡單介紹相關景點。

INFO
費用：預先於 JTB 購買每次 ¥900，即場參加每次 ¥1,080
官網：www.aizukanko.com/hakuoki

福島縣會津若松　會津町傳承館

Online地圖：
goo.gl/z6tmGe

◀會津町傳承館提供不少有關會津若松城有用的觀光資料。

◀館內亦有不少《薄櫻鬼》相關精品出售。

INFO
地址：福島縣會津若松市大町 2-8-8
交通：從 JR 會津若松站步行約 7 分鐘
時間：09:00~18:00
休息：星期一（若遇假期則順延一天），個別星期一會照常開放，可參考網頁
電話：0242-22-8686
官網：www.tsurugajo.com/machikata.html

出現角色：齋藤一

福島縣會津若松市　會津若松城（鶴ヶ城）

地址：福島縣會津若松市追手町 1-1
交通：從 JR 會津若松站乘搭周遊巴士ハイカラさん或あかべえ，於鶴ヶ城入口站下車即達
時間：08:30~17:00(最後入場時間 16:30)
用：成人 ¥410，小童 ¥150
電話：0242-27-4005
官網：www.tsurugajo.com/turugajo/shiro-top.html

Online地圖:
goo.gl/ag8f6F

福島縣會津若松市　會津藩校日新館

地址：福島縣會津若松市河東町南高野字高塚山 10
交通：從 JR 會津若松站乘搭巴士みなづる号，於會津藩校日新館站下車即達
時間：09:00~17:00(最後入場時間 16:00)
費用：成人 ¥620，高中生及中學生 ¥500，小學生 ¥450
電話：0242-75-2525
官網：www.nisshinkan.jp

Online地圖:
goo.gl/87aSqa

福島縣會津若松市　如來堂

地址：福島縣會津若松市神指町如來堂
交通：從 JR 會津若松站乘搭往坂下方向路線巴士，於黑川站下車，步行約 20 分鐘
時間：24 小時

Online地圖:
goo.gl/xtBtKZ

出現角色：齋藤一及土方歲三

福島縣會津若松市　舊滝沢本陣

地址：福島縣會津若松市一箕町八幡滝沢 122
交通：從 JR 會津若松站乘搭周遊巴士ハイカラさん或あかべえ，於飯盛山下站下車，步行約 5 分鐘
時間：08:00~17:00，冬季期間 09:00~16:00，內進參觀或需預約
費用：成人 ¥300，高中生 ¥250，初中生 ¥150，小學生 ¥100
電話：0242-22-8525

Online地圖:
goo.gl/iGHy9g

出現角色：土方歲三

福島縣會津若松市　東山溫泉（猿之湯）

地址：福島縣會津若松市東山町湯本寺屋敷 43
交通：從 JR 會津若松站乘搭周遊巴士ハイカラさん或あかべえ，於東山温泉站下車，步行約 3 分鐘
時間：24 小時
電話：0242-26-0001

Online地圖:
goo.gl/vctEog

福島縣會津若松市　阿彌陀寺・御三階

地址：福島縣會津若松市七日町 4-20
交通：從 JR 七日町站步行約 2 分鐘
時間：24 小時
電話：0242-23-7398

Online地圖:
goo.gl/f9pirg

出現角色：土方歲三

福島縣會津若松市　天寧寺

地址：福島縣會津若松市東山町大字石山天寧 208
交通：從 JR 會津若松站乘搭周遊巴士ハイカラさん或あかべえ，於奴郎ケ前站下車，步行約 15 分鐘
時間：24 小時　　電話：0242-26-3906

Online地圖:
goo.gl/GiSXsB

出現角色：近藤勇

福島縣會津若松市　會津新選組記念館

地址：福島縣會津若松市七日町 6-7
交通：從 JR 會津若松站乘搭周遊巴士ハイカラさん或あかべえ，於七日町中央站下車，步行約 3 分鐘；或從 JR 七日町站步行約 3 分鐘
時間：10:00~17:00(關門時間請致電確認)
休息：不定休
費用：成人 ￥300，初中、小學生 ￥200
電話：0242-22-3049
官網：www.aizushinsengumi.com

Online地圖:
goo.gl/4SMg46

出現角色：沖田總司

福島縣會津若松市　飯盛山

地址：福島縣會津若松市一箕町大字八幡弁天下 12
交通：從 JR 會津若松站乘搭周遊巴士ハイカラさん或あかべえ，於飯盛山下站下車，步行約 3 分鐘
時間：24 小時
官網：www.iimoriyama.jp/iimori.html

Online地圖:
goo.gl/vYBspQ

福島縣會津若松市　滿田屋

地址：福島縣會津若松市大町 1-1-25
交通：從 JR 七日町站步行約 10 分鐘
時間：(餐廳)10:00~17:00(店舖) 09:00~18:00
電話：0242-27-1345
官網：www.mitsutaya.jp

Online地圖:
goo.gl/EQw4Ak

出現角色：藤堂平助

福島縣會津若松市　JR 會津若松站

地址：福島縣會津若松市駅前町 1-1
交通：從 JR 會津若松站下車即達
時間：24 小時

Online地圖:
goo.gl/zbxLrS

福島縣會津若松市　白虎隊記念館

地址：福島縣會津若松市一箕町大字八幡弁天下 33
交通：從 JR 會津若松站乘搭周遊巴士ハイカラさん或あかべえ，於飯盛山下站下車，步行約 2 分鐘
時間：4 至 10 月 08:00~17:00，11 至 3 月 09:00~16:00
費用：成人 ￥400，高中生 ￥300，初中、小學生 ￥200
電話：0242-24-9170　　官網：www.byakkokinen.com

Online地圖:
goo.gl/2oCBsc

出現角色：原田左之助

福島縣會津若松市　會津武家屋敷

地址：福島縣會津若松市東山町石山院内 1
交通：從 JR 會津若松站乘搭周遊巴士ハイカラさん或あかべえ，於会津武家屋敷前站下車即達
時間：4 至 11 月 08:30~17:00，12 至 3 月 09:00~16:30
費用：成人 ¥850，高中生及初中生 ¥550，小學生 ¥450
電話：0242-28-2525
官網：http://bukeyashiki.com

Online地圖:
goo.gl/obHVR6

福島縣會津若松市　駅カフェ

地址：福島縣會津若松市七日町 5-1
交通：從 JR 七日町站步行約 1 分鐘
時間：09:00~18:00
電話：0242-39-3880
官網：www.aizukanko.com/gourmet/18

Online地圖:
goo.gl/FRA3cb

出現角色：風間千景

福島縣會津若松市　御藥園

地址：福島縣會津若松市花春町 8-1
交通：從 JR 會津若松站乘搭周遊巴士ハイカラさん，於御薬園站下車，步行約 3 分鐘；或乘搭周遊巴士あかべえ，於会津若松商工会議所前站下車，步行約 5 分鐘
時間：08:30~17:00(最後入場時間 16:30)
費用：成人 ¥320，高中生 ¥270，初中、小學生 ¥160
電話：0242-27-2472
官網：www.tsurugajo.com/oyakuen

Online地圖:
goo.gl/Qq3fEX

東京都日野市

若未能前往會津若松，東京附近一帶的日野市亦為《薄櫻鬼》的其中一個熱門朝聖地，只因日野市被稱為「新選組的故鄉」，亦是新選組鬼副長土方歲三與六番隊隊長井上源三郎的出身地。日野市近年亦與《薄櫻鬼》合作，不少市內景點都會找到限定的《薄櫻鬼》商品。

東京都日野市　日野宿交流館

Online地圖:
bit.ly/2EcAxNS

日野宿交流館本為八王子信用金庫日野支店，閉店後成為交流館，同時亦是日野市觀光案內所。二樓為免費開放的展示室，展示了日野宿的發展與歷史；一樓則為休息處與商店，出售《薄櫻鬼》與新選組的限定商品，亦提供日野市內各景點的最新資訊。

INFO
地址：東京都日野市日野本町 7-5-6
交通：從 JR 中央線日野站步行約 7 分鐘
時間：09:00~17:00，逢星期一與年末年始休息
電話：042-511-7569
官網：http://makoto.shinsenhino.com/archives/place/050403113127.php

▶一樓的休息處設有自動販售機，還印有新選組的教條與鬼副長土方歲三的肖像。

▲本為金庫的日野宿交流館，遊客還可到二樓進入金庫內部參觀。

東京都日野市　日野宿本陣

Online地圖：bit.ly/2E7gqRf

日野宿本陣為日野市內現存唯一的江戶時代本陣建築物，亦是當年近藤、土方與沖田等人在此習武的道場，現時本陣內還設有新選組隊服讓遊客免費試穿與拍照留念。

◀近藤與土方等於日野宿相遇，亦為新選組的結成拉開序幕。

◀傳説鬼副長土方常於此房間內睡午覺！（相片由Vivian提供）

▶本陣內設有不同尺寸的新選組隊服供遊客試穿，就連繩結也模仿了真實的隊服，十分考究。

INFO

地址：東京都日野市日野本町 2-15-9
交通：從 JR 中央線日野站步行約 8 分鐘
時間：09:30~17:00，最後入場時間 16:30，逢星期一與年末年始休息，如星期一為假期則會順延一天
費用：成人 ￥200，中小學生 ￥50；另設與新選組のふるさと歷史館共同入場的共通券，成人 ￥300，中小學生 ￥70
官網：http://shinsenr.jp/honjin/index.html

東京都日野市　新選組のふるさと歷史館

Online地圖：bit.ly/2VnVEEb

新選組於日野市留有大量歷史遺跡與物品，現時大部分存放於新選組のふるさと歷史館作常設展示。館內亦可免費借出新選組隊服與土方先生的洋裝隊服供遊客拍照留念，就連土方先生的愛刀『和泉守兼定』也可一併借出呢！

◀沿山坡而上，看到新選組的象徵『誠』的布簾，便知來對地方！

▶館內只有入口處可供拍照，穿好服裝可以古代的背景拍照。

◀另有多款配刀供借用拍照，有趣的是發現《銀魂》主角銀時的愛刀『洞爺湖』亂入了！

INFO

地址：東京都日野市神明 4-16-1
交通：從 JR 中央線日野站步行約 15 分鐘
時間：09:30~17:00，最後入場時間 16:30，逢星期一與年末年始休息
費用：成人 ￥200，中小學生 ￥50；另設與日野宿本陣共同入場的共通券，成人 ￥300，中小學生 ￥70
電話：042-583-5100
官網：http://www.shinsenr.jp/

東京都日野市　土方歲三資料館

Online地圖：bit.ly/2GZCu3f

土方歲三資料館為土方先生的實家，一代歷史人物便是於此誕生。資料館只會於限定日期開放予公眾參觀，內裡展示了土方先生的信件與武具等，更有於箱館戰爭時拜託成員帶回實家，象徵自己的愛刀「和泉守兼定」展出。

▲面積不大的土方歲三資料館，由於開放時間較少，每逢四至五月均吸引不少人特地前來

▲館內不准拍照，庭園則擺放了近藤與土方當年練武時相同的仿製木刀，庭園也可找到土方先生親手栽種的竹樹。

INFO

地址：東京都日野市石田 2-1-3
交通：從多摩都市單軌電車萬願寺站步行約 2 分鐘
時間：大部分每月的第一與第三個星期日與五月土方歲三的忌辰月有特別開放，時間通常為 12:00~16:00，詳細開放時間可參考官網
費用：成人 ￥500，中小學生 ￥300
官網：http://www.hijikata-toshizo.jp/

動漫迷來亀有大概只有一個目的，就是為了阿兩而來！於 Jump 連載達 40 年的長壽漫畫《烏龍派出所》(葛飾區亀有公園前派出所) 雖然已於 2016 年完結，然而總話數達 1,960 話，亦是健力士記錄連載話數最多的漫畫。故事舞台正是葛飾區的亀有，因此亀有市內建有多達 15 座與阿兩及其他登場人物的銅像 (詳見下表)，從而成為粉絲聖地巡遊的熱門地點。

銅像詳情：

兩 1
2006 年第一座阿兩的銅像，於北口歡迎遊客光臨

兩 2
薔薇與麗子像，重現麗子的美貌

兩 3
舉起勝利手勢的阿兩

兩 4
休息中的阿兩，還可以坐在他身旁合照

兩 5
敬禮的阿兩，銅像位於捐血中心附近，是答謝捐血的熱心市民嗎？

兩 6
祭典阿兩，看起來非常有精神呢！

兩 7
歡迎來亀有的阿兩像，同樣可坐在阿兩旁邊與他合照

兩 8
平常難得一見的森巴阿兩

兩 9
少年阿兩，也就是豚珍勘三人組了！

兩 10
害羞的本田也有銅像喔！

兩 11
大笑的阿兩，咧嘴大笑正是阿兩的本色

兩 12
指導少年的阿兩，身於神社只會想到他在求財吧？(笑)

兩 13
才貌兼備的中川，當然也有銅像了

兩 14
另一座麗子像，留意這座銅像位於 7 樓地區中心內

兩 15
亀有第一座彩色的兩津像，上方更有作者秋本治的手印！

東京都葛飾區　亀有站北口派出所

Online地圖：
goo.gl/i93efD

漫畫內的亀有公園前派出所雖然在現實中並不存在，但亀有站北口的派出所外型與漫畫中卻十分相似！留意這所派出所內駐有真正的警察，拍照之餘不要阻礙警察辦案呀！

◀樸實的派出所，幻想阿兩就在裏面工作中。

INFO
地址：東京都葛飾區亀有 5-34-1
交通：從 JR 亀有站北口步行約 1 分鐘
電話：03-3607-0110

東京都葛飾區　亀有香取神社

Online地圖：
goo.gl/zhUNn4

亀有香取神社為亀有的總鎮守，御祭神為經津主大神。神社於《烏龍派出所》出現過不下數十次，現時神社更有印上阿兩的繪馬出售。

INFO
地址：東京都葛飾區亀有 3-42-24
交通：從 JR 亀有站南口步行約 3 分鐘
時間：24 小時
電話：03-3601-1418
官網：http://kameari-katorijinja.com

東京都葛飾區　こち亀ゲームぱ～く

Online地圖：
goo.gl/kfnf32

こち亀ゲームぱ～く就在大型商場亀有 Ario 內，整個遊戲中心都以阿兩為主角！店內分為亀有公園前派出所、下町區、仲見世通區、淺草花やしき區與亀有下町區。既為遊戲中心，遊戲的獎品當然也以阿兩的精品為主，是作為阿兩粉絲必到的朝聖地！

▶遊戲中心與漫畫一樣，熱鬧非常。

◀中心內重現了亀有公園前派出所的場景。

◀來參加阿兩的祭典！

INFO
地址：東京都葛飾區亀有 3-49-3 亀有 Ario
交通：從 JR 亀有站南口步行約 5 分鐘
時間：10:00~22:00　電話：03-3602-5820
官網：www.kochikame-gamepark.jp

曾榮獲多項獎項的漫畫《宇宙兄弟》於 2012 年製作動畫，同年更上演了真人化的電影版，由小栗旬與岡田將生飾演主角兩兄弟：南波六太與南波日日人。故事講述兩兄弟於小時候看到太空船而立下要成為太空人的約誓，長大後弟弟日日人成為了第一位登陸月球的日本人，而哥哥六太則還是一名普通的上班族。後來六太因維護日日人而被公司辭退，機緣巧合下投考了 JAXA（日本宇宙航空研究開發機構），繼續向兒時夢想進發的故事。動漫於日本以致海外都相當受歡迎，亦因而讓故事中六太前往考試的筑波宇宙中心成為熱門的朝聖之地。

茨城県つくば市　筑波宇宙中心

Online地圖:
bit.ly/2Sp1Ucx

筑波宇宙中心為日本最大規模的宇宙航空開發設施，展示館免費開放予遊客參觀，遊客亦可預約見學導覽，進入管制室及太空人訓練設施中參觀。當中太空人訓練設施便是劇中六太考試與受訓的地方，而中心亦曾與《宇宙兄弟》合作，現時設施內仍留有許多漫畫相關的繪板！

►在筑波宇宙中心範圍內處處都可找到《宇宙兄弟》的舞台，如火箭廣場便於漫畫第一集中登場，為六太於第二次考試後與一眾考生拍照的地方。

▲在火箭廣場能看到 JAXA 總部與火箭模型，不難想像六太前來考試時，心情會是多麼的興奮！

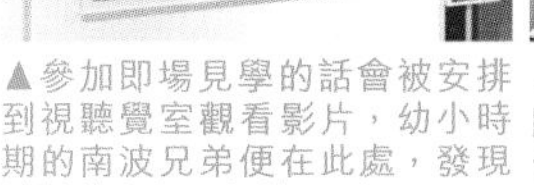

▲參加即場見學的話會被安排到視聽覺室觀看影片，幼小時期的南波兄弟便在此處，發現浩瀚的宇宙是何等吸引。

▲除了預約見學導覽，中心亦設有即場見學，每天 10:00、11:00、13:00、14:00、15:00 各舉行五節，參觀者可中途加入或退出。

▲當然少不了兩兄弟的看板。

▲展示館內雖然未設有宇宙兄弟相關的展覽，但設有不少珍貴展品，同樣非常值得一看。

▲穿上日本 JAXA 太空衣的六太，神氣活現的樣子！

►商店設有不少《宇宙兄弟》相關的限定商品，為慶祝作品 10 週年，不少商品以日日人的愛犬阿波作為主角！

INFO

地址：茨城県つくば市千現 2-1-1
交通：從 JR 常磐線「荒川沖駅」下車轉乘関鉄巴士往「筑波大学中央」或「つくばセンター」方向，於「物質材料研究機構」下車再步行約 1 分鐘
時間：展示館 09:30 - 17:00，企畫展與商店 10:00-17:00；部分星期一與年末年始休館，詳情可參考官網
費用：展示館免費入場；18 歲以上成人見學導覽 ￥500，需要事前預約
電話：029-868-2023
官網：http://www.jaxa.jp/about/centers/tksc/index_j.html

Part 2
Black Butler
ビッグビターラビット
さわらないで
Don't touch!
ビッグビターラビット
黒執事 Black Label
とらのあな
とらのあな岡山店
GRAND OPEN
CLOSE
21:00
TOY
コミック

動漫
玩樂攻略
KAME
HOUSE

不能錯過的動漫精品

▲以萌娘包裝的大福餅與顏文字餅乾，均是秋葉原獨有的熱門土產，價錢從￥432起。

1. 秋葉原萌繪餅乾

只限於秋葉原店鋪中才能找到的萌繪餅乾，是不可多得的秋葉原動漫手信！

2. 秋葉原萌酒

印有各動漫人物的清酒，無論是女性向、還是男性向的動漫作品都有推出，你捨得不買嗎？

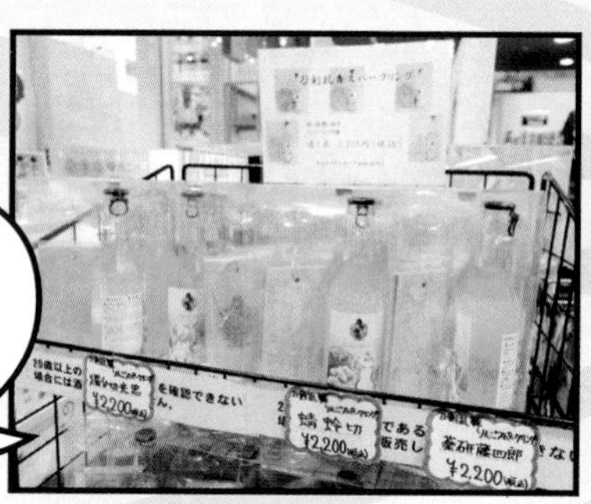

▲女性向動漫同樣有推出酒品，與《刀劍亂舞》合作的角色酒，還附送木雕牌一個，每瓶￥2,200。

▲印有可愛女角的酒類，一律統稱為萌酒，價錢從￥864起。

3. 動漫汽水罐

池袋的 Adores 內擺設了自動販賣機，賣的不是普通飲料，而是與動漫合作的獨特飲料 JOY CAN！汽水罐會印上動漫的圖案，更會隨機附送吊飾。其後 JOY CAN 更發展了 JOY CAN PREMIUM，以￥1,200便可購買限定布袋。除了池袋 Adores 可入手外，部分 Animate 亦有售。

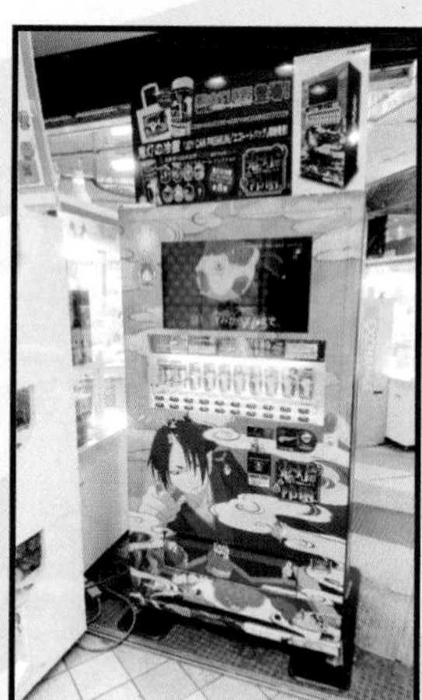

▲在池袋 Adores 門口的汽水機，受歡迎的作品經常會有完售的情況出現，飲品每罐￥500。

4. 襟章與掛件

近年日本興起了痛包的潮流，就連日本的電視台也開始留意及報導，港台亦隨之掀起熱潮。而裝飾痛包必需的，當然就是大量的襟章與掛件了！由於近年不少精品都要隨機抽選，要抽得心頭好除了看「歐氣」外，另一入手途徑便是到 Lashinbang 或 K-books 等中古店搜索了！

▲襟章與掛件價錢會視乎角色受歡迎程度與精品罕有度而定，從 ¥100 到數千円都有！

動漫用語小知識

痛包

日語的「痛」是奇怪、誇張的意思。痛包是指掛滿動漫角色襟章或吊飾、玩偶等等的手提袋，痛包現已衍生出痛車、痛繪馬等等的與「痛」文化相關詞彙。（詳見 P.53）

歐氣

因手機遊戲而產生的網絡用語「歐洲人」，指運氣特好的玩家，亦衍伸出對應歐洲人含義的歐氣（好運氣的人所散發的氣息）。（詳見 P.52）

（文字：IKiC）

5. 痛米

除了痛車與痛包，一些偏遠地區更會出售「痛米」！以萌娘包裝的米，吃起來又會否特別香糯與美味呢？

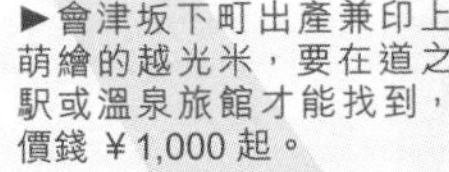

►會津坂下町出產兼印上萌繪的越光米，要在道之駅或溫泉旅館才能找到，價錢 ¥1,000 起。

不得不去的動漫展覽

每年在日本都有成千上萬的動漫展或活動舉行，以下為 8 個較為大型及適合「初心者」參加的展覽，看看能不能加入你遊日的行程中吧！

千葉縣千葉市　Jump Festa

Jump Festa 自 1999 年起舉辦，至今已接近 20 年。既然名為 Jump Festa，當然是以集英社旗下雜誌包括少年 Jump、V Jump 等連載的作品為主題。活動每年都會在 12 月第 3 個週末在千葉縣的幕張 Messe 舉行，而且是免費入場！會場主要分成 Original Zone(展示ゾーン) 與 Maker Zone(販賣ゾーン) 兩部分，入場時參加人士需先決定從哪一邊開始參觀。近年更加入 Jump Super Stage，會邀請參與作品製作的聲優出席，同樣也是免費觀賞；另外也會舉行漫畫家的簽名會呢！

攻略要點：

1. 先到官方網頁看看自己對 Original Zone 或 Maker Zone 哪邊興趣較大，再決定先排哪一方。由於參展商出售的物品可能為限量品，因此要有心理準備心儀商品有機會完售。
2. 若有必買的清單，建議 07:00 便要到達會場排隊，並帶備好保暖的物品與食物，12 月兼在海邊的幕張是頗冷的啊！
3. 雖然展期有 2 天，但第二天參展商準備的商品會比第一天少。
4. 留意部分參展商可能於網上提前抽選入場，又或在現場派發整理券才可入內排隊。
5. Jump Super Stage 設有 Kids Area，若帶同小朋友前往的話，可以坐進前方中央的絕佳位置！

▲免費入場的 Jump Festa。

▲從 JR 幕張站已看到《黑子的籃球》的海報了！

▶會場外展示了內部的地圖，讓大家好好計劃要「衝」的攤位位置。

▲海軍設於幕張的支部？其實是支援中心啦！

▶場內設有不少拍照區域，站在飄浮於空中的餐具與傢俱中，你便和齊木楠雄一樣擁有超能力了！

▲角色的看板也當然不能少！

▲巨型的路飛吹氣公仔。

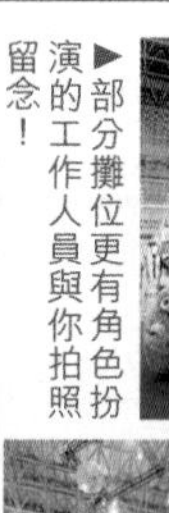
▶部分攤位更有角色扮演的工作人員與你拍照留念！

◀歷久不衰的《龍珠》，還召喚神龍出來了！

INFO

地址：(幕張 Messe) 千葉縣千葉市美浜區中瀨 2-1
交通：從 JR 海浜幕張站步行約 5 分鐘
時間：每年 12 月第 3 個週末 09:00~ 17:00(最後入場時間為 16:00)
費用：免費
官網：www.jumpfesta.com

東京都池袋 Animate Girls Festival

自 2010 年起由 Animate 主辦，簡稱 AGF，為近年於池袋舉行的盛大女性向動漫活動。一連兩天的 AGF 雖然要付費入場，但會場內出售許多限定精品，更有人氣聲優表演，經常會出現一票難求的情況！以 2017 年為例，活動分成 6 個區域，而池袋其他店鋪也會加入其中，例如活動期間憑 AGF 會場的入場券或收據可獲連動禮物或折扣等。

攻略要點：

1. 每年 8 月左右會在官網公佈時間舉行時間與入場券抽選事宜，若決定前往最好先預訂池袋周邊的酒店。
2. 入場券除了午後券外全採實名制，票面會印上入場者的名字，由於入場檢查頗為嚴格，即使購買黃牛票也很大機會不能入場。
3. 2017 年起海外參加者需以英文名字抽選入場券，入場時以護照上的名字為準。
4. 持有特快或一般入場券的人士，於票面顯示的集合時間抵達會場便可，午後票會以先到先得形式排隊進入，若有持久戰的心理準備最好先帶備保暖的物品與食物等。
5. 雖然展期同為 2 天，但第二天參展商準備的商品會比第一天為少。
6. 留意部分參展商可能於網上提前抽選入場，又或在現場派發整理券才可入內排隊。

◀部分熱門攤檔會預先派發整理券，隨時要有等待超過30分鐘甚至更久的心理準備！

▲一些製造商會率先展出預定發售的商品，吸引參加者盡快訂購。

▶檢票後會扣上手帶，以便出入各個會場。

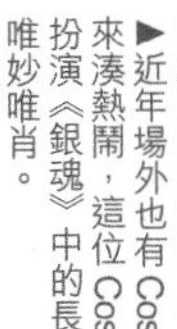

▶近年場外也有 Cosplayer 來湊熱鬧，這位 Cosplayer 扮演《銀魂》中的長谷川，唯妙唯肖。

INFO

地址：(池袋 Sunshine City) 東京都豊島區東池袋 3-1
交通：從 JR 池袋站步行約 8 分鐘
時間：約每年 11 月第一個星期，實際日期請留意官方網頁
費用：大致分為特快入場券、一般入場券與午後入場券，實際費用請留意官方網頁
官網：www.animate.co.jp/ex/agf

東京都有明 Comiket

一年舉行兩次的 Comiket 為日本及全球最大型的同人展，當中的同人攤檔多達 35,000 個！而展覽內亦設有官方攤位，包括 Aniplex、Avex Pictures、角川等均有參與，而除了免費入場外，會場外更有不少 Cosplayer 大顯身手，讓攝影師隨意拍照！

攻略要點：

1. 建議參加者預先購買 Comiket 目錄，由於攤位數量極多，預先計劃好要跑的攤位會更有效率！
2. 若有非入手不可的本子，最好先預訂國際展示場附近的酒店，並於當日乘搭始發列車前往，要記住主辦單位是不容許徹夜排隊的啊！
3. 若純以參觀的心態入場，主辦單位建議最好於中午過後才前往，以避開早上的人潮。
4. 夏冬兩次的 Comiket 均要預先準備消暑或保暖的物品，還有飲料與食物等。

INFO

地址：(東京國際展示場) 東京都江東區有明 3-11-1
交通：從ゆりかもめ的国際展示場正門站步行 3 分鐘；或從臨海線国際展示場站步行約 7 分鐘
時間：每年 8 月第 2 個星期五至日及 12 月 29 日至 31 日
費用：免費入場
官網：www.comiket.co.jp

▶每年 Comiket 都會擠得水洩不通的東京國際展示場。

東京都有明 Comic City

若說 Comiket 以男性向同人市場為主，Comic City 則是女性向同人誌的代表！以 Comic City 為名義的活動在日本各地都會舉行，數量多達 20 場，亦是大阪與福岡地區最大規模的同人展，而最熱鬧的當然是一年兩次於東京國際展示場舉行的同人活動！其實 Comic City 也有舉辦男性向同人展，然而規模上當然不及 Comiket 熱鬧便是了。

攻略要點：

1. 建議參加大型活動的朋友預先購買目錄，由於攤位數量極多，預先計劃好要跑的攤位會更有效率！
2. 若有非入手不可的本子，最好先預訂國際展示場附近的酒店，留意 Comic City 嚴禁早上 7 點前到場，當然徹夜排隊也是絕不容許的啊！
3. 留意無論擺攤或參觀，小學生以下都不能入場。
4. 會場內不能拍照，要前往專有區域才可拍照。
5. 部分活動不設 Cosplayer 參加，打算 Cosplay 的朋友也要留意！

動漫用語小知識

同人誌

同人誌指的是不受商業團體約束的自我創作出版物，同人創作可以是完全自創，亦可以是針對二次創作，現已泛指愛好者對某些作品的二次創作產物。(詳見 P.53)

(文字：IKiC)

INFO

地址：(東京國際展示場) 東京都江東區有明 3-11-1
交通：從ゆりかもめ的国際展示場正門站步行 3 分鐘；或從臨海線国際展示場站步行約 7 分鐘
時間：Comic City 東京每年 1 月及 6 月；Super Comic City 每年 5 月黃金周期間連續 2 天舉辦
費用：大規模活動需另購入場券，每人 ¥1,000，目錄每份 ¥1,200；中小規模免費入場，目錄售價則各異；部分活動必需購買目錄才可入場
官網：赤 (女性向同人活動)：www.akaboo.jp
青 (男性向同人活動)：www.aoboo.jp

東京都有明 Anime Japan

自 2014 年舉辦的 Anime Japan 展覽每年吸引超過十多萬人參加，是世界最大規模的動漫展。展覽一連 4 天舉行，開首 2 天只開放予業界，後 2 天才開放予公眾。雖然要付費入場，但展覽有接近二百間會社參展，同場亦設有 Cosplayer 專區，設置了動漫場景讓 Cosplayer 拍照，亦設有舞台進行聲優座談會或動漫歌曲演唱會等，為近年備受觸目的動漫展。

(相片由 Hikaru 提供)

攻略要點：

1. 先至官方網頁看看有沒有想參加的舞台表演，再決定是否要抽選舞台觀覽券。
2. 只能以當日票券應募當天的舞台表演。
3. 若有必買的清單，建議 07:00 便要到達會場排隊。
4. 展期雖有 2 天，但第二天參展商準備的商品會比第一天為少。
5. 留意部分參展商可能於網上提前抽選入場，又或在現場派發整理券才可入內排隊。
6. 每年 12 月開始發售的事前入場券可抽選舞台觀覽券，可申請多達 5 場演出；2 月則開始發售純入場券，同時亦設有當日券；另外亦有經抽選購買的特快入場券。

INFO

地址：(東京國際展示場) 東京都江東區有明 3-11-1
交通：從ゆりかもめ的東京ビッグサイト站步行 3 分鐘；或從臨海線国際展示場站步行約 7 分鐘
時間：每年 3 月底舉行
費用：(事前入場券) 中學生或以上 ¥1,800，(當日券) 中學生或以上 ¥2,200，(特快入場券) 中學生或以上 ¥3,800
官網：www.anime-japan.jp

千葉縣千葉市　Tokyo Game Show

已舉辦超過 20 年的 Tokyo Game Show 是各大遊戲商發表新作的戰場，廠家亦會於此時發表新研發的科技與機種，讓各遊戲迷先睹為快！展覽一連 4 日舉行，開首 2 天只限定業界入場，其後 2 天為公眾入場日。除了有最新遊戲試玩外，近年亦增設了 Cosplay 比賽及聲優表演等活動。

INFO

地址：(幕張 Messe) 千葉縣千葉市美浜區中瀨 2-1
交通：從 JR 海浜幕張站步行約 5 分鐘
時間：每年 9 至 10 月期間舉行
費用：(前賣券) ¥1,000，(當日券) ¥1,200
官網：http://expo.nikkeibp.co.jp/tgs

攻略要點：

1. 留意部分參展商的試玩區需先領取整理券才可入內試玩。
2. 部分製作人更會親臨會場，若想與偶像們見面也要先留意各大遊戲商網頁。
3. 不少遊戲商會派發免費贈品，部分需要參加試玩才可到手。
4. 若想試玩熱門遊戲，建議 07:00 便要到達會場排隊入場。
5. 場內有出售限定品，雖然展期 2 天，但第二天參展商準備的商品會比第一天為少。

千葉縣千葉市　Wonder Festival

一年兩次於幕張舉行的手辦展覽會，亦是全球最大型的手辦展覽，簡稱為 WF。展覽最初由手辦製造商海洋堂主導，至現在不少著名的廠商如 Good Smile、SEGA 等均會參加，同時發佈最新產品。而會場外不少 Cosplayer 亦會到場，亦有各式各樣的「痛車」，場面非常熱鬧！

INFO

地址：(幕張 Messe) 千葉縣千葉市美浜區中瀨 2-1
交通：從 JR 海浜幕張站步行約 5 分鐘
時間：每年 2 月、7 月舉行
費用：入場加公式書 ¥2,500
官網：http://wf.kaiyodo.net

攻略要點：

1. 展期只有 1 天，若有非入手不可的心頭好，最好先預訂幕張周邊的酒店。
2. 留意除了官方產品也有不少同人組織參加。

京都府京都市　京都國際漫畫動畫展

2012 年開始舉辦的動漫展，近年開始備受觸目，為現時關西地區最大型的動漫展。展期間京都周邊亦會舉行不同動漫相關活動，除了主會場京都市勧業館外，京都國際漫畫博物館亦有原畫展等活動同時舉行。展覽設有舞台讓聲優登台，部分更為開放舞台可隨意參加。

INFO

地址：(京都市勧業館みやこめつせ) 京都府京都市左京區岡崎成勝寺町 9-1
交通：從地下鐵東山站 1 號出口步行約 8 分鐘
時間：每年 9 月第 3 個週末 09:00~17:00，星期日提前至 16:00 結束
費用：(事前入場券) 中學生或以上 ¥1,200，(當日券) 中學生或以上 ¥1,500，(京都市勧業館與京都國際漫畫博物館共通券) ¥1,800
官網：http://kyomaf.kyoto

京都國際漫畫博物館
地址：京都府京都市中京區烏丸通御池上ル (元龍池小学校)
交通：從地下鐵烏丸御池站 2 號出口步行約 2 分鐘
時間：10:00~20:00(週三休館)
費用：成人 ¥800，高中生及初中生 ¥300，小學生 ¥100
官網：www.kyotomm.jp

攻略要點：

每年 8 月開始發售的事前入場券可抽選舞台觀覽券，可申請多達 2 場演出；其後購入的則為純入場券，同時亦設有當日券。

▲京都國際漫畫博物館。

不可不知的日本動漫連鎖店

Animate

Animate 為日本最大型動漫連鎖店，第一家位於池袋的本店於 1983 年開業，現時於日本各地設立了超過一百間分店。店鋪從動漫精品、遊戲軟件、CD 影碟到同人誌都一應俱全，大部分物品均以正價發售，而部分更會帶有 Animate 的限定特典。

▲位於池袋的 Animate 總店。

動漫用語小知識

特典

特典即是購買限定商品附送的贈品。(詳見 P.53)

（文字：IKiC）

INFO 官網：www.animate.co.jp

Animate Cafe

與不同動漫主題合作的 Animate Cafe 單在池袋已擁有 3 間分店，而且每間均會同時以不同主題舉行活動，合作過的作品包括《文豪野犬》、《黑子的籃球》、《排球少年》等。由於座位有限，大部分作品都需事先抽選方可入座，若已計劃前往日本的朋友就要事先留意官網的抽選日程了！

INFO 官網：https://cafe.animate.co.jp

Gamers

Gamers 為 Animate 的子公司，於 2008 年開業，單是東京都已有十多間分店。店鋪以出售男性向精品與書籍為主，位於秋葉原的則為本店。與 Animate 一樣，部分商品會附有 Gamers 獨家特典，一些分店更會不定期舉辦即賣會與簽名會等，部分更無需抽選可即場參加！

▲位於秋葉原的 Gamers 本店。

INFO 官網：www.gamers.co.jp

Melonbooks

Melonbooks 在 1998 年於札幌創業，而店鋪的名字靈感來源則為夕張的名物蜜瓜！Melonbooks 現為男性向同人誌專賣店，直營店數目亦是同人業界中最多的一間。而 Melonbooks 也是現時唯一會派發免費情報雜誌的同人商店，負責繪畫封面的畫師更會每三個月更換，時刻為讀者帶來新鮮感。店家的吉祥物是束着雙馬尾的小 Melon，每家分店更有當店不同造型的小 Melon 鎖匙扣或精品供會員以積分換購。

INFO 官網：www.melonbooks.co.jp

とらのあな

とらのあな由株式會社虎之穴經營，因此亦被暱稱為虎之穴，店鋪以出售同人誌及相關商品為主。近年除了同人業務外，亦會出售商業漫畫書及動漫相關影碟或遊戲，部分商店亦有出售成年向玩具及中古同人產品。

動漫用語小知識

中古品

中古品是日語，意指二手貨品。(詳見 P.53)

(文字：IKiC)

INFO 官網：www.toranoana.jp

まんだらけ

まんだらけ的英文名為 MANDARAKE，開業時まんだらけ於中野以出售中古漫畫書為主，至現在仍專注於出售中古玩具與書籍等。現時まんだらけ於日本共有 11 間分店，從《鐵人 28 號》到《美少女戰士》的絕版精品都有可能在此找到。部分店內更設有退稅服務，可說是挖寶的絕佳地點。

INFO 官網：https://mandarake.co.jp

らしんばん

らしんばん (lashinbang) 最初於池袋開業，以出售中古同人誌為主，及後擴張業務至中古精品及其他動漫產品，現時於日本已有超過 40 間分店。而店鋪不時會舉行清貨減價，絕對是尋寶的好地方！

INFO 官網：www.lashinbang.com

Animega 與 Animega Cafe

文教堂旗下專售動漫精品的 Animega，主要出售動漫相關的書籍與精品，部分精品更為文教堂限定，另外京都動漫旗下的作品如《Free!》、《奏響吧！上低音號》等的限定精品亦能在此找到。部分店鋪更與 Rejet Shop 合併，出售 Rejet 旗下的產品。除了精品店外，Animega 亦有開設 Animega Cafe，現時於日本設有 6 間分店，並會與不同動漫合作，舉辦期間限定的餐廳，同時亦會出售限定精品。

► Animega。

▲ Animega Cafe。

INFO 官網：www.bunkyodojoy.com/shop/c/canimega

Princess Cafe

Princess Cafe(プリンセスカフエ)會與不同女性向動漫或遊戲題材合作，並於餐廳內提供角色相關餐點，同時亦有限定精品如襟章及掛件等出售。餐廳的物販區即使不點餐也可購物，更不時會有過往題材的精品出售。

官網：http://pripricafe.com

Namco Chara Store

Namco 旗下的 Chara Store 於日本國內有超過 20 間分店，大部分與 Namco 遊戲中心併合，部分則設於 Parco 等百貨公司內，不同分店亦會以不同動漫作為主題，並設有小遊戲與限定景品，過往曾合作的動漫包括《黑執事》、手機遊戲《白貓》、《Idol Master》等。

官網：https://twitter.com/chara_pop

Yellow Submarine

Yellow Submarine 以出售模型與手辦模型為主，不同種類的模型都有機會在此找到，同時亦有模型用品出售。另外亦有出售盒蛋及其他動漫精品，部分盒蛋更可選擇購入個別款式，價錢亦較正價便宜。

動漫用語小知識

盒蛋

扭蛋是放在扭蛋機讓客人隨機抽取商品，而盒蛋使用印刷精美的紙盒包裝，同樣憑運氣抽取商品。（詳見 P.53）

（文字：IKiC）

官網：www.yellowsubmarine.co.jp

Hacostadium 東京

日本的 Cosplay 發展可說是一日千里，除了有 Cosplay 服飾、用具等相關用品專門店外，還有專為 Cosplayer 而設的影樓，當中最具名氣的可說是 Hacostadium 了！Hacostadium 於全國共有四間分店，分別位於池袋、大阪、千葉縣船橋市及神奈川縣川崎市。影樓內設有不同場景，例如舞台、課室、甚至是充滿哥德風格的飯廳等，即使不是 Cosplayer 也可利用特別的場景自拍一番。部分店內亦可免費借出小道具如食物模型、樂器等，甚至連反光板與三腳架等也可免費借用。而店家亦會不定期舉行不同的 Cosplay 主題活動，是與日本 Cosplayer 交流的大好機會呢！

▲影樓內設有不少幻想風格的背景。

▲學校體育館，當然是拍攝運動系動漫的絕佳場景！

◀拍攝如 Fate / Stay Night 等的異世界風格動畫相片，利用城牆造出特殊效果最合適不過。

(相片由Hacostadium提供)

官網：http://hacostadium.com

一定要懂的入門級 ACG 用語

(文字：IKiC)

在 ACG 界中有不少用語只有圈內人才明白，當中有不少是直接使用日語漢字，了解這些用語是入圈的首要條件，否則跟別人討論 ACG 的時候就會一頭霧水、完全不知所云的了！

基本概念

動漫與 ACG —— 動漫是動畫及漫畫的合稱，僅於中文圈子內使用；而 ACG 分別是動畫 (Animate)、漫畫 (Comics) 及遊戲 (Game)，取其首字母的合稱，大多不會翻譯為中文，這個合稱一般在華人圈子內使用，日本則較常使用 MAG(M 為 Manga 即漫畫)。近來因輕小説的興起，又將代表輕小説的 N(Novels) 加入其中，形成 ACGN 這個新詞彙。

御宅族 —— 御宅族原指お宅，即中文中「貴府」，常用作為第二人稱代詞「您」，是一種不常用的敬稱。及後，御宅族發展成專指喜愛並熱衷於某事物的人，為了與之前的語義有所區別，只會寫成全平假名おたく (Otaku)，本有些貶義，但現在已經淡化，並有越來越多人以御宅族自居。因應喜歡的事物不同而衍生出鐵道宅、軍事宅等，但在中文圈子，更多指為喜愛 ACG 文化的人。御宅族又與中文中的宅男、宅女不同，後者專指足不出戶、不擅交際、生活圈子只有自己的族群。

新 / 舊番 —— 番即日語中的「番組」，意指節目，新番組即新推出的電視節目，アニメ新番組則用以專指新的動畫節目，而中文的動漫圈以新番來代指當季 (3 個月為一季) 新推出的動畫，而過了當季則被稱為舊番。

季番 —— 季番指的是播放一季的動畫，如此類推，半年番指播放半年的動畫、年番則指播放一年的動畫，有時也會以季節作稱呼，如春番指 4 月開播的動畫，夏番為 7 月、秋番為 10 月、冬番為 1 月。

定番 —— 定番是直接套用日文漢字的詞彙，意指商店內固定或是基本商品，現時更擴大語義，含有「必然的事物」、「固定的事物」等意思，如定番景點意為必到景點、定番料理意為必吃的食物等。在 ACG 界中，定番也有常見、固定的橋段的意思，可以語帶貶義指老套，也可指經典。

番外 —— 番外與外傳含義相似，指的是在作品中延伸的故事線，可以是一個獨立的故事，也可以是故事的後續。番外有 3 類，第 1 類為以故事中的某個情節或事件加以詳述、創作而成的故事，第 2 類是以故事中的某個角色的支線故事加以創作成獨立故事，第 3 類則以另一個敘事角度描寫故事中的某個情節。

追番與棄番 —— 追番是指積極投入到某新作品之中，如中途放棄、不再追看謂之棄番。網絡用語中也有類似的詞語「入坑」，指投入到某一事物之中不能自拔，但就不專指 ACG 相關事物，小説、劇集、動漫等等都可以「坑」來代指 (因小説常在未完結就停止更新，因此被戲稱為「坑」)，已不再更新的作品或放棄一套作品謂之棄坑。

2.5 次元 —— 2.5 次元是指在動漫文化中，介乎於 2 次元及 3 次元之間的事物統稱，主要指兩類：第一類為以 3 次元表現 2 次元的事物，如 cosplay、真人版電影或舞台劇，甚至聲優有時都會被指為 2.5 次元；第二類則是以 2 次元表現 3 次元的事物，多為一些仿現實世界的 3D CG 作品。

本命 —— 本命除了可指真命天子外，也是賽馬術語中最有機會獲勝的馬或選手的意思，在動漫界則引申成心中排行第一、最喜愛的角色或是動漫。

萌 —— 萌 (萌え) 一詞在 ACG 界相當重要，指對某角色引起共鳴而產生了強烈喜愛的情感，原只針對可愛的女性角色，後應用範圍擴大，更衍生對各種事物表達類似情感。「萌」一字現已衍生出各種相關的詞語，如反差萌 (兩種不同屬性同時顯現在同一種事物中而引起萌感)、萌屬性 (增加角色萌度的人物特徵) 等等。

控 —— 控 (コン) 是英語「Complex」一字以片假名拼寫成「コンプレックス」的簡稱，控是中文的音譯，意指對某特徵懷有特殊情結，常用於後綴。日文原有的詞彙只有數種，如蘿莉控、正太控、父 / 母控、兄 / 弟 / 姐 / 妹控等等，而其他衍生詞，如金髮控、眼鏡控、甜食控等等多為中文動漫圈子自行創作的新詞。

作品分類

男性向 / 女性向 —— 男性向及女性向為動漫及遊戲的分類方法，男性向指的是針對男性市場的作品，而女性向則指主要目標顧客群為女性的作品，女性向以下又有多條分支，例如乙女向、BL(Boy's Love)、GL(百合或 Girl's Love) 等等。

乙女 / 乙女向 —— 乙女原是日語詞彙，指未婚的少女，而乙女向則是女性向其中一個分支，多用於動漫或者遊戲中的分類，指的是針對女性市場、戀愛發展為異性戀 (即 BG、一般向)，多為一個女主角與多個男性角色之間的故事。

子供向 —— 子供是日語こども的漢字，意指小孩、兒童，子供向即以兒童為對象的作品，較有名的作品包括有《麵包超人》、《寵物小精靈》、《多啦 A 夢》等。
治癒系 —— 治癒系是指以愛、信任等等為主題的積極、正向作品，能讓人在觀賞後感到溫暖、平靜，宮崎駿先生的作品大多都是治癒系，比較有名的治癒系動漫作品則有《水星領航員 (ARIA)》、《夏目友人帳》等等。治癒系現時已不限於指 ACG 的作品，有時電影、劇集也被冠以治癒系之名。與治癒系相反的概念為致鬱系。
配對 —— 配對 (CP) 即英語中的 Coupling，指作品內角色的戀愛關係，或是想像中的角色戀愛關係，人氣很高、很受歡迎的CP稱為王道CP。CP常見於同人作品，以○○ × ○○的形式表達，前者為男或攻方，後者為女或受方，以《狐忍 (火影忍者)》為例，鳴門與雛田的配對可以寫成鳴門 × 雛田或直接簡稱為「鳴雛」，官方宣佈的配對則稱之為官配 / 公式 CP，如鳴雛就是官配。另外有衍生詞逆 CP、可逆 CP 及拆 CP，逆 CP 是 CP 關係逆轉的意思，可逆 CP 指可以逆轉關係的 CP，而拆 CP 則指因劇情而遭拆散的 CP。

萌屬性

蘿莉與正太 —— 蘿莉語出自美國小說《蘿莉塔 (Lolita)》，描述一名男子愛上了與他年齡差距很大的女孩、為接近她而娶了她母親的故事，此後「蘿莉」一詞則用以指可愛的、年紀較小的女孩。正太則是指未成年的可愛男孩，一般認為是出自橫山光輝《鐵人 28 號》內主角「金田正太郎」。
兄貴、姊貴 —— 兄貴原是對兄長或男性長輩的敬稱，常成為江湖中人的尊稱，與中文中的「大哥 (粵語則為大佬)」同義，因遊戲超兄貴系列而衍生出體魄強健、健碩的男性之意，姊貴則指女性。
御姐、御兄 —— 御姐原是對姐姐的敬稱，後引申為身心皆成熟、具氣質的年輕女性；御兄與之近似，多指個性強勢的美少年，也有溫柔、纖細的年輕男性被稱為御兄。
S 與 M —— S 指的是以作弄、言語攻擊來取得快感的人；而 M 則指透過受苦、苛待自己來得到快感的人。S 與 M 源出自 SM(sadism and masochism，性虐待) 一詞，但現時屬於萌屬性之一的 S 與 M 在性方面的意思已減退，只留下表層意思。

ACG 事物

艦娘 —— 艦娘出自角川遊戲開發的遊戲《艦隊 Collection- 艦 Colle-》，遊戲中需要收集以二次世界大戰的戰艦擬人化後的艦娘卡片，並將之強化及改造以打敗敵人。
陸行鳥 —— 陸行鳥是 Square Enix 旗下遊戲 Final Fantasy 系列內的一種幻想生物及吉祥物，是一種與駝鳥相似但體型大得多的陸行鳥類，(遊戲中) 可供數人乘坐，脖子細長、鳥喙寬大，除了黑色的陸行鳥外其餘都無法飛行。陸行鳥與同系列內的莫古利及仙人掌同樣擁有很高的人氣。
神羅公司 —— 神羅公司是 Square Enix 旗下遊戲《Final Fantasy VII》內的一間虛擬企業，是自古代已創立、具有幾百年傳統的大公司，原為軍火商，及後發展成能源科技公司，整個 FF7 的故事都與神羅公司有莫大關係。
看板娘 —— 看板娘是指能夠提升店鋪人氣及客人流量的招牌服務員，是本身魅力足以起到宣傳、拉人氣效果的「生招牌」，有時放於店外的等身大的角色招牌也被稱作看板娘。另外，一些網站、論壇的虛擬女性形象、吉祥物也會被稱為看板娘。
特攝片 —— 特攝片現時多以專指於日本以電影特技拍攝的特殊影片，大多數特攝片都是以日本為故事背景的超級英雄故事，而日本現時三大特攝片種為超人、幪面超人及超級戰隊，前兩者即港人熟悉的鹹蛋超人及「拉打」(Rider，日語發音近似拉打)。
J 家 —— J 家指的是日本有名的藝人培訓及經紀公司傑尼斯事務所的暱稱，取自事務所英文名首字 (Johnny & Associates, Inc)，主力培訓男性藝人 (統稱為 J 家偶像)，有不少日本著名的男藝人及組合皆出自 J 家，如 KinKi Kids、嵐、錦戶亮、龜梨和也等等。
歐氣 —— 不少手機遊戲都需要抽取角色，想抽到心儀角色就需要靠運氣，因而產生網絡用語「歐洲人」及「非洲人」來，前者指運氣特好的玩家，而後者則指付出與回報不成正比、十分「黑仔 (倒霉、臉黑)」的玩家，亦衍生出對應歐洲人含義的歐氣 (好運氣的人所散發的氣息)。

ACG 活動

Cosplay —— Cosplay(コスプレ) 是 Costume Play 的簡寫，即以服裝及道具配搭下扮演動漫角色的意思。Cosplay 並不是正統英語，而是以英文單字合併創造的日語詞彙 (即和製英語)，Cosplay 指的是角色扮演這個活動，而 Cosplayer 或 Coser 則指進行角色扮演的人。

打 Call —— 打 Call 是由日文コール演變而來，指為偶像加油打氣，是日本的應援文化，在演唱會或是 live 時，粉絲為了表示對偶像的喜愛及肯定，會組織起來按節奏揮動螢光棒及喊口號，有時聲勢浩大得會讓人在猝不及防之下嚇一跳呢！

壁咚 —— 在日本的公寓，如隔壁太吵，會拍打牆壁以示抗議；及後，少女漫畫中經常出現這情節：男性角色將女性角色逼向牆壁，用手靠向牆壁，因此形成較親密的範圍，現時壁咚大多指後者。壁咚在 2008 年左右開始使用，並在女高中生中流行，至 2014 年廣為人知，更有不少廣告、電視劇重現壁咚的場面。

ACG 產品

同人誌 —— 同人誌指的是不受商業團體約束的自我創作出版物，比商業誌有更高的自由度，由此形成的文化圈則稱為同人界。同人創作可以是完全自創，亦可以是二次創作，由於現時有大量漫畫、小說同人作品是以商業誌的角色進行二次創作，因此同人作品現已泛指愛好者對某些作品的二次創作產物的合稱。

特典 —— 特典即是購買限定商品附送的贈品，最常見是海報、襟章、明信片等等，有些店鋪亦會推出獨家限定特典，吸引顧客購買。

痛文化 —— 日語中「痛」可解作奇怪、誇張，痛文化中的「痛」就取自這兩個意思。把喜愛的角色表現在具體事物上，或是專指這些具體事物就是「痛」的含意，如痛包是指掛滿動漫角色襟章或吊飾、玩偶等等的手提袋，有些痛包掛上的掛件隨時比袋子的價值還要昂貴！現已衍生出無數與「痛」文化相關詞彙，看到這些詞記得不要誤會意思啊！

中古品 —— 在逛動漫商店的時候，大家有可能會看到有些以中古品作招徠，中古品是日語，意指二手貨品，不要以為二手的一定很殘舊，有不少中古品的品質媲美新品呢！

盒蛋 —— 扭蛋是放在扭蛋機讓客人隨機抽取商品，但其實還有一種稱之為盒蛋的東西，盒蛋使用印刷精美的紙盒包裝，同樣憑運氣抽取商品，而包裝用的紙盒與扭蛋紙一樣，是一些愛好者的收藏品啊！

景品 —— 景品是指經由娛樂方法獲得的獎品，不會用作販賣用途，顧客透過勝出遊戲，如抓娃娃機、夜市祭典的遊戲攤位等等才能獲取，一般景品包括手辦、毛公仔、周邊商品等等，做工一般較粗糙，但也有不少精品景品。

一番賞 —— 一番賞是由 Bandai 旗下的 Banpresto 發行的抽獎遊戲，一般於便利店、遊戲機中心可以找到，分有不同級別的獎賞，顧客先付 ￥500~600(HK$36~43) 就可抽獎，獎賞包括手辦、周邊產品等等。

Super Dollfie —— Super Dollfie 又稱為 SD 娃娃，是由 Volks 公司開發的球形關節可動人形娃娃，按體型分成不同種類，除 mini 型外一般高約 55~65cm，整個娃娃均可由玩家自行組裝，包括頭髮、眼珠等等，所有娃娃幾乎都以預約方式出售，價錢頗為昂貴。

其他

看板 —— 看板即是招牌，但這些看板並非為廣告用途，而是給大家拍照用的，通常這些看板會印上動漫內受歡迎的角色，有些看板更是等身高呢！

彈幕 —— 在一些影片分享網站中會有讓觀眾發表評論的功能，並會在影片的指定時間點從畫面中滑過，增加觀眾之間的互動。因其出現模式就像是飛行的子彈一樣，因而稱之為彈幕。有時影片的彈幕太多、評論太過熱烈，會出現彈幕完全遮蓋畫面的盛況呢！

生放送 —— 生放送(なまほうそう)是從英語 Live Broadcast 直接意譯的日語詞彙，即現場直播。

VR —— VR 是 virtual reality 的縮寫，即虛擬實境，利用電腦模擬一個三維的虛擬世界，戴上特殊的顯示器後更可與虛擬世界互動，讓使用者感到身歷其境。現時 VR 技術已於電玩遊戲界應用，不少遊戲機生產商更會生產自家品牌的 VR 顯示器，並於自家遊戲機平台上應用。

BGM —— BGM 是 Background Music 的縮寫，即是背景音樂，音樂元素經常出現在動漫及遊戲界，尤其是遊戲，隨着一些作品大熱，有時更會推出遊戲的 BGM 原聲大碟。

時代劇 —— 時代劇類似我們所說的古裝劇，主要講述日本歷史事件及人物的故事，各地電視台均會拍攝時代劇，最有名的一定要數 NHK 的大河劇系列，不少有名的日本藝人都曾拍攝過，如堺雅人、柴咲幸、綾瀨遙、福山雅治等等。

水戶黃門 —— 水戶黃門是以日本古代的江戶時代的大名 (藩主) 德川光圀為主角的民間故事，講述他在日本各地微服私訪、為民除害、鋤強扶弱的民間故事，與包青天的故事有點相似。德川光圀是水戶藩第二代藩主，曾任黃門官 (中納言)，故稱為水戶黃門，知名度非常高，經常被改編成不同的影視作品，其祖父為德川家康。

Part 3
Super Viking
SORABUN
Furi Furi
GP
FINISH
入口

跟着動漫
遊東京
サンモー
NAKANO
BROADWAY
中野ブロードウェイは50周年
NAKANO
BROADWAY
50th
Marion Crepes
NAKANO BROADWAY

Part 3.1

從電車男到 Love Live! 御宅族朝聖之地

秋葉原

說秋葉原為動漫迷朝聖之地絕不為過——本以售電器為主的秋葉原，在 90 年代動漫畫業逐漸興盛的推動下，動漫相關的店鋪已遠遠超出電器店，不少電器店更加入戰團出售動漫相關物品如遊戲機、模型等！現在秋葉原一星期七天都非常熱鬧，每逢星期日，秋葉原的中央通り都會變成只限行人使用的步行者天國，被行人佔領的馬路更成為自拍的指定背景！

比無線電更傾向於發射電波的大樓
秋葉原ラジオ會館

Online地圖:
bit.ly/2uZ3JE7

甫出 JR 秋葉原站電氣街口出口，便可看到一棟擁有搶眼黃色招牌的 10 層高大樓，這正是鼎鼎有名的秋葉原ラジオ會館。日文ラジオ即 Radio 的意思，實際上ラジオ會館剛建成時也以出售無線電用品為主，隨着無線電業式微，自 1998 年起逐漸引入動漫相關店鋪。會館曾於 2011 年因防震加固而解體重建，在解體前最後的營業日更吸引許多動漫迷特地前來送別！經過長約三年工程，新的ラジオ會館建成。不少舊客戶如海洋堂、K-books 等都搬回舊址繼續營業。

▲重建後的ラジオ會館。

▲專售萌系手信的 The AkiBa。

INFO

地址：東京都千代田區外神田 1-15-16
交通：從 JR 秋葉原站電氣街口出口步行約 1 分鐘
時間：10:00~20:00
官網：www.akihabara-radiokaikan.co.jp

秋葉原ラジオ會館樓層動漫相關店鋪情報：

商店	營業時間	店鋪詳情	網頁
CARD LABO(カードラボ ラジオ会館店)	10:00~20:00	出售對戰與遊戲卡	www.c-labo.jp
The AkiBa(ギフトシヨツプ)	10:00~20:00	出售秋葉原限定土產	https://twitter.com/akibagiftshop
ホビーステーシヨン 秋葉原ラジオ会館店	10:00~20:00	出售對戰與遊戲卡	www.hbst.net
マンガアート	10:00~20:00	出售萌系土產、複製原畫及痛繪馬等	www.mangaart.co.jp
レンタルシヨーケース アストツプラジオ会館店	10:00~20:00	格仔箱連鎖店 Astop 於ラジオ會館的分店，大部分為 Figure 及中古玩具，可於網頁找到最新展示的精選物品	www.astop.co.jp
ハビコロ玩具ラジオ会館店	11:00~20:00	網店ハビコロ玩具於ラジオ會館的分店，部分盒蛋可根據款式個別購入	http://havikorotoy.net
K-BOOKS 秋葉原本館＋秋葉原 MEN'S 館	星期一至五 11:30~20:00，星期六、日及公眾假期 11:00~20:00	出售中古玩具、CD 與遊戲等，以男性向市場為主	www.k-books.co.jp
あみあみ秋葉原ラジオ会館店	10:00~20:00	出售 Figure 及一手玩具為主，價錢較正價便宜	www.amiami.jp

商店	營業時間	店鋪詳情	網頁
アキバのエックス ラジ館店	10:00~20:00	出售中古及新品 Figure 為主	www.x-jpn.co.jp
宇宙船秋葉原ラジオ会館店	星期一至五 11:00~20:00，星期六日或假期 10:00~20:00	出售 Blythe、Figure 及一手玩具為主	www.uchusen.co.jp
海洋堂ホビーロビー東京	11:00~20:00	出售海洋堂出品的 Figure 及手辦模型	www.kaiyodo.co.jp/kaiyodo_HB/TK_topics
TRIO ラジオ会館店	11:00~20:00	出售偶像精品，可找到 AKB48、嵐或聲優相關物品	www.trio-broadway.com
ROBOT ROBOT 秋葉原ラジオ会館店 (ロボツトロボツト)	星期一至四 12:00~20:00，星期六日或假期 10:00~20:00	網店ロボツトロボツト於ラジオ會館的分店，部分盒蛋可根據款式個別購入	www.robotrobot.com
イエローサブマリン秋葉原本店★ミント	10:00~20:00	出售模型與手辦模型的 Yellow Submarine 本店，部分盒蛋可根據款式個別購入，價錢亦較正價便宜	www.yellowsubmarine.co.jp
アゾンレーベルショツプ秋葉原	11:00~20:00	人形公仔 Azone 的直營店，出售自家製人形、服裝及配件等	http://azoneakiba.blog45.fc2.com
ジャングル秋葉原 2 号店	10:00~20:00	Jungle 於秋葉原的 2 號店，出售一手及中古 Figure 與超合金為主	www.jungle-scs.co.jp
トレカパーク AKIBA ラジ館店	10:00~20:00	出售一手及中古對戰與遊戲卡	www.torecapark.com
ボークス	星期一至五 11:00~20:00，星期六日或假期 10:00~20:00	VOLKS 的專賣店，分成 Hobby Square 與 Doll Point，前者為東日本最大分店，以出售模型與相關工具為主；後者則展示大量 Dollfie 與 Super Dollfie，出售公仔與配件	www.volks.co.jp
BIG MAGIC 秋葉原店	10:00~20:00	出售對戰與遊戲卡，為秋葉原最大型的卡片專賣店	www.bigmagic.net/akihabara.htm

人偶與 Figure 集中地
Volks 秋葉原ホビー天国

Online地圖:
goo.gl/AomRuh

Volks 於 1972 年成立，為日本一家著名模型與 Figure 製造商，店家其後更推出了球型關節可動人偶 Dollfie(SD 娃娃)，精細的關節加上可讓玩家自行組裝眼珠與頭髮等，創造出心目中的人偶而成為當店人氣商品。

位於秋葉原ラジオ會館旁的大樓可說是 Volks 的基地，連 B1 樓共有 8 層，B1 與 1 樓為出租的格仔箱，2 樓為角色精品與 T-shirt 等，3 樓為中古 Figure 與散裝食玩，4 與 5 樓則可找到 Volks 出品的商品。6 樓主要出售對戰卡，7 樓為活動展區。

▲新作最為吸引客人。

▲ 1 樓為格仔箱區。

▶樓高七層的ボークス秋葉原ホビー天国。

▲各款《刀劍亂舞》的 Good Smile 手辦公仔。

INFO
地址：東京都千代田區外神田 1-15-4
交通：從 JR 秋葉原站電氣街口出口步行約 1 分鐘
時間：星期一至五 1~5 樓 11:00~20:00，6~7 樓 11:00~19:00；星期六、日及公眾假期 1~5 樓 10:00~20:00，6~7 樓 10:00~19:00
電話：03-5295-8160
官網：www.volks.co.jp/hobbytengoku

等着主人回家的萌女僕們
Maid Cafe Maidreamin

秋葉原本店Online地圖：goo.gl/1BqSkn

Maid Cafe Maidreamin 最初於秋葉原開業，現時於日本共有 16 間分店，單是秋葉原已佔其中 7 間！餐廳以夢王國為概念，入國後客人便會搖身一變成為主人或大小姐，並受到萌萌女僕們的歡迎！近年 Maidreamin 更與地下偶像或著名 Cosplayer 合作，舉辦期間限定的聯營 Cafe 與活動，當中包括與仮面女子合作的演唱會，及與愛夢 GLTOKYO 合作舉辦 Cafe 等。同時，餐廳更成立了名為 QSCS 的舞蹈組合，組合成員由眾女僕中選拔，推出單曲及專輯之餘亦會參演不少綜藝節目。而 QSCS 不時亦會於秋葉原 LIVE RESTAURANT Heaven's Gate 分店內登場演出，客人更可投選喜愛的女僕呢！

▲主人 / 大小姐歡迎回來！

▲於 2008 年開業的本店。

▲設有舞台的秋葉原 LIVE RESTAURANT Heaven's Gate 店。

◀開業至凌晨的秋葉原電気街口駅前店。

▲蛋包飯可説是女僕餐廳的定番食品，寫在蛋包上的字眼也不盡相同，這款ふたごのくまたんオムライス每客 ￥1,580。

◀客人可於 Live 期間盡情打 Call！

(相片由 Maidreamin 提供)

定番

定番指商店內固定或是基本商品，現時更擴大語義，含有「必然的事物」、「固定的事物」等意思。(詳見 P.51)

打 Call

打 Call 指為偶像加油打氣，是日本的應援文化，粉絲為表示對偶像的喜愛及肯定而組織打氣的活動。(詳見 P.52)

(文字：IKiC)

INFO

	地址	交通	電話
秋葉原本店	東京都千代田區外神田 3-16-17 住吉ビル 6F	從 JR 秋葉原站電氣街口步行約 5 分鐘	03-6905-7735
ひみつきち店	東京都千代田區外神田 1-8-4 銭谷ビル 3F	從 JR 秋葉原站電氣街口步行約 3 分鐘	03-6206-9983
アイドル通り店	東京都千代田區外神田 4-4-2 共益外神田第一ビル 4F	從 JR 秋葉原站電氣街口步行約 3 分鐘	03-6206-8180
電気街口駅前店	東京都千代田區外神田 1-14-1 宝田中央通りビル 3F	從 JR 秋葉原站電氣街口步行約 1 分鐘	03-3526-2661
中央通り店	東京都千代田區外神田 1-14-1 宝田中央通りビル 2F	從 JR 秋葉原站電氣街口步行約 1 分鐘	03-6206-8380
LIVE RESTAURANT Heaven's Gate 店	東京都千代田區外神田 1-15-9 AK ビルディング 6F	從 JR 秋葉原站電氣街口步行約 1 分鐘 (SEGA 內)	03-6206-8090
外神田一丁目店	東京都千代田區外神田 1-8-10 バウハウス 2F	從 JR 秋葉原站電氣街口步行約 2 分鐘	03-6206-9974

以下為各店的營業時間：

	時間
秋葉原本店	星期一至五 11:30~23:00，星期六、日及公眾假期 10:30~23:00
ひみつきち店	星期一至五 11:30~23:00，星期六及公眾假期 10:30~23:00，星期日 10:30~22:00
アイドル通り店	星期一至五 11:30~23:00，星期六、日及公眾假期 10:30~23:00
電気街口駅前店	星期一至四 11:30~23:00，星期五 11:30~05:00，星期六 10:30~05:00，星期日及公眾假期 10:30~23:00
中央通り店	星期一至五 11:30~23:00，星期六、日及公眾假期 10:30~23:00
LIVE RESTAURANT Heaven's Gate 店	星期一至五 11:30~23:00，星期六、日及公眾假期 10:30~23:00
外神田一丁目店	星期一至五 11:30~23:00，星期六、日及公眾假期 10:30~23:00

費用：每小時每位 ￥540，額外點餐或飲品需另加 ￥540，Live 演出 ￥1,200
官網：https://maidreamin.com

最接近電氣街出口的動漫店
Gamers 秋葉原本店

Online地圖:
goo.gl/j9BWmB

Gamers 於秋葉原的本店，共有 7 層，除了有漫畫與 CD、影碟等出售外，亦有許多聲優相關商品，店鋪更會舉辦即賣會與簽名會等，部分更無需抽選可即場參加！

▶樓高七層的 GAMERS。

INFO
地址：東京都千代田區外神田 1-14-7 宝田ビル
交通：從 JR 秋葉原站電氣街口出口步行約 1 分鐘
時間：(1~2F)10:00~22:00，(3~7F)10:00~21:00
電話：03-5298-8720
官網：www.gamers.co.jp

唯一以女性向為主題的 Animate 分店
Animate AKIBA Girls' Station ガールズステーション

Online地圖:
goo.gl/qndvSr

為了迎接 Animate 30 周年，2016 年於秋葉原開業的 Animate 分店以 Girls' Station 命名，顧名思義以女性為主要消費群。樓高 7 層，幾乎每層都設有洗手間，4 樓更特設 2.5 次元樓層出售近年大熱的舞台劇相關精品與 CD 等。

▲ 4 樓的 2.5 次元樓層不時會有展覽，這次出展的是《偶像夢幻祭 (あんさんぶるスターズ！)》舞台劇的服裝。

▶以女性向為主題的 Animate。

▶樓層間的牆上貼滿大幅海報，雖然不少為劇照，但看到還是忍不住拍下來了！

動漫用語小知識

2.5 次元

2.5 次元是指在動漫文化中，介乎於 2 次元及 3 次元之間的事物統稱，主要指以 3 次元表現 2 次元的事物或以 2 次元表現 3 次元的事物。(詳見 P.51)

（文字：IKiC）

INFO
地址：東京都千代田區外神田 1-2-13　時間：10:00~21:00
交通：從 JR 秋葉原站電氣街口出口步行約 3 分鐘
電話：03-3526-3977　官網：www.animate.co.jp/shop/akibags

進入艾奧傑亞的奇幻世界
Final Fantasy Eorzea Cafe 東京

Online地圖：
bit.ly/2uXZoAK

以《最終幻想 XIV：新生艾奧傑亞》作為主題的餐廳 Final Fantasy Eorzea Cafe 於關東與關西各有 1 間分店，關東分店位於秋葉原 Pasela Resort 內。餐廳內除了展出許多如地圖、劍等與《最終幻想 XIV》相關的物品，亦設有多部電腦讓你即時連線開始遊戲。餐廳內提供的餐單除了會有「龍肉」等遊戲中出現的食物外，價錢亦以ギル (Gold) 來顯示，極富現場感！

▲未有預約的人士可先到 Eorzea Cafe 的 Twitter 查看預約情況，如尚有空位餐廳會於當日早上 11:00 開始派發整理券，最好提前 15 分鐘前來排隊。

▲像遊戲中場景的餐廳。

▲入場時會派發抽獎券，稍後會有抽選活動。

▲餐廳不時推出限定餐牌，像這次是與紅蓮之解放者合作，豪神スサノオ的一刀兩斷漢堡炒飯，同樣有劍作為裝飾，每客 1200「Gold」(￥1,200)。

▲以劍作為調製飲品的用具，赤魔導士的飲品，每杯 680「Gold」(￥680)。

▲食客隨時也可加入戰團——開始遊戲是也！

▲餐廳內不少裝潢為遊戲內的道具。

TIPS

客人可透過 Lawson 網頁預約：http://l-tike.com/event/mevent/?mid=197429，而餐廳預約情況則可參考 Twitter：https://twitter.com/ffxiveorzeacafe。

INFO

地址：東京都千代田區外神田 1-1-10 Pasela Resorts Akiba 2F
交通：從 JR 秋葉原站電氣街口出口步行約 4 分鐘
時間：11:30~22:00，分成 4 節：11:30~13:30，14:00~16:00，16:30~18:30，19:00~22:00，遲到 15 分鐘以上將不予受理
費用：如透過 Lawson 網頁或便利店內 Loppi 預約每位 ￥1,000，包括特典杯墊一個與飲品一杯
電話：0120-192-759
官網：www.pasela.co.jp/paselabo_shop/ff_eorzea

綜合型娛樂中心 Adores 秋葉原

Adores 於秋葉原擁有 2 個遊戲機中心，其中鄰近 JR 秋葉原站的更是一棟 10 層高的大樓。當中 1 樓為夾公仔區；2 樓為レンタルショーケース格仔箱專賣店；3 樓為 Anime Plaza Shop，專門出售 Anime Plaza Cafe 已舉辦及舉辦中的動漫限定精品；4 樓為 Anime Plaza Cafe，不定期會與各動漫合作舉行期間 Cafe；5 至 10 樓為カラオケ Adores 秋葉原店，店內的大型房間可供 9 人共用，更設有具備專業錄音器材的單人卡拉 OK，同時使用卡拉 OK 的朋友更可免費借用多款動漫服裝一嘗 Cosplay 的滋味！

▲位於 4 樓的 Anime Plaza Cafe 不定期舉行各種主題 Cafe。

▶店員更自製與主題有關的大頭牌，非常有愛喔！

▶與角色相關的飲品每杯 ¥630，隨機附送角色杯墊一張。

INFO

地址：東京都千代田區外神田 1-13-1
交通：從 JR 秋葉原站電氣街口出口步行約 2 分鐘
時間：1F:10:00~00:00，2~4F:10:00~22:30，5~10F(カラオケ Adores 秋葉原店)：10:00~06:00
電話：03-5298-1331
官網：www.adores.jp/tenpo/akihabara.html

正版 Cosplay 服裝 Cospa 秋葉原本店

ジーストア·アキバ店、コスパティオ秋葉原本店
Online地圖:goo.gl/ZZz8jM

以出售動漫 T-Shirt 及精品的 Cospa 於秋葉原設有 2 間分店，當中本店位於秋葉原ガチヤポン会館內的 2 至 3 樓。除了精品外，Cospa 亦有自家出品、細緻度極高的 Cosplay 服飾出售。

INFO

	ジーストア·アキバ店、コスパティオ秋葉原本店	二次元コスパ·アキバ本店、コスパ秋葉原
地址	東京都千代田區外神田 3-15-5 秋葉原ガチヤポン会館內 2~3F	東京都千代田區外神田 1-10-11 森ビルディング 4~5F
交通	從 JR 秋葉原站電氣街口出口步行約 10 分鐘	從 JR 秋葉原站電氣街口出口步行約 4 分鐘
時間	11:00~20:00，星期日提早 1 小時關門	11:00~20:00
電話	03-3526-6877	03-5207-6840
官網	www.cospa.com/special/shoplist/index.html	

男性向同人誌專賣店 Melonbooks 秋葉原店

Melonbooks秋葉原1號店Online地圖:
goo.gl/LkbKUF

Melonbooks 於秋葉原設有 2 間分店，更不時與畫師合作舉辦簽名會等活動。秋葉原的小 Melon 形象為御宅族，同時主要出售男性向作品。

◀ Melonbooks 秋葉原店 2 號店。

INFO

	1 號店	2 號店
地址	東京都千代田區外神田 1-10-5 広瀬本社ビル B1	東京都千代田區外神田 1-9-8 木村ビル 2~3F
交通	從 JR 秋葉原站電氣街口出口步行約 2 分鐘	
時間	星期一至五 11:00~23:00；星期六、日及公眾假期 10:00~22:00；每月最後一天提前 22:00 關店	星期一至五 12:00~21:00；星期六、日及公眾假期 11:00~20:00
電話	03-5295-7060	050-3757-3123
官網	www.melonbooks.co.jp	

起源自立川市的老牌玩具商 壽屋秋葉原店

Online地圖:
bit.ly/2Exi680

壽屋於秋葉原的分店共有 5 層，1 樓可找到 Pokémon、DANBOARD 紙箱人、Monster Hunter 與 Marvel 系列等精品；2 樓則可找到壽屋出品的精品，當中包括《刀劍亂舞》、《歌之王子殿下》、Tales of 傳奇系列的限定精品等；3 樓為 Figure 與模型工具區。

INFO
地址：東京都千代田區外神田 1-8-8 岡嶋ビル
交通：從 JR 秋葉原站電氣街口出口步行約 3 分鐘　時間：10:00~20:00
電話：03-5298-6300　官網：www.kotobukiya.co.jp/store/akiba

珍貴中古品展示場 Mandarake Complex まんだらけ コンプレックス

Online地圖:
goo.gl/oKLHtb

以出售中古玩具及漫畫聞名的 Mandarake(まんだらけ) 於秋葉原的分店，整棟 Mandarake Complex 共有 8 層，當中 1 樓為買取櫃位，其他 7 層均為不同主題的商品區。除了中古漫畫與同人誌內，J 家等的偶像相關精品亦有大量存貨。

INFO
地址：東京都千代田區外神田 3-11-12
交通：從 JR 秋葉原站電氣街口出口步行約 4 分鐘　時間：12:00~20:00
電話：03-3252-7007　官網：http://mandarake.co.jp

同人誌寶庫 とらのあな秋葉原店

とらのあな秋葉原A店Online地圖:
goo.gl/iZXmM8

專售同人誌的とらのあな (虎之穴) 在秋葉原擁有 3 間分店：秋葉原店 A 及 B 為雙連建築，店 A 連 B1 樓共有 8 層，以出售成年向同人誌及商業誌為主；秋葉原店 B 則有 7 層，主要出售女性向及聲優相關 CD 或 DVD 等；秋葉原店 C 則有 2 層，除了一般向商業誌及部分成人向商業誌外，亦有成年向玩具及中古同人產品。

◀とらのあな秋葉原店 B。

INFO

	秋葉原店 A 及 B	秋葉原店 C
地址	東京都千代田區外神田 4-3-1	東京都千代田區外神田 3-13-8 東京角田ビル 3~4F
交通	從 JR 秋葉原站電氣街口出口步行約 4 分鐘	從 JR 秋葉原站電氣街口出口步行約 3 分鐘
時間	10:00~22:00	11:00~22:00
官網	www.toranoana.jp	

從表演場地到動漫商店
Akiba カルチャーズ ZONE

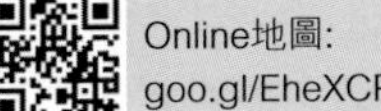
Online地圖:
goo.gl/EheXCP

Akiba カルチャーズ ZONE 共有 6 層，於 2011 年開業，與ラジオ會館一樣為一棟綜合商業大樓。ラジオ會館於重建時，不少商店都遷移至此，雖然現時不少店鋪均重返ラジオ會館的懷抱，然而許多新血亦於 Akiba カルチャーズ ZONE 開店，成為動漫迷來秋葉原必逛的大樓之一。

INFO

地址：東京都千代田區外神田 1-7-6
交通：從 JR 秋葉原站電氣街口出口步行約 4 分鐘
時間：11:00~23:00
電話：03-3526-6410
官網：http://akibacultureszone.com

動漫用語小知識

J家

J 家是日本傑尼斯事務所的暱稱，取自事務所英文名首字 (Johnny & Associates, Inc)，公司主力培訓男性藝人（統稱為 J 家偶像）。（詳見 P.52）

（文字：IKiC）

Akiba カルチャーズ ZONE 樓層動漫相關店鋪情報：

樓層	商店	營業時間	店鋪詳情	網頁
B1	AKIBA カルチャーズ劇場	星期一至五 17:00~23:00，星期六、日或假期 09:00~23:00	不定期舉辦偶像或聲優相關活動，最多可容納超過 200 人。部分活躍於 2ch 的團體如 Clef Leaf 與 Dolly Kiss 等均會定期於此舉辦演唱會等活動	http://akibalive.jp
1~2	らしんばん秋葉原店	11:00~21:30	店鋪佔地兩層，以出售中古動漫精品、同人誌及 CD 等為主，2 樓為男性向區域，1 樓則主售女性向精品。不少會場限定及絕版精品均可在此找到	www.lashinbang.com
3	ROBOT ROBOT ト（ロボットロボツ店）	11:00~20:30	網店ロボットロボット的分店，部分盒蛋可根據款式個別購入	www.robotrobot.com
	TRIO 秋葉原カルチャーズ店	11:00~20:30	出售偶像精品，可找到 AKB48、J 家偶像或聲優等相關物品	www.trio-broadway.com
	ハビコロ玩具	11:00~20:30	網店ハビコロ玩具的分店，部分盒蛋可根據款式個別購入	http://havikorotoy.net
	Spin Gear（スピンギア）	星期一至五 13:00~20:00，星期六、日或假期 11:00~20:00	搖搖專賣店，除了舊式搖搖外，也可找到近期大熱的指尖陀螺，同時更有相關配件出售	http://spingear.jp
	One up.	星期一至五 12:00~20:30，星期六、日或假期 11:00~20:30	出售膠公仔為主，從昭和時期的怪獸到今天無人不曉的《海賊王》膠公仔都可在此找到	www.one-up.org
4	アストツプ	11:00~20:30	格仔箱連鎖店 Astop，大部分為 Figure 及中古玩具，在此購物更會得到ラジオ會館分店折扣券	www.astop.co.jp
	カードシヨツプ買賊王	11:00~20:00	出售一手及中古對戰與遊戲卡	https://twitter.com/kaizoku_card
	GANKING	11:00~20:30	網店 GANKING 的分店，部分盒蛋可根據款式個別購入	www.rakuten.ne.jp/gold/ganking
	すけるとん	11:00~20:30	專售鐵道模型及相關配件的商店	https://twitter.com/scaletonakiba
5	グツドスマイル × アニメイトカフエ (Good Smile × Animate Café)	11:00~21:30	玩具商 Good Smile 及 Animate 合作的 Animate Café，以不同作品作為主題，大部分需預先抽選入選方可入座	https://cafe.animate.co.jp
	ACOS 秋葉原	11:00~21:30	Animate 旗下出售 Cosplay 服飾與配件的專門店 ACOS 於秋葉原的分店	www.acos.me/store/detail.php?store=akihabara
6	AKIHABARA BACKSTAGE PASS	11:00~23:00	架空事務所 Le:iDo 旗下藝人的專屬表演場地	http://backst.jp

以男性向為中心 Animate 秋葉原店

Online地圖:
goo.gl/Sddx2X

Animate 於秋葉原的分店，樓高 6 層，6 樓主售影音產品，4~5 樓為精品區，店鋪內的精品以男性向為主，1~3 樓主售雜誌與書本，當中 3 樓漫畫部的藏書更超過 10 萬本！

▶樓高 6 層的秋葉原 Animate。

▲店內不時會有特別展覽區。

INFO
地址：東京都千代田區外神田 4-3-2
交通：從 JR 秋葉原站電氣街口出口步行約 4 分鐘
時間：10:00~21:00
電話：03-5209-3330
官網：www.animate.co.jp/shop/akihabara

永垂不朽的戰士 機動戰士高達 Cafe 秋葉原店

Online地圖:
goo.gl/qkqoLJ

機動戰士高達 Cafe 為高達 (Gundam) 系列唯一的官方餐廳，餐廳使用的咖啡豆更以 0079 地球聯邦軍總司令部的架空地點 JABURO 命名。店內的菜式部分均用高達出現過的機體命名，咖啡的拉花當然也離不開渣古與高達等造型了！

▲正門設有高達的 V 型裝飾。

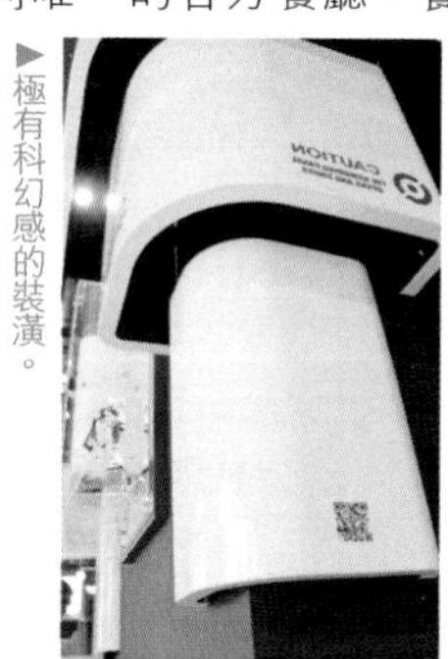

▶極有科幻感的裝潢。

▲高達 Latte 每杯 ¥421，拉花每次各有不同。

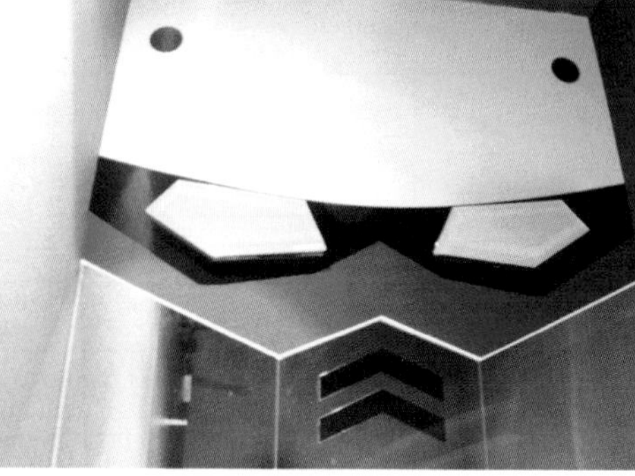
◀想不到店內的洗手間也可找到高達的蹤跡！馬桶不但是自動開合而且還有特別的語音啊！

INFO
地址：東京都千代田區神田花岡町 1-1
交通：從 JR 秋葉原站電氣街口出口步行約 1 分鐘
時間：10:00~22:30(最後點餐時間 21:30，飲品 22:00)；午餐 10:00~ 17:00；晚餐 17:00~22:30，外賣 11:30~19:30
電話：03-3251-0078　官網：http://g-cafe.jp

Square Enix Cafe 與 Pasela 合作於秋葉原開辦的 Cafe，地點就在秋葉原無人不知的 Yodabashi 大樓地下！餐廳內除了出售 Square Enix 旗下作品如 Final Fantasy 系列、Dragon Quest 等的精品外，亦會以作品舉行期間限定的活動。而餐廳每節用餐時間為 90 分鐘，可預先到 Lawson 預約，若有座位的話亦可隨時進場。

►不少外國人慕名而來，餐廳內亦會按照不同主題更換佈置與影片等。

▲秋葉原的 Square Enix Cafe 就在 Yodabashi 地下。

◄入座後會獲發 iPad 作點餐之用，餐點以輕食及甜品為主。

▲餐廳內亦設有小賣部出售限定精品，Final Fantasy 系列內的陸行鳥當然是其中一款人氣商品。

▲相對來説，期間限定的飲品較為吸引，在梳打水上加上召喚獸「仙人掌」，整體戰鬥力也會提升不少吧？每杯 ￥750。

INFO

地址：東京都千代田區神田花岡町 1-1 Yodobashi Akiba 1F
交通：從 JR 秋葉原站中央改札口步行約 1 分鐘
時間：09:00~22:30， 分成 6 節：09:00~10:30，11:00~12:30，13:00~14:30， 15:00~16:30，17:00~18:30，19:00~20:30，而 21:00~22:30 時段可於當日預約或隨時入場
費用：每位 ￥500，包括一杯飲品，最遲 3 日前預約
電話：03-6206-4141
官網：www.jp.square-enix.com/cafe/tokyo/pc

動漫用語小知識

陸行鳥

陸行鳥是 Final Fantasy 系列內的一種幻想生物及吉祥物，是一種與駝鳥相似但比其體型要大得多的陸行鳥類。（詳見 P.52）

（文字：IKiC）

小眾向的咖啡廳 Princess Cafe 秋葉原店
プリンセスカフェ秋葉原店

Online地圖:
goo.gl/t4gffH

Princess Cafe 位於秋葉原的分店共有 2 層，每層均會設有 1~2 個不同主題，餐廳內的裝潢猶如店名一樣，桌椅均以華麗風格為主。店內亦設有販售區出售盒蛋及一番賞等抽獎，同時亦會出售過往舉辦過的主題限定商品。

◀帶有女性氣氛的用餐區。

▲店內設有販售區。

INFO

地址：東京都千代田區外神田 4-4-3 小木曽ビル 3~4F
交通：從 JR 秋葉原站電氣街口出口步行約 7 分鐘
時間：星期一至四 11:00~19:30，星期五 11:00~20:00，星期六 10:00~20:00，星期日及公眾假期 10:00~19:30(最後點餐為閉店前 30 分鐘)
電話：03-6262-9736
官網：http://pripricafe.com/akihabara.html

扭蛋機城牆
秋葉原ガチャポン会館

Online地圖:
goo.gl/ZnBxrv

扭蛋機可說是繼卡拉 OK 後影響世界最深遠的發明之一，來到秋葉原的ガチャポン会館你會發現從低往高處都是滿滿的扭蛋機，細數下會發現這裏有多達 500 部扭蛋機！會館每月更會有 50 多款新作，可說是緊貼新番的潮流呢！

▲進入扭蛋的世界！

▲放眼開去全是扭蛋機！

INFO

地址：東京都千代田區外神田 3-15-5
交通：從 JR 秋葉原站電氣街口出口步行約 10 分鐘
時間：星期一至四 11:00~20:00，星期五、六或假期前夕 11:00~22:00，星期日或假期 11:00~19:00
電話：03-5209-6020
官網：www.akibagacha.com

大正時期看板娘 和style.cafe AKIBA

Online地圖：goo.gl/G7k4mV

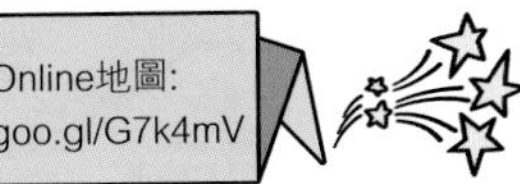

和 style.cafe AKIBA 於 2005 年開業，是間以和室佈置為主的 24 小時漫畫 Cafe，除了設有獨立個室與淋浴室外，Cafe 的職員更是組合「和茶屋娘」的成員。大正少女造型的「和茶屋娘」不但有獨立的音樂活動，更有定期番組於 Youtube 免費播放呢！

▶「和茶屋娘」的成員不時會出現在 Cafe，大正裝扮的少女們讓 Cafe 更添氣氛！

(相片由和 style.cafe AKIBA 提供)

▲店內的個室均為塌塌米，坐在和室上網讓人想起《銀魂》內的情節，不如就把網名改為「Fruit Juice 武士」或「Fruit Punch 武士」吧！

▲木橋、紙燈籠還有和傘，充滿和風的入口帶你進入奇幻的茶屋。

INFO

地址：東京都千代田區外神田 6-14-2 サカイ末広ビル B1F
交通：從 JR 秋葉原站電氣街口出口步行約 7 分鐘
時間：24 小時開放
費用：星期一至五首 30 分鐘 ￥300，其後每 15 分鐘 ￥140；星期六、日及公眾假期首 30 分鐘 ￥320，其後每 15 分鐘 ￥160；年末年始、黃金週、盆會期間及其他繁忙時期首 30 分鐘 ￥340 起，其後每 15 分鐘 ￥170 起；另有以小時計算的特惠收費，詳情可參考官網
電話：03-5812-9753
官網：https://nagomi-cafe.com

動漫用語小知識

看板娘

看板娘是指能夠提升店鋪人氣及客人流量的招牌姑娘（服務員），其本身魅力足以起到宣傳、拉人氣效果的「生招牌」。（參見 P.52）

（文字：IKiC）

多樣化的動漫主題房 卡拉 OK パセラ秋葉原昭和通館 カラオケパセラ秋葉原昭和通り館

Online地圖：goo.gl/TxLsns

位於秋葉原昭和通り的卡拉 OK パセラ分館擁有大量動漫歌曲，同時以不同主題房間作招徠，當中更包括 6 間動漫主題房間：《Monster Hunter》、《新世紀福音戰士》、《戰國 BASARA》、《Final Fantasy XIV Eorzea》、《薄櫻鬼》與期間限定的主題房間。房間內除了有以各動漫為主題的裝潢外，不少主演的聲優亦有親臨房間，更於房間內留下親筆簽名，來到這裏熱唱動漫歌之餘不妨細心發掘一下！

▲ 以《Monster Hunter》為主題的房間。

▲房間內還擺放了《Monster Hunter》相關的精品。

▲《薄櫻鬼》的主題房間，帶有江戶風情。

▲房間的海報上還有聲演土方歲三的聲優三木真一郎的簽名！

INFO

地址：東京都千代田區神田佐久間町 2-10
交通：從 JR 秋葉原站昭和通口出口步行約 1 分鐘
時間：星期一至四 12:00~05:00，星期五 12:00~07:00，星期六及公眾假期前夕 11:00~07:00，星期日及公眾假期 11:00~05:00
費用：（開店至 18:00 每 30 分鐘）星期一至五每位 ￥250，星期六、日及公眾假期每位 ￥300，每位奉送一杯飲品（可選有酒精飲品）；(18:00 至閉店每 30 分鐘）星期一至四及公眾假期每位 ￥450，星期五、六及公眾假期前每位 ￥500；選擇動漫房間每位加 ￥130
電話：01-2070-6738
官網：www.pasela.co.jp/shop/akihabara

Part 3.2 走進女生們的二次元世界 不只有乙女

池袋

如果說秋葉原是男性向動漫迷的朝聖之地，那池袋就是女性向動漫迷的聖地更當之無愧。早於 2004 年，人們稱池袋 Sunshine60 通西側的街道為乙女之路，只因當時 Animate 的總店加上 K-books 與らしんばん等多間女性向店鋪均位於同一街道上因而得名。隨着越來越多女生加入動漫行列，女性向的店鋪亦接二連三於池袋開店，現時把池袋說成是乙女區也不為過了！

日本動漫精品界的大前輩 Animate 池袋本店

Online地圖: goo.gl/Wb4NRe

這間是 Animate 位於池袋的總店，樓高 9 層，當中 9 樓的 Animate Hall 與 8 樓的 Only Shop Space 更不時舉行特別活動，女性向作品如《歌之王子殿下》、《月歌》等均有在此舉行活動。

▲ Animate 池袋本店的外牆不時會換上當季最新的動漫作品。

▲大電視會輪流播放廣告，當然全部都與動漫有關了！

▲ Animate 的另一亮點就是店鋪內的電梯，電梯上的貼圖經常會轉換，而且整個樓層都會以同一動畫作為主題。

▲既然電梯會有裝飾，樓梯也不例外，記着拍照留念時要盡快，以免阻礙他人喔！

▲ 8 樓的 Only Shop 亦會經常轉換主題，通常會有原畫展示及紙板以供拍照。

INFO

地址：東京都豊島區東池袋 1-20-7
交通：從 JR 池袋站東口出口步行約 5 分鐘
時間：10:00~21:00
電話：03-3988-1351
官網：www.animate.co.jp/shop/ikebukuro

12 間不同主題館列 K-books 池袋店

K-books池袋アニメ館Online地圖: bit.ly/2H6cCCr

縱然 K-books 的本館位於秋葉原而非池袋，但從 K-books 在池袋發展的足跡——從 94 年始 K-books 最初於池袋設立第 1 間分店，至現在擴展至 12 間分店，足已見證女性向市場的增長絕對非比尋常。現時 K-books 的 12 間分店各有主題：

アニメ館	書籍及一般向動漫，如《文豪野犬》、《進擊的巨人》等
乙女館	乙女向遊戲，如 Otomate 及 Rejet 旗下的《明治東京戀伽》及《魔鬼戀人》等。
同人館	女性向中古同人誌的天堂，BL 與 18 禁本一應俱全
コスプレ館	專售 Cosplay 專用的假髮、服裝與道具等
キャラ館	球類運動系與 Jump 系的精品，如《黑子的籃球》、《海賊王》等
キャスト館、VOICE 館	聲優與 2.5 次元 (即動漫改篇舞台劇) 相關產品
ライブ館	專售 2 次元偶像的相關產品，如《A3!》、《うたの☆プリンスさまっ♪》等
Game 館	遊戲類精品如《Pokémon》、《最終幻想》、《FATE》系列等
アスリート館	運動系作品如《Free!》、《Yuri!!! On Ice》、《飆速宅男》等
池袋エンタメ館	2019 年加入三次元偶像行列，出售 J 家藝人及 KPOP 韓星等收藏品
ヒストリア館	歷史主題作品如《刀劍亂舞》、《薄櫻鬼》等
動画館	售賣 YouTuber、實況者、VOCALOID(初音家族) 等相關產品

▲ K-books 池袋アニメ館。

INFO

	地址	交通	電話
池袋アニメ館	東京都豊島區東池袋 3-2-4 コーケンプラザ 2F	從 JR 池袋站東口出口步行約 7 分鐘	03-3985-5456
池袋乙女館	東京都豊島区東池袋 1-15-1　第一真下ビル　B1F	從 JR 池袋站東口出口步行約 7 分鐘	03-5957-2430
池袋ライブ館	東京都豊島區東池袋 3-15-14 クレール東池袋 1F	從 JR 池袋站東口出口步行約 8 分鐘	03-3980-6464
池袋同人館	東京都豊島區東池袋 3-12-12 正和ビル 2~3F	從 JR 池袋站東口出口步行約 7 分鐘	03-3985-5439
池袋コスプレイ館	東京都豊島區東池袋 3-12-5 加藤第一ビル 1F	從 JR 池袋站東口出口步行約 9 分鐘	03-6907-8851
池袋キャラ館	東京都豊島区東池袋 1-15-13　近代グループ BLD.21 号館　3F	從 JR 池袋站東口出口步行約 6 分鐘	03-5957-2430
池袋キャスト館、VOICE 館	東京都豊島區東池袋 1-28-1 タクト TO ビル 1F	從 JR 池袋站東口出口步行約 7 分鐘	03-5957-3611
池袋 Game 館	東京都豊島区東池袋 3-2-5 池袋サンシャインプラザ 1F	從 JR 池袋站東口出口步行約 5 分鐘	03-5979-5711
池袋アスリート館	東京都豐島區東池袋 3-15-5 東池袋マンシヨン 1F	從 JR 池袋站東口出口步行約 7 分鐘	03-5956-5013
池袋エンタメ館	東京都豐島區東池袋 1-27-7 サンライズビル 1F	從 JR 池袋站東口出口步行約 7 分鐘	03-5957-0312
池袋ヒストリア館	東京都豐島區東池袋 3-2-4 池袋コーケンプラザ 1F	從 JR 池袋站東口出口步行約 7 分鐘	03-3985-5456
池袋動画館	東京都豊島区東池袋 1-29-1　マルビル池袋 1F	從 JR 池袋站東口出口步行約 7 分鐘	03-5396-7261

時間：星期一至五 11:30~20:00 (動画館 11:00~20:30)，星期六、日及假期 11:00~20:00
官網：https://k-books.co.jp

期間限定的動漫主題房間
卡拉 OK 鐵人池袋東口店

Online地圖：
bit.ly/2V97uq2

卡拉 OK 鐵人於池袋設有多間分店，當中以東口店最受動漫迷注目，只因這裏不時會與不同動漫合作，設計專屬房間。房間內滿滿是主題作品的貼畫，在裏邊唱着作品的主題曲必定另有一番風味！除了房間外，卡拉 OK 鐵人亦與不同動漫或遊戲合作製成角色飲品，飲品不但可外賣，更會附上限定杯墊一張，亦是各粉絲收藏的目標之一。

▲卡拉 OK 鐵人的飲品可外賣，於 1 樓櫃台購買完可往 2 樓等候區，取飲品後在等候區飲用也沒問題。

▲等候區內也有動漫角色的紙板與各活動的宣傳，電視播放的廣告同樣以動漫或聲優新曲為主。

◀這次合作的主題為《刀劍亂舞主題－花丸－》，主題房的牆上滿滿都是花丸內的角色與經典場面！

▲桌上的檯墊也不例外。

▲房間內準備了交流本，讓客人寫下對作品的感想。

TIPS

其他卡拉 OK 鐵人分店也設有主題房間，出發前不妨看看行程附近會否有你喜歡的動漫主題房間。

INFO

地址：東京都豊島區東池袋 1-20-3 ヤマシロ会館ビル 1F
交通：從 JR 池袋站東口出口步行約 3 分鐘
時間：星期一至五 10:00~06:00，星期六、日 24 小時營業
費用：(每30分鐘) 09:00~19:00 ￥100 起，19:00~06:00 ￥300 起
電話：03-6912-7027　官網：www.karatetsu.com/animegame

動漫景品樂園
SEGA GIGO 池袋店

Online地圖：
bit.ly/2ZRiNBC

SEGA GIGO 位於池袋 60 通，店內除了有大量夾公仔機與大型遊戲機外，B1 可找到乙女向景品及一番賞，7 樓及 B2 樓更新增了一番カフェ及 SEGA Cafe。兩間餐廳均會與不同動漫合作，曾合作的動漫包括《偶像星願》、《Yuri!!! On Ice》及《小松先生》等。設置於遊戲中心內的一番カフェ與一般動漫餐廳稍有不同，Café 提供的 Drink Set（ドリンクセット）包括一杯飲品與活動精品，客人可以點選自己喜歡的口味如朱古力或可樂等，更具彈性，至於活動的精品各異，當然大部分均為抽選，不少同好會特意留在現場與其他人交換心頭好。SEGA Café 則設有網上預約，如遇上熱門作品如《我的英雄學院》或《Love Live!》等作品時更要抽選才可入場！

◀位於池袋 60 通的 SEGA，面積非常大。

◀一番カフェ於日本各地的大型遊戲中心均可找到。

◀大熱作品《小松先生》舉辦時，即使到了晚間時段依然坐無虛席！

INFO

地址：東京都豊島區東池袋 1-21-1 TECH35 ビル
交通：從 JR 池袋站東口出口步行約 6 分鐘
時間：10:00~00:00，7F 一番カフェ 10:00~22:00
電話：03-3981-6906
官網：https://tempo.sega.jp/am/ikebukuro

動漫用語小知識

景品

景品是指顧客透過勝出遊戲而獲取的獎品，做工一般較粗糙，但也有不少精品景品。（詳見 P.53）

一番賞

一番賞是由 Bandai 旗下的 Banpresto 發行的抽獎遊戲。（詳見 P.53）

（文字：IKiC）

餐廳兼遊戲中心 Adores 池袋

Adores池袋東口店Online地圖:
bit.ly/2Nwhja9

Adores 於池袋共有 3 間分店，分別為東口店、サンシャイン店與 Project Adores 池袋店。當中位於池袋 60 通的サンシャイン店與 Project Adores 池袋店可找到大量乙女系相關景品與一番賞，Project Adores 池袋店更有 5 層，B1 至 3 樓為景品夾公仔區，部分 3 樓區域與 4 樓是 Anime Plaza，會定期舉行不同動漫主題如《幽遊白書》、《Free!》等的主題 Cafe，物販(購物)區同樣會有過往合作作品的限定精品出售。

▶甜品還會以朱古力粉灑上角色的代表動物！

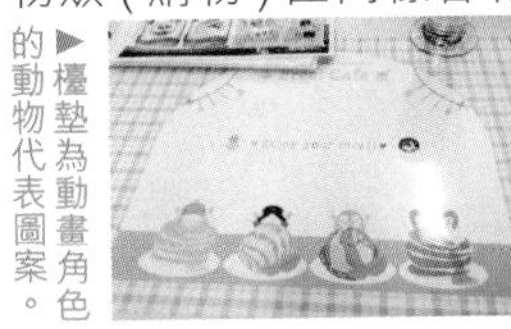

▶檯墊為動畫角色的動物代表圖案。

▲桌面則展示了限定精品，留意部分精品只限入座人士購買，同時部分亦為抽選物，若未能抽中想要的角色，場內亦有不少同好會即場交換，氣氛相當不錯。

▲位於 Sunshine 60 通大街的轉角處，特大的廣告牌為 Adores 招牌。

▲ 3 樓會展出當時 Cafe 的主題角色展板，這次的主題是《Free!》。

INFO

	東口店	サンシャイン店	Project Adores 池袋店
地址	東京都豊島區東池袋 1-41-4 池袋とうきゅうビル 1~2F	東京都豊島區東池袋 1-14-4 シネマサンシャイン 1~3F	東京都豊島區東池袋 1-22-12 B1~4F
交通	從 JR 池袋站東口出口步行約 2 分鐘	從 JR 池袋站東口出口步行約 4 分鐘	從 JR 池袋站東口出口步行約 6 分鐘
時間	10:00~23:45，Anime Plaza 池袋店 10:00~22:30(3 樓物販部營業時間至 22:00)		
電話	03-3980-5404	03-3971-9601	03-5985-9051
官網	www.adores.jp/tenpo/ikebukurohigashiguchi.html	www.adores.jp/tenpo/sunshine.html	(Anime Plaza) www.adores.jp/anipla/liluct-ik

只此一家的專賣店 Stella Worth

Online地圖:
bit.ly/2ZQsyAj

這間是出售乙女系遊戲的專賣店，同時亦有大量遊戲相關精品出售，當中更有 Stella Worth 限量的扭蛋。由於大部分遊戲均設有 Stella Worth 專有特典版，若未能透過日本代購的朋友可到此一碰運氣，說不定能入手期待已久的心頭好！

TIPS

如果想知多一點關於 Stella Worth 的限定扭蛋情報，可瀏覽以下網頁：www.stellaworth.co.jp/top/gatya.html。

INFO

地址：東京都豊島區東池袋 1-23-9 近代ビル 10 号館 3F
交通：從 JR 池袋站東口出口步行約 7 分鐘
時間：12:00~20:30　電話：03-3590-3339
官網：www.stellaworth.co.jp

▲ Stella Worth 位於近代ビル 3 樓，地下是 7-11。

乙女向商鋪集合
Otomate 大樓（オトメイトビル）

Online地圖：bit.ly/2TkU5Jq

乙女向遊戲商 Otomate 於 2018 年 2 月在池袋開設了一棟大樓，集合了多間乙女向的商店與餐廳，當中包括：位於 1 樓的クレープ☆パラダイス，以出售班戟為主的甜品店；2 樓出售精品為主的 The Chara Shop；3 樓以出售 2.5 次元（動漫舞台劇相關）精品的 2.5 次元 Shop；4 樓以熱門遊戲為主題的 GZ Café；5 樓於池袋開業多年、及後移師至此的 Otomate Garden；及往後日子用以舉辦特定活動的 6 樓 Otomate Square。

▲ 1 樓的クレープ☆パラダイス。

INFO

地址：東京都豊島区東池袋 1-23-5
交通：從 JR 池袋站東口步行約 8 分鐘
官網：http://www.otomate.jp/otomate_building/

	時間	官網
クレープ☆パラダイス	11:00 ~21:00	https://cre-para.com/
The Chara Shop		http://the-chara.com
2.5 次元 Shop	11:00~20:00	https://twitter.com/2_5zigenshop
GZ Café		http://gzbrain.jp/cafe/
Otomate Garden	11:00 ~23:00	http://www.team-e.co.jp/cafe/

限定餐檯紙和杯墊
Otomate Garden

Online地圖：bit.ly/2TkU5Jq

乙女向遊戲商 Otomate 開設的 Otomate Garden 不定期與乙女向遊戲舉辦限定 Café，現時店鋪移師至 Otomate 大樓。如預先透過 7-11 網頁或店內預約，更可獲特典角色卡一張。入座客人可獲得限定的餐檯紙一張，點選飲品或食物均可獲得限定杯墊一張。餐廳內亦設有套餐，部分特典為店內裝潢的展示板抽選券，以抽選券寫下想要的展示板號碼即可參加，待限定 Café 完結後會舉行抽選，若你有日本轉運地址不妨一試運氣！

◀店面比以前為小，但人氣依舊熱烈。

▲餐廳內會掛上舉辦主題的展示版與巨型海報，甚有氣氛。

▲餐檯紙都以反面放在桌上，抽不抽中想要的角色就全憑運氣了！

▲限定杯墊可說是主題餐廳最吸引人之處。

▲若手氣不好抽不到想要的角色，可以利用店鋪預備好的交換紙，把想交換的杯墊與餐檯紙放在上面，看看有沒有其他同好來跟你交換，也可以鍛鍊一下日語能力啊！

▲而餐廳的另一項特典就是限定精品，不少精品都是抽獎形式販售，抽不中想要角色？又是交換紙出場的時侯啦！

INFO

地址：東京都豊島区東池袋 1-23-5 Otomate 大樓 5 樓
交通：從 JR 池袋站東口步行約 8 分鐘
時間：11:00~23:00，最後入座時間21:30，每小時正點或30分開始入座，時限為 90 分鐘
費用：透過 7-11 網頁或便利店內以多功能影印機預約每位 ￥1,080，包括可選角色的特典相卡一張與飲品一杯
電話：03-6914-3781
官網：http://www.team-e.co.jp/cafe/

多樣動漫元素 Animate Cafe 池袋店

Animate Cafe池袋店Online地圖:
goo.gl/fi3ZX8

Animate Cafe 屬 Animate 旗下一員，單是池袋已設有 3 間分店，每間分店均會舉辦不同主題，同時亦會有各主題的限定精品出售。留意大部分主題均需提前抽選才可內進，即使是海外的人士也可透過 Club Animate(網址：www.club-animate.jp) 申請，非常方便！ AnimateCafe Shop 內也有出售過往合作過的 Cafe 精品，若先前錯過了的朋友可到此碰碰運氣喔！

▶ Animate Cafe Shop 位於 Animate 池袋總店舊址內，現改稱為アニメイトアネックス (Animate Annex)。

▶點選食物與飲品也可得到限定的杯墊。

INFO

	Animate Cafe 池袋店	池袋 2 号店	池袋 3 号店
地址	東京都豊島區東池袋 3-2-1 アニメイトアネックス 7~8F	東京都豊島區東池袋 1-21-13 aune 池袋 4F	東京都豊島區東池袋 1-20-6 プラザイン池袋 3F
交通	從 JR 池袋站東口出口步行約 8 分鐘	從 JR 池袋站東口出口步行約 6 分鐘	從 JR 池袋站東口出口步行約 5 分鐘
時間	11:30~21:20	11:00~21:30	
電話	03-5956-5401	03-5956-3220	03-5957-0880
官網	https://cafe.animate.co.jp		

▲餐廳內還不時播放動畫片段。

Cosplayer 最愛的專賣店 ACOS 池袋店

Online地圖:
bit.ly/2tCMFTw

ACOS 是 Animate 旗下專售 Cosplay 服裝與用品的專賣店，當中角色的服裝均為正版，細節位極其細緻，亦有多款角色扮演專用的有色隱影眼鏡與化妝品等售賣。店內部分服裝可供試穿，讓你一嘗角色扮演的滋味，説不定會一試便愛上啊！

INFO

地址：東京都豊島區東池袋 3-2-1 アニメイトアネックス 2~3F
交通：從 JR 池袋站東口出口步行約 7 分鐘
時間：11:00~20:00
電話：03-5979-7471
官網：www.acos.me

▲手工精細的 Cosplay 服裝。

大熱動漫餐室
46 食堂

動漫餐廳在池袋如雨後春筍般蓬勃，繁華的 60 通上在 2018 年再新添了 46 食堂。除了事先於網上預約，食堂在平日非繁忙時段也接受即場入座，每節用餐時間為 80 分鐘。飯堂提供的食物與舉辦主題相關，像 2018 年底就以人氣動漫《工作細胞》作為主題，店內的限定餐墊不但可以免費取走，即場亦有提供動漫人物如白血球、血小板等小型看板讓食客拍照，同場還有問卷測試你對人體運作的認識！當然不能少的還有限定精品銷售啦！

▲隱藏於樓上的動漫餐廳 46 食堂。

◀餐廳內播放主題的動畫，更添氣氛。

◀鬥嘴之餘更有愛的白血球與T細胞。

◀每人可免費獲得一張限定餐墊，這次是萌點滿載的血小板們喔！

▶滿滿的劇照貼在牆上，一幕幕經典場面重現眼前。

▲大部分飲品可獲抽選杯墊一款，這次抽中了 T 細胞，不錯！

▲餐點與主題相關，紅血球的石燒漢堡扒，感覺吃完能增加大量紅血球！每客 ¥1,383。

INFO

地址：東京都豊島区東池袋 1-29-4 成田ビル 4F
交通：從 JR 池袋站東口步行約 7 分鐘
時間：10:30-21:30，每節 1 小時 20 分鐘，從入座起計算
官網：https://twitter.com/46shokudo_crew

縱橫各式的主題場景
Hacostadium Cosset 池袋本店

Online地圖:
bit.ly/2NuSrQd

Hacostadium Cosset 池袋本店位於 Animate Annex 內，佔地 2 層，入場需先於 6 樓登記。如購門券，可獲得 5% 積分以便下次使用。每逢星期三為還有專業攝影師坐陣，可提供免費 45 分鐘的拍攝服務，服務為先到先得制，一日限定 4 組，只需於當日 10:00~17:00 到接待處申請即可。

▲部分場景於特別節日還會有相關佈置，糖果區域在萬聖節時就增添了蜘蛛網與南瓜等飾物。

►可調節不同燈光顏色的舞台，最適合扮演偶像相關動漫人物，紫色燈光會讓你想起美風藍還是睦月始呢？

▲學校場景可說是百搭背景之一，需知道日式的課室在港台是絕無僅有的啊！

▲一個簡單的背景，足以提升相片整體的意境。

►即使穿着便服，在頹廢風格下的背景，突出。

INFO

地址：東京都豊島區東池袋 3-2-1 アニメイトアネックス 5~6F
交通：從 JR 池袋站東口出口步行約 7 分鐘　時間：10:00~20:30
費用：

	使用時間	星期一至五	星期六、日及公眾假期
當日券 (当日チケット) 10:00~19:30	全日	¥2,900	¥3,900
	5 小時	¥2,000	¥3,000
1 小時券 (1 時間チケット)	1 小時	¥500	¥700

電話：03-6907-3986　官網：http://hacostadium.com

(相片由 Hacostadium Cosset 提供)

價廉物美的中古店
らしんばん池袋

池袋本店本館Online地圖:
goo.gl/MtDbnx

らしんばん專售中古動漫商品，不論男女性向或影音產品都應有盡有，當中池袋本店每逢星期六日或假日更會放出大量特價精品於門口供人搶購。實際上らしんばん於池袋設有 4 間分店，留意 5 号館分佈在同一層大廈中不同樓層，但每層均出售不同種類物品，各分店的主題如下：

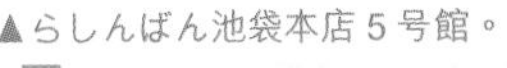

▲らしんばん池袋本店 5 号館。

►らしんばん池袋本店本館。

分店	主題
池袋本店本館	本館共 2 層，2 樓為乙女路唯一專售男性向精品的地方，1 樓則主售女性向精品，門口的特價區不少精品價格低至 ¥100！
池袋本店 2 号館	位於本館側的 2 号館，主售中古 CD、DVD 及遊戲等，不少遊戲更是以特價出售的特典版。
池袋本店 5 号館 B1F	以出售 Jump 系及 Sunday 等少年誌相關精品，如《銀魂》、《東京喰種》等。
池袋本店 5 号館 2F	有大量襟章與掛件出售，作品以《Yuri!!! On Ice》、《黑執事》及 Reject 相關作品等為主。
池袋本店 5 号館 4~5F	中古同人誌的集中地，當然是以女性向為主了。
池袋本店衣裝館	位於 Acos 樓上的中古 Cosplay 館，要找中古的角色扮演相關物品來這裏就對了！

INFO

	地址	交通	電話
池袋本店本館	東京都豊島區東池袋 3-2-4 共永ビル 1~2F	從 JR 池袋站東口出口步行約 7 分鐘	03-3988-2777
池袋本店 2 号館	東京都豊島區東池袋 3-2-3 第 1 主田ビル 1F	從 JR 池袋站東口出口步行約 7 分鐘	03-5928-1207
池袋本店 5 号館	東京都豊島區東池袋 1-15-13 近代 BLD.21B1F、2F、4~6F	從 JR 池袋站東口出口步行約 4 分鐘	03-5956-1855
池袋本店衣裝館	東京都豊島区東池袋 3-2-1 アニメイトアネックス 4F	從 JR 池袋站東口出口步行約 7 分鐘	03-5928-5283

時間：11:00~20:00　官網：www.lashinbang.com

如夢幻世界的正裝執事
執事喫茶スワロウテイル

Online地圖:
goo.gl/WcW1kh

「主人，歡迎回來！」並非只出現在女僕餐廳，位於池袋的執事餐廳スワロウテイル內，由全男班的執事為各位少爺與大小姐服務。餐廳內的裝潢帶有貴氣，為保私隱餐廳內不可拍照。而店內使用擁有悠久歷史的品牌茶杯，由執事們根據對客人的印象而挑選，而每位客人均以餐廳內的搖鈴召喚執事幫忙。留意餐廳採完全預約制，在節日期間更是一席難求，若有興趣前往體驗的朋友記得要提前預約喔！

▲餐廳內採用西式裝潢，在內進餐猶如身處豪宅一樣！

▲ 1~2 位客人更有可能分派至包廂就坐。

▲不同樣式的茶杯，讓餐廳更添氣氛。

◀▼進入餐廳後，尊貴的客人便會變成少爺或大小姐，執事們均會細心照顧大家喔！

▲輕食套餐 King Lear，燉煮牛頰肉加上自選甜品，每客 ￥3,500。

◀下午茶時段可點選下午茶套餐 Anna Maria，三層美食加上甜品，每套 ￥3,500。

INFO

地址：東京都豊島區東池袋 3-12-12 正和ビル B1F
交通：從 JR 池袋站東口出口步行約 7 分鐘
時間：10:30~21:15，日間時段每節為 80 分鐘，晚間時段每節為 90 分鐘，不定期休息日可參考以下網頁：www.butlers-cafe.jp/swallowtail/close.html
費用：每位午餐時段最低消費為 ￥3,500，晚餐時段最低消費為 ￥4,800
電話：03-5957-1555
官網：http://butlers-cafe.jp

（相片由執事喫茶スワロウテイル提供）

可能是乙女路最齊的同人誌專賣店
まんだらけ池袋店

Online地圖:
goo.gl/SdJJRH

まんだらけ池袋店以出售中古女性向同人誌為主，既然店家設於乙女路上，當然亦可在此找到聲優及三次元偶像相關的中古精品了！

INFO

地址：東京都豊島區東池袋 3-15-2 ライオンズマンション池袋 B1F
交通：從 JR 池袋站東口出口步行約 8 分鐘
時間：12:00~20:00　電話：03-5928-0771
官網：http://mandarake.co.jp

吉卜力相關商品 どんぐり共和国池袋店

Online地圖:
bit.ly/2BUGVsZ

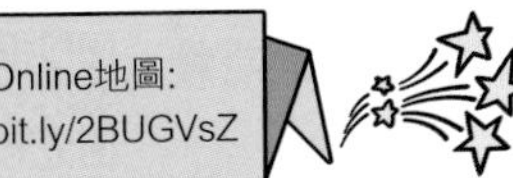

喜愛宮崎駿動畫的朋友對どんぐり共和国(橡子共和國)絕不陌生，於池袋 Sunshine City 設立的分店，除了可找到經典作品如《龍貓》、《天空之城》、《千與千尋》等限定精品外，一些由繪本衍生的作品如 Lisa & Gaspard、Wachifield 等的精品也有售。

▲商店門口設有《龍貓》劇中的巴士站。

INFO
地址：東京都豐島區東池袋 3-1 サンシャインシティ ALTA B1F
交通：從 JR 池袋站東口出口步行約 8 分鐘
時間：10:00~20:00　電話：03-3988-8188
官網：http://benelic.com/service/donguri.php

拋出你的精靈球 Pokémon Mega Tokyo

Online地圖:
bit.ly/2Xr8wev

Pokémon Mega Tokyo 可說是寵物小精靈的旗艦店，店鋪於 2014 年開業，備有大量 Pokémon 相關精品，除了部分為店鋪限定品外，亦要留意店內的價錢牌分為藍色 Original(日本國內限定商品)、黃色 Normal(授權商品，即海外店也有售)與紅色 Gotochi(當地限定商品)。店鋪外面亦設有多部扭蛋機與遊戲機，更可透過日版任天堂 3DS 於這裏入手限量版的精靈！

▶位於 Sunshine City 的 Pokémon Mega Tokyo。

▶不同店內都可找到不同的寵物小精靈，池袋店內的是噴火龍！

INFO
地址：東京都豐島區東池袋 3-1-2 サンシャインシティ ALTA 2F
交通：從 JR 池袋站東口出口步行約 8 分鐘
時間：10:00~20:00　電話：03-5927-9290
官網：www.pokemon.co.jp/gp/pokecen/megatokyo

戴上萌貓耳的動漫角色們 Namja Town

Online地圖:
goo.gl/9xXoDi

以小貓ナジヤヴ為主角的 Namja Town 本身為主題樂園，近年開始與不同動漫合作，推出期間限定的活動，活動內主角們都化身為具有貓耳的造型，並設有看板及小遊戲等，亦會聯同園內的餃子 Stadium 與福袋甜品橫丁推出角色相關食品，當然還有活動限定精品了！曾經合作的作品包括《妖怪手錶》、《Idolish 7》等，部分熱門動漫更需抽選才可入場！

動漫用語小知識

看板

簡而言之，看板即是招牌，但非作廣告用途，而是給大家拍照用的。(詳見 P.52)

(文字：IKiC)

▶小貓ナジヤヴ有時更會化身為動漫人物！

▲從 Namja Town 的正門未必看得出內裏有着滿滿的動漫元素。

INFO
地址：東京都豐島區東池袋 3-1-3 サンシャインシティ ワールドインポートマートビル 2F
交通：從 JR 池袋站東口出口步行約 8 分鐘
時間：10:00~22:00　電話：03-5950-3341
費用：成人￥500，4至11歲小童￥300，如使用店內景點，需購 Nanja Coin，另有入場加遊玩景點的套票發售
官網：https://bandainamco-am.co.jp/tp/namja/

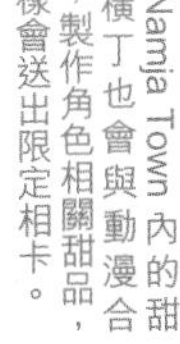

▶Namja Town 內的甜品橫丁也會與動漫合作，製作角色相關甜品，同樣會送出限定相卡。

冷熱門主題兼備 Princess Cafe 池袋 プリンセスカフェ池袋

Princess Cafe池袋Online地圖:
bit.ly/2EkRndM

Princess Cafe(プリンセスカフェ) 於池袋設有 3 間分店，由於每間分店於同一時間會與多套動漫合作，所以記緊於事前到網頁查閱清楚地址再出發。プリンセスカフェ除了會與熱門動漫如《Yuri!!! On Ice》、《Dive》等合作外，一些較冷門的作品如手機遊戲 (手遊)《戀愛幕末彼氏》與《文豪とアルケミスト》也可找到！

INFO

	Princess Cafe 池袋	Princess Cafe 池袋新館	池袋キャラクター館
地址	東京都豐島區東池袋 1-31-1 バロックコート池袋 2F 及 5F	東京都豐島區東池袋 1-40-2 近代ビル 8 号館 6F	東京都豊島区東池袋 1-32-4 藤原ビル B1F
交通	從 JR 池袋站東口出口步行約 6 分鐘	從 JR 池袋站東口出口步行約 3 分鐘	從 JR 池袋站東口出口步行約 5 分鐘
時間	10:00~20:00 (最後點餐時間為 19:30)	星期一至五 11:00~21:30，星期六 10:00~21:30，星期日及公眾假期 10:00~20:00，夏天期間限定 09:00~20:00，詳情可參考網頁	10:00~20:00
電話	(1 号館)03-6914-2484，(2 及 3 号館)03-6912-6625	03-5391-6971	03-3983-5050
官網	http://pripricafe.com/ikebukuro.html		

可愛非少女專利 Sanrio Animestore

Online地圖:
bit.ly/2Sq7yvj

Sanrio 自 2013 年起加入動漫界戰團，先創作手遊《Show By Rock!》，其後與 Studio Pierrot 合作製作《Sanrio 男子》，近年更將旗下的 Little Twin Stars 與當紅聲優蒼井翔太合作推出一系列商品，位於池袋 P'Parco 的 Sanrio Animestore 便是她們開設的第一家動漫專賣店。

▲ Sanrio Animestore 的標誌擁有大大的蝴蝶結，讓人聯想起 Sanrio 的台柱 Hello Kitty。

INFO
地址：東京都豊島区南池袋 1-28-2 池袋 P' PARCO 3F
交通：從 JR 池袋站東口步行約 1 分鐘
時間：11:00~21:00
電話：03-5960-7760
官網：www.sanrioanime.jp/store

不能錯過的限定商品！ Limited Base

Online地圖:
bit.ly/2IO9XR0

位於 P'PARCO 的 Limited Base，每 3 星期左右便會轉換不同主題，讓店家經常保持新鮮感。除了有近期大熱作品的商品外，店家和一些經典作品如《幽遊白書》或《血界戰線》等均有合作，購買精品達指定金額更會獲得限定的紀念品如明信片或相片等。

◀ 位於 P'PARCO 3 樓角落位置的 Limited Base。

INFO
地址：東京都豊島区東池袋 1-50-35 池袋 P'PARCO 3F
交通：從 JR 池袋站東口步行約 1 分鐘
時間：11:00~21:00
官網：www.limitedbase.com

Rejet 作品專賣店 Rejet Shop 池袋本店

Online地圖：bit.ly/2EdFUMS

乙女遊戲營運商 Rejet 於池袋設立的本店，以出售旗下乙女遊戲如《Diabolik Lovers》、《MARGINAL#4》、《劍君》等相關精品，大部分精品為店鋪限定。店內更有 Rejet 限定的抽賞與扭蛋，是讓各作品粉絲大撒金錢的地方！

▶ Rejet Shop 外擺滿 Marginal#4 的看板。

INFO
地址：東京都豊島區東池袋 1-50-35 池袋 P'PARCO 3F
交通：從 JR 池袋站東口出口步行約 1 分鐘
時間：11:00~21:00　電話：03-6914-0471
官網：http://rejetshop.jp

置身第三新東京市 Evangelion Store 池袋店

Online地圖：bit.ly/2IDC0lZ

歷久不衰的《新世紀福音戰士》(EVA) 為官方於池袋設立的專賣店，主要出售以 EVA 作為概念所設計的相關服裝及精品，不少更是池袋店限定品，而最受歡迎的產品包括重現劇中駕駛艙的入浴劑 LCL 之湯與印有 NERV 標誌的文件夾等。

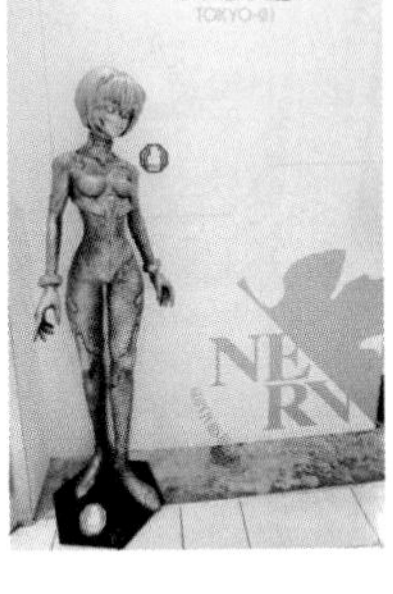

▶店外豎有凌波麗的銅像。

INFO
地址：東京都豊島區東池袋 1-50-35 池袋 P'PARCO 2F
交通：從 JR 池袋站東口出口步行約 1 分鐘
時間：11:00~21:00　電話：03-5992-3310
官網：www.evastore2.jp/tokyo01

網紅始祖 Nico Nico 本社

Online地圖：bit.ly/2SZQRfj

日本著名彈幕影片分享網站 Nico Nico 於池袋設立的本社，除了會不定期舉行活動外，平日 19:00~20:00 更有定期的「生放送」，主持更不時會邀請著名聲優參演！另外 B1 樓亦設有與不同動漫合作的 Nico Cafe，當然亦少不了限定的精品出售了！

動漫用語小知識

彈幕

在一些影片分享網站中會有讓觀眾發表評論的功能，並會在影片的指定時間點從畫面中滑過，增加觀眾之間的互動。(詳見 P.53)

生放送

生放送（なまほうそう）是從英語 Live Broadcast 直接意譯的日語詞彙，即現場直播。(詳見 P.53)

（文字：IKiC）

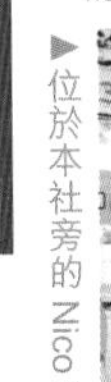

▶出售各款 Nico Nico 本社專屬的商品。

▶位於本社旁的 Nico Café。

INFO
地址：東京都豊島區東池袋 1-50-35 池袋 P'PARCO B1~B2F
交通：從 JR 池袋站東口出口步行約 1 分鐘
時間：11:00~21:00　電話：03-3988-2525
官網：http://nicohonsha.jp

特攝迷不能錯過的餐廳 仮面ライダー The Diner 仮面ライダー ザ ダイナー

Online地圖: goo.gl/xnoceD

日本長青特攝幪面超人自 1971 年製作以來，至今依然大受歡迎，不少著名男星如小田切讓、佐藤健、福士蒼汰等都曾出演。Pasela 集團於幪面超人 40 周年特地在池袋開設了以幪面超人為主題的餐廳，餐廳的裝潢以撒旦幫的基地作為藍本，加上 1：1 的幪面超人公仔及以作品為題材的餐點，讓一眾「拉打」粉絲為之瘋狂。

▶餐廳入口處，眾多英雄中總有一個會是你的最愛！

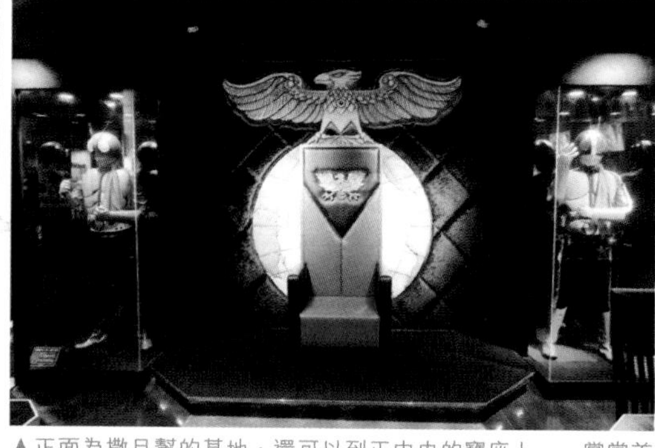

▲正面為撒旦幫的基地，還可以到正中央的寶座上，一嘗當首領的滋味！

◀場內亦有提供特攝內的簡單戲服，可穿上作簡單的 Cosplay 拍照自娛一番。

◀眾多手辦公仔，幾乎變成一幅牆了！

▲主餐牌為紅色，亦有期間限定的餐牌。

動漫用語小知識

特攝片

特攝片現時多以專指於日本以電影特技拍攝的特殊影片，大多數特攝片都是以日本為故事背景的超級英雄故事。(詳見 P.52)

（文字：IKiC）

◀光顧期間限定餐牌的話，有機會獲得限量精品，飲品從¥680起，主食則從¥880起。

INFO

地址：東京都豊島區西池袋 1-21-9 パセラリゾーツ池袋本店 4F

交通：從 JR 池袋站西口 C6 出口步行約 1 分鐘

時間：星期一至五 11:30~22:00，星期六、日及公眾假期 11:30~23:00

電話：0120-025-296

官網：www.paselaresorts.com/collaboration/rider

同人愛好者必到之處 とらのあな池袋店

とらのあな池袋店A Online地圖: bit.ly/2ElJ3tY

同人誌專賣店とらのあな(虎之穴)於池袋設有 2 間分店，A 店出售同人遊戲、一般向漫畫及成人漫畫為主，B 店則以女性向商品為主，除了同人誌外部分官方書籍也有出售。

INFO

	とらのあな池袋店 A	とらのあな池袋店 B
地址	東京都豊島區東池袋 1-1-2 高村ビル 6F	東京都豊島區東池袋 1-9-1 セイコーサンシャインビル XI6~7F
交通	從 JR 池袋站東口出口步行約 1 分鐘	從 JR 池袋站東口出口步行約 3 分鐘
時間	10:00~23:00	10:00~21:50
電話	050-5433-1213	
官網	www.toranoana.jp/shop/ikebukuro	

聲優期間限定房間 Joysound 池袋西口店

Online地圖:
goo.gl/NMR5D6

Joysound 在卡拉 OK 市場上的佔有率不算高，但近年也加入動漫戰團，除了有動漫主題的房間外，也因贊助聲優演唱會而設有以聲優為主題的房間，當中包括當紅的宮野真守與 GRANRODEO 等，同時亦有相關的限量精品，聲優粉絲也不妨留意一下！

▲房間牆上貼上大型海報，叫人驚喜的是右邊投射螢幕不斷播放兩大組合的 MTV 與廣告，加上燈光效果猶如在演唱會現場一樣！

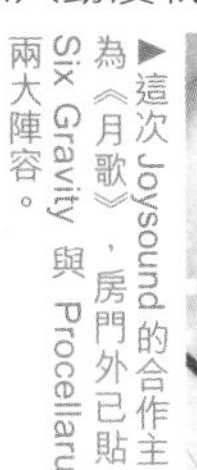

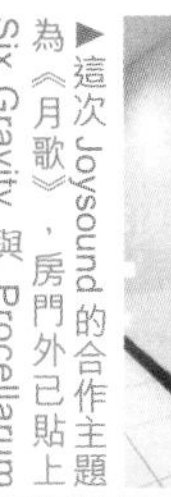

▶這次 Joysound 的合作主題為《月歌》，房門外已貼上 Six Gravity 與 Procellarum 兩大陣容。

TIPS

JoySound 在日本各地的分店也設有主題房間，出發前可先看看行程附近會否有你喜歡的動漫主題房間。

▲桌子亦印上兩隊的圖樣。

▶以角色印象調製的飲品，如月戀的飲品當然是以戀的髮色－粉紅色為主色了！

INFO

地址：東京都豊島區西池袋 1-10-8 サングロウビル 6F
交通：從 JR 池袋站西口步行約 2 分鐘
時間：11:00~06:00
費用：價錢以每位計算，並最少要點一杯飲料；
日間：星期一至五 11:00~18:00 每 30 分鐘 ¥220，Free Time 11:00~18:00、15:00~20:00 ¥960；星期六、日及公眾假期 11:00~18:00 每 30 分鐘 ¥250，Free Time 11:00~18:00、15:00~20:00 ¥1,400
夜間：星期一至四、日 18:00~06:00 每 30 分鐘 ¥500，Long Free Time 18:00~05:00 ¥2,650，深夜 Free Time 23:00~05:00 ¥1,650；星期五、六及公眾假期前夕 18:00~06:00 每 30 分鐘 ¥570，Long Free Time 18:00~05:00 ¥2,950，深夜 Free Time 23:00~05:00 ¥2,150
電話：03-5956-9686
官網：http://shop.joysound.com/shop/joysound-ikebukuronishiguchi

更多池袋 ACG 店鋪

Gamers 池袋店

地址：東京都豊島區東池袋 1-23-9 近代ビル 10 号館 B1F
交通：從 JR 池袋站東口出口步行約 7 分鐘
時間：11:00~21:30
電話：03-3989-1226
官網：www.gamers.co.jp/shop/4151

▶入口略隱蔽。

Online地圖:
bit.ly/2SrEbsh

Animega 池袋店

地址：東京都豊島區東池袋 3-1-3 池袋サンシャインシティ ALTA 1F
交通：從 JR 池袋站東口出口步行約 8 分鐘
時間：11:00~20:00　電話：03-6912-7221　官網：www.bunkyodojoy.com

Online地圖:
bit.ly/2VpGtKC

Namco Chara Store 池袋サンシャインシティ ALTA 店

地址：東京都豊島區東池袋 3-1-3 サンシャインシティ ALTA 1F
交通：從 JR 池袋站東口出口步行約 8 分鐘
時間：11:00~20:00　電話：03-6912-9655
官網：www.namco.co.jp/game_center/loc/ikebukuro-alta

Online地圖:
bit.ly/2T1kaOu

Melonbooks 池袋店

地址：東京都豊島區南池袋 1-23-6 KDG 池袋ビル B1F
交通：從 JR 池袋站東口出口步行約 5 分鐘　電話：03-5956-5581
時間：星期一至六 12:00~23:00，星期日或公眾假期 11:00~23:00
官網：www.melonbooks.co.jp/shop/shop.php?wp_id=34

Online地圖:
goo.gl/XjpR9z

Part 3.3

向二次元邁進的「潮」聖地

涉谷

普羅大眾對涉谷的印象是潮人集中地，但隨着越來越多品牌如 Earth Music & Ecology 與 Beams 等都與動漫合作推出時裝，二次元商店也開始蠢蠢欲動、越來越多進駐涉谷。除了動漫界大哥級人馬 Animate 與 Mandarake 外，涉谷マルイ的 7 樓更成為動漫專賣層，Event Space 不時舉辦動漫限定 Event，讓本來已經人頭湧湧的涉谷更為熱鬧！

▲面向 JR 涉谷站八公犬口的繁華路段，除了是歌星與著名節目的廣告重地外，不少動漫也會在此刊登廣告。

向偉大航道出發 《海賊王》專門店涉谷本店

Online地圖:
bit.ly/2SwMIQ5

廣受世界歡迎的《海賊王》於日本設有 4 間專門店，當中位於涉谷的本店，可說是具備最多、最齊《海賊王》精品的專門店。每間分店都可找到不同角色的 1：1 人形公仔免費拍照，而在本店坐陣的則有撒古斯為路飛戴上草帽的經典場面！

▲涉谷的《海賊王》專門店為日本第一間《海賊王》專門店。

◀▲店內設有不少可供拍照的角色公仔。

INFO

地址：東京都涉谷區神南 1-22-6 渋谷マルイ 7F
交通：從 JR 渋谷站八チ公口步行約 3 分鐘
時間：星期一至六 11:00~21:00，星期日及公眾假期提早至 20:30
電話：03-6452-5080
官網：www.mugiwara-store.com/store

考你緣份的期間限定商店
渉谷マルイアニメイベント

Online地圖：
bit.ly/2L1t7UA

0101 百貨店內除了有 One Piece 的專賣店，Event Space 還不時與各動漫合作舉辦期間限定店，曾合作的包括《歌之王子殿下》、《文豪野犬》等，最新消息可追蹤店家的 twitter，看會不會碰巧遇上你的本命！

動漫用語小知識

本命

本命在動漫界則引申成心中排行第一、最喜愛的角色或是動漫。（詳見 P.51）

（文字：IKiC）

▶ Broccoli 曾於涉谷マルイ舉辦期間活動。

INFO
地址：東京都渉谷區神南 1-22-6 渉谷マルイ 8F
交通：JR 渉谷站ハチ公口步行約 3 分鐘
時間：星期一至六 11:00-21:00，星期日或假期至 20:30
官網：https://twitter.com/marui_shibuya_a

非一般的唱片 Cafe
Tower Record Cafe 渉谷店

Online地圖：
goo.gl/ZB6brr

專售 CD 與 DVD 的 Tower Record 為何會跟動漫扯上關係呢？只因現在不少動漫都會推出角色歌曲與 Drama CD 等產品，加上近年聲優不斷偶像化，新發售的 CD 更會登上 Oricon 榜呢！ Tower Record 涉谷店的 2 樓設有 Cafe，當然是與動漫合作的絕佳場所。曾合作的動漫包括《網球王子》、《幕末 Rock》等，而不少有聲優參與的樂隊如 GRANRODEO 及 OLDCODEX 等也曾舉辦限定 Cafe，來涉谷朝聖又再新添一個景點了！

▲以動漫內的代表符號作為拉花，亦會送上限定杯墊。

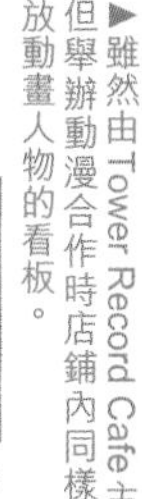

▶雖然由 Tower Record Cafe 主理，但舉辦動漫合作時店鋪內同樣會擺放動畫人物的看板。

INFO
地址：東京都渉谷區神南 1-22-14 2F
交通：從 JR 渉谷站ハチ公口步行約 3 分鐘
時間：10:00~23:00　電話：03-3496-3672
官網：http://tower.jp/store/kanto/Shibuya

永不過時的大頭貼
Calla Lily

Online地圖：
bit.ly/2BWi1sZ

貼紙相至今在日本依舊歷久不衰，只因現在日本最新的貼紙相不但設有美白功能，瘦面甚至把眼睛變大等都可做到，務求令你拍出最滿意的貼紙相為止！位於涉谷的 Calla Lily 由 Adores 經營，樓高 7 層，店內更設有 Cosplay 服飾供客人免費試穿拍攝貼紙相！

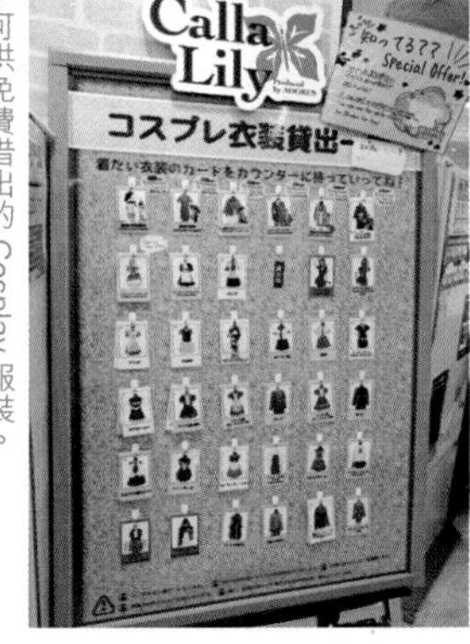

▶可供免費借出的 Cosplay 服裝。

▲現在的貼紙機變化多端，稱為美顏機也不為過！

▶日本女生非常愛玩 IG(Instagram)，店內更準備了 IG 的畫框！

INFO
地址：東京都渉谷區宇田川町 13-8 渋谷ちとせ会館
交通：從 JR 渉谷站ハチ公口步行約 4 分鐘
時間：星期一至五 11:00~23:30，星期六、日及公眾假期 10:00~23:30
電話：03-5784-0280
官網：www.adores.jp/callalily

走進 VR 的虛擬世界
涉谷 VR Park Tokyo

Online地圖:
goo.gl/VCUgfM

近年 VR 大行其道，Adores 於涉谷的遊戲中心 4 樓設置了 VR Park，內裏設有 8 款以上 VR 遊戲，包括化身為劍士的 Circle of Saviors、傲翔半空的 Jungle Bungee VR、與機械人於天台展開激烈槍戰的 Dive Hard VR、模擬成為賽車手的 T3R Simulator 等。入場人士可於 110 分鐘內免費使用 VR Park 內的設施，同時更可享用免費飲品呢！

▲來試試最新的 VR 技術吧！

▲在場內需時刻掛好入場牌。

▶參加者正在試玩緊張刺激的 DIVE HARD VR。

▲從左方螢幕便看到玩家正在勇猛作戰中！

▲賽車 T3R Simulator。

動漫用語小知識

VR

VR 是 virtual reality 的縮寫，即虛擬實境。(詳見 P.53)

(文字：IKiC)

INFO

地址：東京都涉谷區宇田川町 13-11 KN 涉谷 1 ビル 4F
交通：從 JR 渋谷站ハチ公口步行約 4 分鐘
時間：10:00~22:30，星期六 10:00~23:30；接待時間約 30 分鐘，體驗時間 110 分鐘 (需提早 10 分鐘到場)，接待時間：10:00、12:00、14:00、16:00、18:00、20:00
費用：星期一至五事前預約每位 ￥2,900，當日入場 ￥3,300；星期六、日及公眾假期事前預約每位 ￥3,300，當日入場 ￥3,500
電話：03-3461-1311　官網：www.adores.jp/vrpark

總有驚喜的 Animate 分店
Animate 涉谷

Online地圖:
bit.ly/2TqqRsG

Animate 涉谷平日經營至 22 時才關店，可說是營業時間最晚的 Animate。店鋪雖然只有 1 層，但書籍與同人誌收藏豐富，同時亦會與不同動漫合作舉辦活動，如曾與《月歌》合作出售限定商品等，商品有時比池袋本店更為齊全。

INFO

地址：東京都涉谷區宇田川町 31-2 涉谷 BEAMS 3F
交通：從 JR 渋谷站ハチ公口步行約 5 分鐘
時間：星期一至五 11:00~22:00，星期六、日及公眾假期 11:00~21:00
電話：03-5458-2454
官網：www.animate.co.jp/shop/shibuya

Part 3.4

在球場上揮動球棒吧！

東京巨蛋城

別以為只有棒球迷才會來 Tokyo Dome City(東京巨蛋城)，實際上不少動漫都會在這裏開設的期間限定商店或與樂園 Tokyo Dome City Attraction 合作舉行活動，吸引不少動漫迷到來。東京巨蛋更於不少動漫作品出現過，最經典的肯定是由石之森章太郎原作，後來改編成動畫的《童夢》了！主角新城童夢為巨人隊最年輕的投手，利用東京巨蛋的特殊環境創造出童夢幻影球與彩虹閃耀魔球等絕招，是不少成年人兒時的回憶！

演唱會舉辦地 Tokyo Dome

Online地圖:
bit.ly/2vjV1Ah

東京巨蛋城內最讓人注目的必屬 Tokyo Dome ！統稱為東京巨蛋的 Tokyo Dome 建於 1988 年，除了是著名棒球隊巨人隊的主場外，更會舉辦各種演唱會。動漫《Love Live! Sunshine》於 2018 年曾於 Tokyo Dome 舉辦超級大型的演唱會，另外旗下盡攬著名聲優如宮野真守、水樹奈奈等的 King's Record 也於此舉辦過 King Super Live。

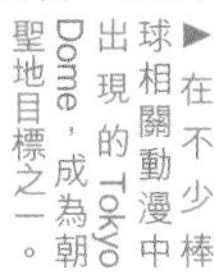

▶在不少棒球相關動漫中出現的 Tokyo Dome，成為朝聖地目標之一。

INFO
地址：東京都文京區後樂 1-3-61　官網：www.tokyo-dome.co.jp
交通：從 JR 或地下鐵水道橋站、地鐵後樂園站或春日站步行約 5 分鐘

動漫作品展覽 Gallery AaMo

Online地圖:
bit.ly/2W2yF1V

Gallery AaMo 為東京巨蛋城內的一個展覽場地，自 2017 年起舉辦了不少與動漫相關的展覽，如《鋼之鍊金術師》、《反逆的魯魯修》、《歌之王子殿下 Shining Masterpiece Show 企畫展》等。當中不少展覽利用場地，配合燈光與投射等效果，帶你進入不同的動漫世界，若碰上喜愛的動漫舉辦展覽，非常推薦來體驗一下！

▶《歌之王子殿下》的 Shining Masterpiece Show 企畫展連同推出的 Drama CD，舉辦長達幾個月的個展。

▶這次的展覽內設有同場景，配合燈光效果不同吸引粉絲帶同代表不同角色的 Prince Cat 來拍照留念。

▲另外不能少的還有角色看板，加上燈光與道具，重現 Drama CD 中的經典場面。

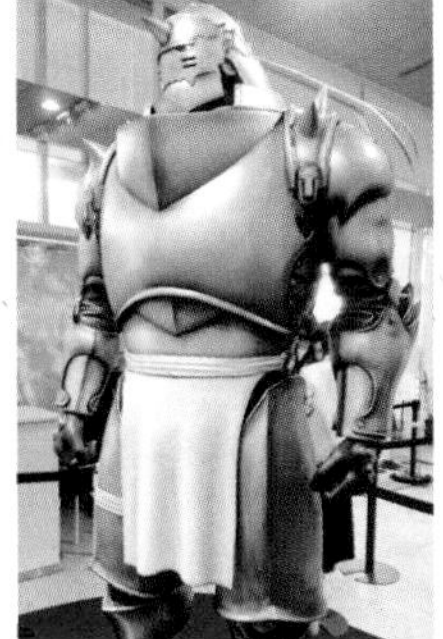

▲大部分原畫展均不可拍照，不過展覽方面都會設置可拍照區域滿足一眾粉絲，看這像真度極高的艾爾凡斯就吸引參觀者拍下不少美照了！

▲經典動漫《鋼之鍊金術師》曾於 Gallery AaMo 舉辦展覽。

▶作者荒川弘特意為展覽繪畫了逗趣的告示。

INFO
地址：東京都文京區後樂 1-3-61
交通：從 JR 或地下鐵水道橋站、地鐵後樂園站或春日站步行約 5 分鐘
時間：不同展覽各有不同，可參考官方網頁
官網：www.tokyo-dome.co.jp/aamo

遊戲個展兼備 Jump Shop Tokyo Dome 分店

Online地圖:
goo.gl/jT4h7c

Jump Shop 位於東京巨蛋的分店，店鋪較其他 Jump Shop 分店為大，部分區域更設有遊戲專區或進行期間展覽等。店內主要專售集英社旗下連載的動漫精品，如《海賊王》、《狐忍 NARUTO(火影忍者)》或《我的英雄學院》等。

▲位於 Tokyo Dome 的 Jump Shop 比其他分店相對較大。

▲部分精品為 Jump Shop 限定的啊！

▲是死氣阿綱！

INFO

地址：東京都文京區後樂 1-3-61
東京ドームシティ內
交通：從 JR 或地下鐵水道橋站、地下鐵後楽園站或春日站步行約 5 分鐘
時間：星期一至五 10:30~19:00，星期六、日及公眾假期 10:00~19:00
電話：03-5842-6844
官網：www.shonenjump.com/j/jumpshop

免費開放的遊樂園 Tokyo Dome City Attraction

Online地圖:
goo.gl/VnozU2

免費入場的 Tokyo Dome City Attraction 常設遊戲區包括由《雷朋三世》衍生的遊戲「ルパン三世 ~ 迷宮の罠 ~」及特攝《宇宙戰隊九連者》的真人演出，而樂園不時會與其他作品舉行活動，曾舉辦過的活動包括《名探偵柯南》與《活擊！刀劍亂舞》等，園內會設置紙板或蓋章活動，當然不能少的就是限定的精品了！

◀集解謎與迷宮於一身的「ルパン三世 ~ 迷宮の罠 ~」，為遊樂場五大受歡迎項目之一。

▶遊樂用具亦會貼上動漫主題的角色，場內更會播放相關的背景音樂！

▲園內不時會與各動漫合作，舉辦蓋章之類的活動。

◀ Tokyo Dome City Attraction 為一開放式遊樂場。

INFO

地址：東京都文京區後樂 1-3-61
交通：從 JR 或地下鐵水道橋站、地下鐵後楽園站或春日站步行約 5 分鐘
時間：約 11:00~21:00，部分日子提早營業，詳情請參閱網頁
費用：入場免費，不同項目各有收費
電話：03-3817-6001
官網：http://at-raku.com

Part 3.5 在留言板上寫上 XYZ 尋找你的城市獵人

新宿

新宿可說是到東京必到的購物熱點，其實這裏擁有不少動漫相關的店鋪。除了熱門連鎖店如 Animate、Animega 與とらのあな等均有於此設有分店外，還有オトメイト東京唯一的直營店及多間主題餐廳。若你看過《城市獵人》的話，就會知道故事的背景就是新宿，先前於 JR 新宿站更曾設置留言板並寫上 XYZ！可惜的是，留言板現已不在。

動漫用語小知識

新宿車站留言板的 XYZ

在動漫《城市獵人》內，主角冴羽獠（港譯：孟波）是以新宿為基地的殺手，外號「城市獵人」，有時會兼任保鑣和私家偵探，委託人只需在新宿車站東邊出口的留言板上留下「XYZ」暗號（意指沒有退路），城市獵人就會與你接洽。（文字：IKiC）

全東京獨一無二 Otomate Store オトメイト

Online地圖：bit.ly/2GQFrnM

乙女遊戲廠商 Otomate 於東京唯一的常設直營店，每年夏天與冬天均會舉辦夏之市及冬之市，出售旗下遊戲如《薄櫻鬼》、《Collar×Malice》、《AMNESIA》等的限量精品。

▶店內的裝潢充滿少女氣息。

INFO

地址：東京都新宿區新宿 3-1-26 新宿マルイアネックス 6F
交通：從 JR 新宿站東口步行約 6 分鐘　時間：星期一至六 11:00~21:00，星期日及公眾假期 11:00~20:30
電話：03-3354-0101　官網：www.otomate.jp/otomate_store

神羅公司的專屬餐廳 ARTNIA

Online地圖：goo.gl/Co2H5W

ARTNIA 位於新宿 Square Enix 的總部旁，圓頂的白建築極具科幻感，亦是全球唯一出售 Square Enix 官方精品的餐廳。而 ARTNIA 主要分成三部分，分別為 Luxury Area、Fancy Area 與 Cafe & Bar Area。走進 Luxury Area，中央部分凌空懸掛着一顆巨型水晶，下方更擺放了道具魔石，令人想起最終幻想中的情景！既為 Luxury Area，各展示櫃中擺放價錢較高的精品如銀製飾物等。Fancy Area 則以出售《勇者鬥惡龍》、《王國之心》與《最終幻想》等精品，當然也少不了遊戲中的吉祥物史萊姆及陸行鳥等的布偶與鎖匙扣。

最後是餐飲區 Cafe & Bar Area，有新遊戲發售或特殊主題時必須要事先預約，這裏白天是 Cafe，17:00 後會搖身一變成為酒吧，提供的食物與飲品當然也是以遊戲主題為中心，而熱咖啡等更會有隨機的角色拉花，凍飲亦會有隨機特製杯墊，看看你能不能抽到心水的角色吧！

▲外型尤如外星基地的 ARTNIA。

▲ Luxury Area 以燈光配合展示箱，就如走進最終幻想的世界。巨型水晶加上道具魔石，讓人禁不住想唸起召喚魔法！

◀ Luxury Area 出售的物品價錢相對較貴，像 FFVII 的克勞德手辦公仔售價為 ¥12,960，然而造工精細，實在非常值得。

▲ Fancy Area 商品價錢較為親民，不過種類繁多，要一次盡買可能比 Luxury Area 出血更多！

▲以銀色史萊姆為造型的零食為當店限定品，每盒 ¥1,512。

▲ Cafe & Bar Area 座位不多，店內播放的當然是 Square Enix 旗下遊戲的 BGM 了！

▲ Cappuccino 每杯 ¥600 起，拉花圖案隨機，這次抽到的是莫古利喔！

◀店內不時推出限定套裝，這次是陸行鳥的限定杯裝加甜品，甜品另外以膠杯裝載，十分貼心，不會弄髒杯子，店員更會替你拿來原裝盒與膠袋，每套 ¥1,550。

▲甜品點了史萊姆的班戟，留意朱古力片上寫的是：史萊姆出現了！勇者你要：吃掉牠？逃走？防禦還是揀選道具？

動漫用語小知識

神羅公司

神羅公司是 Final Fantasy VII 內的一間虛擬企業，整個 FF7 的故事都與神羅公司有莫大關係。(詳見 P.52)

BGM

BGM 是 Background Music 的縮寫，即是背景音樂。(詳見 P.53)

（文字：IKiC）

INFO

地址：東京都新宿區新宿 6-27-30
交通：從東京 Metro 副都心線、都營大江戶線東新宿站 A3 出口即達
時間：11:00~22:00(最後點餐時間 21:00，飲品 21:30)
休息：個別休息日請參考網站
電話：03-6457-6714
官網：www.jp.square-enix.com/artnia

體驗獵人滋味的酒吧 HUNTERS BAR モンハン酒場

Online地圖:
bit.ly/2G52B6U

全球銷量超過 5,300 萬套，以人氣動作 RPG GAME 魔物獵人 (Monster Hunter) 世界觀為藍本的 HUNTERS BAR モンハン酒場已於 PASELA RESORT 新宿店 1 樓登場！店內不但展示了原尺寸大小的武器，餐單更列有超過 100 款以上的飲品與料理，全部都會讓你想起遊戲相關情節！你也可於餐廳內重溫多款 Monster Hunter 系列作品，還可即興一起連線狩獵！酒吧可透過網上預約，或即日直接前往也沒問題。各位獵人一起在此暢飲一杯！

▲以 Monster Hunter 世界觀為本的酒吧，等待各位獵人蒞臨。

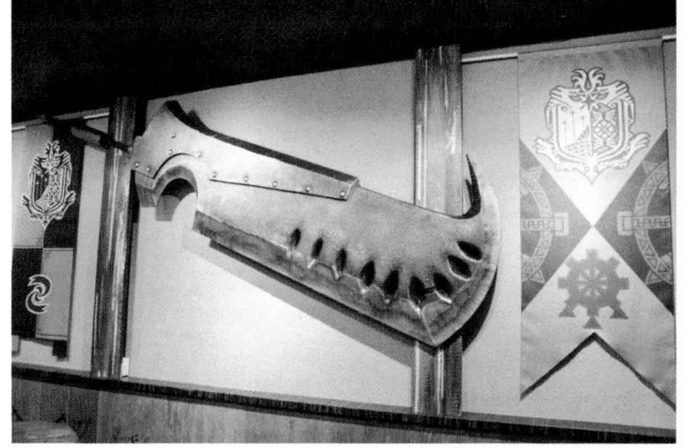

▲牆上裝飾的大劍具有厚重感覺，獵人們看到必定雙眼發光！

▲必看的還有銳利的雙劍，定能把怪物瞬間切開！

▲還有不同系列的 Monter Hunter 遊戲，一起去打獵吧！

▲不能少的還有モンハン酒場的原創商品，即使不點餐也可購買。

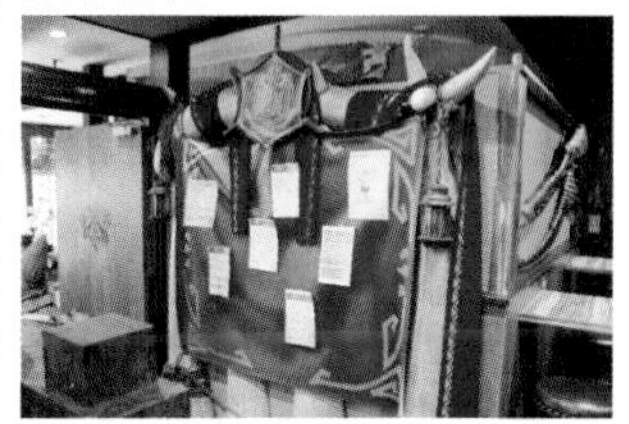

▲與遊戲內一樣的任務看板上列有各項任務，逐一去挑戰一下吧！

▲料理長最引以為傲的烤雞，豐厚的雞肉必定能滿足一眾獵人的胃袋。

◀獵人必食的燒肉！

INFO

地址：東京都新宿區歌舞伎町 1-3-16 パセラリゾーツ新宿本店 1F
交通：從 JR 新宿站東口步行約 5 分鐘　電話：01-2070-6732
時間：星期一至四 17:00-23:00，星期五 17:00- 04:00，星期六 11:00-4:00，星期日或公眾假期 11:00-23:00
費用：每位 ¥500(包括一杯飲品)，最遲 3 日前預約
官網：www.paselaresorts.com/collaboration/mhsb

(相片由 NEWTON CORPORATION 提供)

▲店內還有可愛的艾露貓迎接各位獵人！

來聽白熊店長的冷笑話 白熊咖啡廳

Online地圖:
goo.gl/RMMmqz

《白熊咖啡廳》雖然並非真的由白熊君經營，卻是動畫組公認的實體化咖啡廳。甫進入店內便可看到劇中動物熊貓君與企鵝君並坐在吧檯旁了！店內四處的裝潢均可看到灰熊君、熊貓媽媽等的身影，甚至洗手間都可找到牠們的身影！而食物則包括熊貓瑞士卷、企鵝君的提拉米蘇及白熊吐司等，而購買食物或飲品更可抽選帶有月曆的杯墊一次作為紀念品帶回家。

▲位於早稻田大學附近的白熊咖啡廳。

▲白熊與熊貓君的看板在門口負責迎接客人。

▲熊貓君與企鵝君坐在吧檯的一角，真是平和的場面啊！

▲先往櫃台點餐，付款後拿着號碼牌找位置坐下後，侍應會把餐點拿給你。這次的號碼牌是熊貓媽媽！

▲點了白熊的 cappuccino，每杯￥600，除了有白熊的拉花外，這次更幸運地抽到了白熊的杯墊！

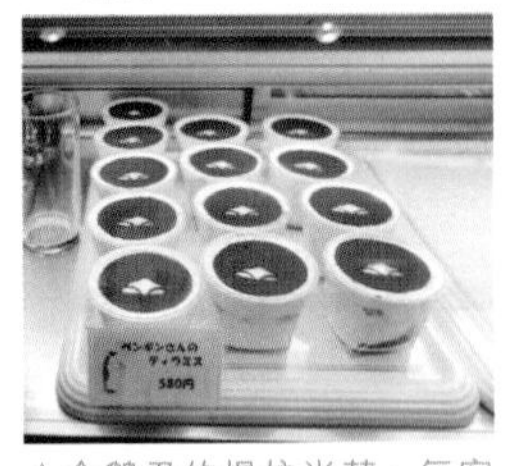

▲企鵝君的提拉米蘇，每客￥580。

▼瑞士卷弄成熊貓君的樣子，可愛得捨不得開動了！每客￥700。

◀現時要找到白熊咖啡廳的精品頗為困難，但在這兒就有大量供應，部分更為餐廳的限定品。

INFO

地址：東京都新宿區高田馬場 2-1-2 TOHMA 高田馬場 1F
交通：從 JR 高田馬場站早稻田口改札步行約 8 分鐘
時間：10:00~22:00(最後點餐時間 21:00)
休息：年末年始
電話：03-3204-7818
官網：www.shirokumacafe.net

更多新宿 ACG 店鋪

Animate 新宿店

地址：東京都新宿區新宿 3-17-17
交通：從 JR 新宿站東口步行約 3 分鐘
時間：11:00~21:30
電話：03-5919-4321
官網：www.animate.co.jp/shop/shinjuku

▶連同地牢共有四層的 Animate 新宿店。

▶電梯上貼有動漫《文豪野犬》的貼圖。

Online地圖:
goo.gl/rMDpB2

Animate Cafe Shop 新宿

地址：東京都新宿區新宿 3-1-26 新宿マルイアネックス 6F
交通：從 JR 新宿站東口步行約 6 分鐘
時間：星期一至六 11:00~21:00，星期日及公眾假期 11:00~20:30
電話：03-5925-8311
官網：https://cafe.animate.co.jp/shop/cs_shinjuku

Online地圖:
bit.ly/2IFMUrp

とらのあな (虎之穴) 新宿 A 店

地址：東京都新宿區西新宿 1-18-1 小川ビル 6F
交通：從 JR 新宿站西口步行約 3 分鐘
時間：星期一至六 11:00~23:00，星期日及公眾假期 11:00~22:00
電話：050-5433-1213
官網：www.toranoana.jp/shop/shinjuku

Online地圖:
goo.gl/21VfUJ

Melonbooks 新宿店

地址：東京都新宿區西新宿 1-4-5 西新宿オークビル 4F
交通：從 JR 新宿站西口步行約 5 分鐘
時間：星期一至六 12:00~23:00，星期日及公眾假期 11:00~22:00
電話：03-5990-5501
官網：www.melonbooks.co.jp/shop/shop.php?wp_id=35

Online地圖:
goo.gl/DmJZbd

Gamers 新宿店

地址：東京都涉谷區代々木 2-10-1 新宿サンセイビル 4F
交通：從 JR 新宿站西口步行約 3 分鐘
時間：星期一至六 12:00~23:00，星期日及公眾假期 11:00~21:00
電話：03-5308-0555
官網：www.gamers.co.jp/shop/4145

Online地圖:
goo.gl/ifuyJR

Part 3.6

隱世御宅族好去處　猶如回到七八十年代
中野

中野給人的印象一直是較為平民化的住宅區，然而一些玩具界的老手卻會視這裏為挖寶的好去處，只因位於北口不遠處的中野百老匯內秘藏了許多中古店，當中更可入手各款珍貴收藏。近年中野亦開始有意向御宅界發展，除了有更多新式的店鋪進駐中野百老匯外，動畫製作公司 ufotable 旗下的マチ★アソビ CAFÉ 東京店亦設於此處，看來極具發展潛力成為東京都東部的動漫集中地！

ufotable 精細畫功一一盡現
マチ★アソビ CAFE 東京

Online地圖:
goo.gl/pR5DWE

以 ufotable 出品的作品為主題所經營的 Cafe，現時於全日本共有 3 間分店，當中東京店位於中野。餐廳採整理券制，每天早上約 10 時開始於店鋪派發，有興趣的朋友可先參考餐廳 Twitter 查看派發狀況。而餐廳內亦會出售當店限定的精品，與一般餐廳最大不同的是點餐及飲品都可獲發指定角色的杯墊或檯墊，省卻了抽選煩惱之餘，也可說是店家大發善心，讓粉絲都能輕易得到心頭好呢！

▲飲品與餐點都會送贈指定餐墊與杯墊。

◀マチ★アソビ CAFE 東京在日本頗受歡迎，若碰上期間限定主題往往要提早前往取得整理券才能入內。

動漫用語小知識

Ufotable

Ufotable 為一間動畫製作公司，製作了不少受歡迎的動畫，如《Fate》系列、《活擊！刀劍亂舞》、《空之境界》等等。

（文字：IKiC）

TIPS

整理券現況可參考マチ★アソビ CAFE 東京 twitter：https://twitter.com/machiasobicafeT

INFO

地址：東京都中野區野方 1-38-11 永田ビル 2F
交通：從 JR 中野站北口步行約 15 分鐘
時間：11:30~22:10　電話：03-5942-6535
休息：星期一 (若遇假日則順延一天)
官網：www.machiasobi.com/machiasobicafe

香港的信和與台北的萬年　中野百老匯
中野ブロードウェイ

Online地圖：bit.ly/2tEauKI

中野百老匯（中野ブロードウェイ）自 1980 年まんだらけ入主後，已成為動漫小店的集中地，商場的格局類似香港的信和中心與台北的萬年商業大樓，現時商場內設有超過 60 間動漫相關店鋪。雖然大部分以懷舊玩具為主，例如是極具收藏價值的「セル画」，但近年也加入如らしんばん的新派店鋪，即使新番動畫精品也可於此入手。

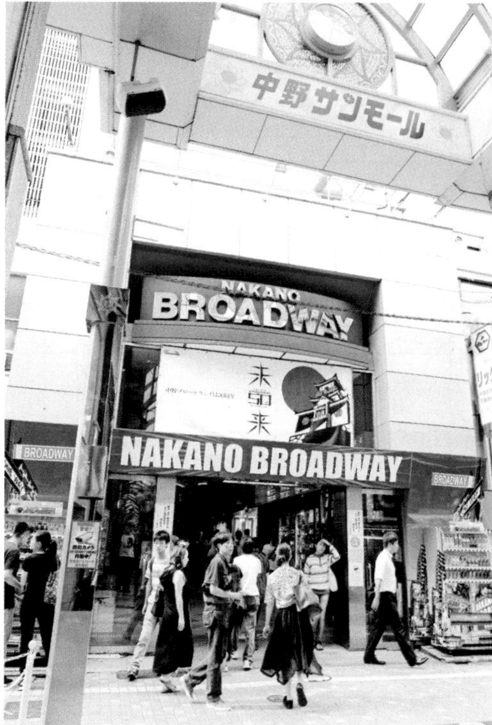

動漫用語小知識

セル画

セル画直譯為賽路路片，即早期動畫製作使用的膠片，重疊這些膠片並快速翻動就會變成我們看到的動畫。

（文字：IKiC）

INFO

地址：東京都中野區中野 5-52-15
交通：從 JR 中野站北口步行約 5 分鐘
電話：03-5942-9550
官網：www.nbw.jp

中野百老匯樓層動漫相關店鋪情報：

樓層	商店	營業時間	店鋪詳情	網頁
1F	アドアーズ中野店	10:00~23:45	Adores 於中野的分店，除了有大型遊戲機外，當然還有夾公仔機，最新景品資訊可參考網頁	www.adores.jp/tenpo/nakano.html
	アメニティドリーム	12:00~20:00，逢星期三休息	出售一手及中古遊戲王或高達等對戰遊戲卡片	http://amenitydream.co.jp
	Namco 中野店	10:00~24:45	Namco 於中野的分店，設有遊戲機與夾公仔機，同時亦有一番賞等	www.namco.co.jp/game_center/loc/nakano
	まんだらけ	12:00~20:00	詳見まんだらけ中野 (P.96) 介紹	http://mandarake.co.jp/shop/nkn
	レンタルショーケース 異空間	11:00~20:00，逢星期三休息	出租格仔箱店，店內有不少會場限定動漫精品，同時店主乃《黑子的籃球》內角色紫原敦的粉絲，在收銀處可看到許多紫原的珍藏喔！	http://ikukan.premier.jp
	プラビット	12:00~20:00，逢星期三休息	模型店プラビット可替客人組裝及設計高達等模型，店內展出超過 100 架模型完成品，為模型迷必訪的小店	http://plabbit.net/
	フリーダムガレージ	12:00~20:00	出售散裝扭蛋及精品的專門店，可找到《Fate Stay / Go》、《銀魂》、《夏目友人帳》等動畫精品	—
2F	アヴァンセ	12:30~20:00，逢星期二休息	出租格仔箱店，以出售昭和時期出品的膠公仔，如筋肉人等精品為主	—

樓層	商店	營業時間	店鋪詳情	網頁
2F	アルフ (alf)	星期一至六 12:30~20:00，星期日及公眾假期 12:30~19:00，逢星期三休息	出售汽車玩具為主，如 Mini Car、Choro-Q 及 Tomica 等商品均可找到	http://alf-ec.com
	AND TOY	12:00~20:00	以藤子不二雄作品如《多啦 A 夢》等精品為主，也有《海賊王》及 BE@RBRICK 公仔出售	—
	ヴァンヴエール	12:00~20:00	毛公仔為主的出租格仔箱	https://ameblo.jp/bambool
	CUBE STYLE	11:00~20:00，逢星期三休息	中野區最大的出租格仔箱店	www.cubestyle.info
	Game Station	10:30~20:30	主要出售海外版遊戲及主機	http://gamestation.ocnk.net
	コレクターズマート・トレカコム　中野ブロードウェイ店	星期一至五 12:00~20:00，星期六、日及公眾假期 11:00~20:00，逢星期三休息	出租格仔箱店，主售各種動漫精品，也有 AKB48 寫真及 WCCF 等遊戲對戰卡	www.collectors-mart.jp
	コレクタートイボックス・バウワウ	12:40~19:40，逢星期二及每月第三個星期三休息	出租格仔箱店，以昭和時期玩具為主，是尋寶的好地方	—
	鉄道模型の BIGYARD	星期一至五 12:00~20:00，星期六 11:00~20:00，星期日及公眾假期 11:00~19:30	主售鐵道模型及相關配件	www.e-2ndstage.com
	DISC FIVE	12:00~20:30，逢星期三休息	出售 DVD 及 Blu-ray 影碟為主，電影或動畫一應俱全	—
	ハビコロ玩具　カードショップ 買賊王	12:00~20:00	網店ハビコロ玩具於中野專售對戰卡的分店	http://havikorotoy.net/store-info-nakano
	BAMBOOL	12:00~20:00	One Piece 及 Jojo 奇妙冒險等精品的專賣店	https://ameblo.jp/bambool
	ぴゅあコレ	11:00~20:00	成人向的 Cosplay 與玩具專賣店	—
	フットリフレ なかの	12:00~20:00，逢星期三休息	除了咖啡廳，原來還有提供腳底按摩的女僕店！	www.footrefle.com/refle.html
	まんだらけ 2F 各館	12:00~20:00	詳見まんだらけ中野 (P.96) 介紹	http://mandarake.co.jp/shop/nkn
	merry-go-round toy store	13:00~20:00	以 Jump 系及男性向 Figure 為主，同時也有 figma 及 ROBOT 魂等系列精品	—
	モデルショップ ポッポ屋	12:00~20:00，逢星期三休息	出售 KATO、TOMIX 等品牌的鐵道模型，新品中古品皆備	—
	らしんばん 2F 各館	11:00~20:00	詳見らしんばん中野 (P.95) 介紹	www.lashinbang.com/store/nakano
	ROBOT ROBOT 3 号店	12:00~20:00	網店ロボットロボット於中野的分店，3 號店主售魔法少女變身系列及宮崎駿作品等精品	www.robotrobot.com/hub
	中野ヴィンテージモール	星期一至六 12:00~20:00，星期日及公眾假期 12:00~19:00	主售懷舊玩具，如不二家牛奶妹及昭和時代廣告玩具等	—
	HAL ショップ	11:00~20:00	整間店都被扭蛋機包圍的扭蛋專門店	https://twitter.com/hal_shop
	CLEAR	星期二至五 12:00~20:00，星期六、日及公眾假期 11:00~20:00，逢星期三休息	出租格仔箱，店內大部分為手辦模型	http://nakanorentalbox.com
	Animanga Zingaro	12:00~19:00，會因應不同展覽有所不同	由著名插畫網站 pixiv 營運，不定期舉辦動漫相關個展	http://pixiv-zingaro.jp/

樓層		營業時間	店鋪詳情	網頁
3F	アルファヴィル	13:00~19:00，不定休	主售美少女系的遊戲與雜誌，部分為成年向	—
	A-MOJU	13:30~19:30，逢星期三休息	以外國動畫的精品與公仔為主打商品	http://amoju.com
	おもちゃのポニー	11:00~20:00，每月第 2、3 個星期三休息	大部分為毛公仔，還有 Pokémon、Licca 公仔及戰隊玩具等	—
	ガオッチ	12:00~20:00	主售昭和時代的舊玩具，也有不《美少女戰士》及《多啦 A 夢》的精品	—
	トイバーン	11:00~20:00，逢星期三休息	可找到《火影忍者》、聖鬥士系列與 Jump 系的玩具	—
	ハビコロ玩具	11:00~20:00	網店ハビコロ玩具於中野的分店，部分盒蛋可根據款式個別購入	http://havikorotoy.net/store-info-nakano
	PARA BOX 中野ブロードウェイ店	12:00~19:00，逢星期三休息	可自由組合的人型娃娃專賣店，亦有不少娃娃衣服與用品	www.parabox.jp
	まんだらけ 3F 各店	12:00~20:00	詳見まんだらけ中野 (P.96) 介紹	http://mandarake.co.jp/shop/nkn
	リバティ中野 2 号店	11:00~20:00	中野百老匯內的老店，以出售 Figure 及超合金為主	www.liberty-kaitori.com
	ROBOT ROBOT 1 号店	12:00~20:00	網店ロボットロボット於中野的 1 號分店，部分盒蛋可根據款式個別購入	www.robotrobot.com/hub
	ROBOT ROBOT 2 号店	12:00~20:00	網店ロボットロボット於中野的 2 號分店，部分盒蛋可根據款式個別購入	www.robotrobot.com/hub
	ROSEATE	12:30~20:00，逢星期三休息	專售蘿莉及 Gothic 系衣服及飾物	www.roseate.co.jp
	超人墓場 / 墓場の画廊	12:00~20:00	專售《筋肉人》及超人等玩具，店內更不時舉辦展覽	http://hakaba-gallery.jp
4F	まんだらけ 4F 各館	12:00~20:00	詳見まんだらけ中野 (P.96) 介紹	http://mandarake.co.jp/shop/nkn
	まるも商店街	12:00~20:00	Jump 系與《美少女戰士》等的玩具都可在此找到	—
	中野 TRF	星期一至五 12:00~24:55，星期六、日 10:00~24:55	店內設有多部懷舊遊戲機，當中以格鬥遊戲為主打	www.trftrf.com
	アイアイ	13:00~20:00，逢星期三休息	主售汽車模型與 Figure	www.aiaitoy.com
	Final Piece	12:00~20:00，逢星期三休息	出租格仔箱，店內以膠公仔為主，亦有手作或自製飾物	—
	アニメショップ アップルシンフォニー	11:00~19:00	店鋪出售セル画，這些膠片上的每格動作在世上皆為獨一無二，非常珍貴呢！	—
	トイズギャラルホルン	13:00~20:00，逢星期三休息	主要出售美、日的舊玩具，同時亦有不少迪士尼相關精品	—

近代動畫精品中古店 らしんばん中野

Online地圖:
bit.ly/2tEauKl

らしんばん於中野百老匯設有 3 間分店，分別為出售同人誌與男女性向動漫中古精品的アニメ総合館；以 Jump 系及少女系列如《百變小櫻》、《美少女戰士》等為主的グッズ総合館，以及合金玩具為主的 TOY 專門館。

▲らしんばん中野 1 號館。

INFO

地址：東京都中野區中野 5-52-15 中野ブロードウエイ 2F
交通：從 JR 中野站北口步行約 5 分鐘
時間：11:00~20:00
電話：1 號館 [アニメ総合館] 03-5318-4601
2 號館 [グッズ総合館] 03-5318-4601
3 號館 [TOY 専門館] 03-5913-4603
官網：www.lashinbang.com

讓你花多眼亂的 31 間分店
まんだらけ中野店

Online地圖:
bit.ly/2tEauKI

位於中野ブロードウェイ的まんだらけ (Madarake) 中野竟然有超過 30 間分店，其中位於入口處的分店更稱之為「門」！まんだらけ中野店接受海外遊客退稅，每間分店出售的物品都有所不同，若未能一一盡逛的話，就跟着以下的攻略逐一擊破吧！

▲まんだらけ変や店。

INFO
地址：東京都中野區中野 5-52-15 中野ブロードウェイ 1~4F
交通：從 JR 中野站北口步行約 5 分鐘　時間：12:00~20:00
電話：03-3228-0007　官網：http://mandarake.co.jp/shop/nkn

まんだらけ中野店於中野百老匯各樓層店鋪情報：

樓層	分店	店鋪詳情
1F	門	有着各式各樣熱門動漫的精品，説是商店，但更像展示當店熱門貨品
2F	スペシャル 1(SPECIAL 1)	門口的鐵人 28 像為店鋪的吉祥物，以出售懷舊玩具如《超人吉田》、《黃金戰士》等精品
	スペシャル 4(SPECIAL 4)	出售流行動漫精品，如《Lovelive!》、《Fate》系列等 Figure 與一番賞、Good Smile 系列黏土人等
	スペシャル 5(SPECIAL 5)	商鋪正門的白兵已告訴你：這家店以星戰及 Marvel 系列等歐美玩具為主！
	スペシャル 7(SPECIAL 7)	主售獨立藝術家製作的 PVC 模型
	カード館	卡館從卡片遊戲到小時候收藏的《龍珠》、《美少女戰士》萬變卡等都有售
	UFO	以音像產物如原聲 CD、影碟類產品為主
	DEEP 館	男性向同人誌與同人精品都可在此找到
	LIVE 館	女性向同人誌與同人精品
	ギャラクシー (Galaxy)	Galaxy 為遊戲館，從紅白機到 Saturn 等的正版遊戲也有出售
	活動写真館	日語「活動写真」為電影的舊稱，有大量舊日電影海報與精品等
	コスプレ館	Cosplay 館，當然以 Cosplay 服裝與用具為主了！
	大車輪	顧名思義就是車的專門店！
	ミクロ館	館內除了有精巧細小的膠公仔外，還有筋肉人相關的公仔甚至面具出售！
	KAGUYA	KAGUYA 為無人館，門口相當隱閉，內裏出售的主要為年代較久遠的精品，留意無人館真的無人看守，要按店內的呼叫鈴才能召喚店員出現！
	流線型事件	鐵道迷必到的鐵道相關館，就連車站牌與車掌用品都有呢！
	ウインク	以女性三次元偶像系精品為主打，如 AKB48 等相關物品
3F	本店	Mandarake 開店之初以中古漫畫交易為主，本店亦不忘初心，以中古漫畫為主，店內主要出售少年漫畫及輕小説等
	本店 2	本店對面為本店 2，以出售青年漫畫及畫集等為主，店面櫥窗則有不少珍貴的漫畫或電影特典
	インフィニティ (INFINITY)	可找到三次元男性偶像系精品，如 J 家偶像嵐、Kis-My-Ft2 等相關物品
	スペシャル 2(SPECIAL 2)	特攝與機械人迷不容錯過的 SPECIAL 2 館！
	スペシャル 3(SPECIAL 3)	以 Jump 系列及遊戲類 Figure 與精品為主，同時有迪士尼與 LEGO 等產品
	買取処	供客人買取貨品的地方
4F	ぷらすちっく	以女生最愛的公仔如 Blythe、Barbie、Super Dollfie 及美少女變身玩具等作為鎮店之寶
	アニメ館	可買到珍貴的動畫膠片、原畫及劇本等
	海馬	主售有關歷史、科幻及思想等的中古書籍，讓人以為進了古書堂！
	変や	以稻荷神社千本鳥居作為入口的変や，以出售中古懷舊鐵皮玩具為主，據説店鋪的陳列更是由社長本人擔任的呢！
	マニア館	同樣是中古漫畫，但這裏的全是價值不菲的珍貴古本，不少要數十萬日元才能入手！
	スペシャル 6(SPECIAL 6)	同樣是以機械人系列為主，但年代相對較近的作品如高達、EVA 系列等作品都可找到
	こんぺいとう	走進店鋪如走進昭和時代，更有當時的電視劇或糖果相關產品出售
	なんや	不限主題的精品店，也許能找到便宜的心頭好

Part 3.7

沒有離愁別緒　只有買不完的動漫人物之街

東京站

作為交通樞紐的東京站也是動漫迷朝聖之地？當然！在東京站的八重州出口的東京車站一番街內，其中一個區域正是 Tokyo Character Street(東京キャラクターストリート)。你以為 Hello Kitty、懶懶熊之類的才算是 Character 嗎？可別忘了《寵物小精靈》、《超人吉田》及《千與千尋》等動漫人物啊！除此之外不少日本電視台如朝日電視、富士電視台等亦有於此設店，而旗下播放的動畫如《名探偵柯南》、《海賊王》及《排球少年》等的精品當然也不會少！

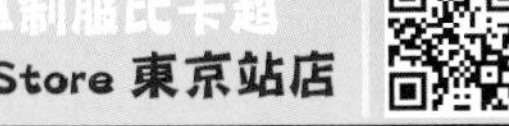

可愛的火車制服比卡超 Pokémon Store 東京站店

Online地圖:
bit.ly/2NzsWgO

Pokémon Store 出售不同種類的 Pokémon 商品，從玩具到文具都一應俱全，位於東京站的 Pokémon Store 雖然不大，卻有穿着東京站火車制服的限定比卡超公仔與精品出售。

INFO
地址：東京都千代田區丸の内 1-9-1 東京駅一番街 B1F
交通：從 JR 東京站八重州出口步行約 2 分鐘
時間：10:00~20:30
電話：03-5224-6121
官網：www.pokemon.co.jp/gp/store/tokyo

廣受大眾歡迎 Jump Shop 東京站店

Online地圖:
bit.ly/2Epy0Qr

出售 Jump 旗下作品的專門店，除《海賊王》、《龍珠》等大作外，一些較冷門的作品如《齊木楠雄的災難》、《宇宙警探》等的精品都可在這找到。另外不少精品更是 Jump Shop 限定，是 Jump 粉絲必到之地！

▶《龍珠》的仙豆為其中一款 Jump Shop 限定商品，吃罷就能跟悟空一樣恢復元氣！

INFO
地址：東京都千代田區丸の内 1-9-1 東京駅一番街 B1F
交通：從 JR 東京站八重州出口步行約 2 分鐘
時間：10:00~20:30
電話：03-3215-0123
官網：www.shonenjump.com/j/jumpshop

▲ Jump Shop 不同分店都會有不同佈置。

特攝始祖 ウルトラマンワールド M78

Online地圖:
bit.ly/2NAWURn

日本可說是超人特攝片的始祖，由《超人吉田》開始，超人被俗稱為鹹蛋超人，現時兩岸三地則統一把超人系列名為奧特曼英雄。東京站的ウルトラマンワールド M78 的 M78 指「M78 星雲」，亦是大部分超人出生的星球。店鋪以出售超人系列的精品與玩具為主，無論日常用品、文具甚至衣服都可在此入手。

▲無論大男生或小男孩，英雄總存在心中。

▶Q版的超人造型可愛，受到女生追捧。

INFO

地址：東京都千代田區丸の内 1-9-1 東京駅一番街 B1F
交通：從 JR 東京站八重州出口步行約 2 分鐘
時間：10:00~20:30
電話：03-3215-0707
官網：https://benelic.com/ultraman_shop

日本第一家商業電視台 日テレ屋

Online地圖:
bit.ly/2Eo6BOX

日テレ屋為日本電視台 (NTV) 的專賣店，電視台播放的動畫包括《麵包超人》、《名探偵柯南》與《雷朋三世》等，店內除了有相關的精品出售外，還設有退稅服務。

◀日本電視台的吉祥物 Nāndarō 正是由動畫大師宮崎駿設計。

INFO

地址：東京都千代田區丸の内 1-9-1 東京駅一番街 B1F
交通：從 JR 東京站八重州出口步行約 2 分鐘
時間：10:00~20:30
電話：03-5980-8658
官網：www.nitteleya.jp

日本五大電視台之一 TBS Store

Online地圖:
bit.ly/2Vr0nF1

TBS 電視台現於東京共有 3 間實體店出售旗下劇集與動畫產品，包括赤坂店、Sky Tree 店與東京站店。而 TBS 播放的動畫包括《排球少年》、《進擊的巨人》與《七大罪》等。

◀看到招牌上的小黑豬 BooBo 就知道來到 TBS 電視台專賣店了！

INFO

地址：東京都千代田區丸の内 1-9-1 東京駅一番街 B1F
交通：從 JR 東京站八重州出口步行約 2 分鐘
時間：10:00~20:30
電話：03-6273-8216
官網：www.tbs.co.jp/tbsshop/yaesu.html

富士電視台專賣店 Fuji TV Shop

Online地圖:
bit.ly/2VFoi46

富士電視台亦於東京駅一番街設有專門店，而旗下的動畫包括《海賊王》、《龍珠》及《櫻桃小丸子》等，都是廣受大眾歡迎的作品。作為富士電視台台柱、破了健力士世界紀錄成為播放時間最長的動畫《海螺小姐》當然也可在店內找到，當中不少更是店鋪限定的商品，非常珍貴。

▲雖然小丸子已播放多年，至今依然大受歡迎。

INFO
地址：東京都千代田區丸の内 1-9-1 東京駅一番街 B1F
交通：從 JR 東京站八重州出口步行約 2 分鐘
時間：10:00~20:30　電話：03-5208-4777
官網：www.fujitv.co.jp/gotofujitv/shopguide/yaesu_renew.html

歷年不衰的名作 どんぐり共和国東京站店

Online地圖:
bit.ly/2Nz1DmE

どんぐり共和国位於東京站的分店，除了有宮崎駿作品如《風之谷》、《魔女宅急便》、《紅豬》等的精品出售外，亦於其他分店一樣會有少量繪本衍生作品，如小熊學校 (The Bears'School) 等的精品也可找到。此外，店鋪亦有為海外遊客提供免稅服務。

INFO
地址：東京都千代田區丸の内 1-9-1 東京駅一番街 B1F
交通：從 JR 東京站八重州出口步行約 2 分鐘
時間：10:00~20:30
電話：03-5222-7871
官網：https://benelic.com/donguri

重拾童趣 NHK Character Shop

Online地圖:
bit.ly/2BVEwy8

NHK 電視播放的動畫大多為兒童向作品，當中許多更是兒時回憶，如《百變小櫻》及《忍者亂太郎》等。而店內當然也少不了 NHK 電視台吉祥物，滿口尖牙的啡色毛怪 Domo 君的各款精品。Domo 君的名字來自日文「どうも」，不但有推出漫畫，更曾於 Game Boy Advance 的遊戲中粉墨登場！

▲隨着《百變小櫻》近期有新連載推出，人氣上升了不少。

INFO
地址：東京都千代田區丸の内 1-9-1 東京駅一番街 B1F
交通：從 JR 東京站八重州出口步行約 2 分鐘
時間：10:00~20:30
電話：03-3217-0608
官網：www.nhk-character.com

Part 3.8 在東京鐵塔下向新世界出發 港區

東京都的港區就是東京灣畔，區內除了有東京最重要地標之一的東京鐵塔外，還有一些值得一去的動漫相關設施，例如設於東京鐵塔內的東京《海賊王》Tower 便是《海賊王》粉絲必定要去朝聖的其中一站！

與草帽海賊團揚帆冒險去 東京《海賊王》Tower

Online地圖:
bit.ly/2UKkG3y

東京《海賊王》Tower 於 2015 年 3 月開幕，為《海賊王》常設的室內體感樂園。整個樂園共有 3 層，以 TONGARI 島作為背景。甫從 3 樓入場即可到 360 度紀錄劇場，重溫草帽海賊團一路而來的冒險回憶片段，再與草帽眾人開派對！ 4 樓設有多項遊樂設施，有布魯克的鬼屋、奈美的賭場等，樂園的真人秀更是由《海賊王》的作者尾田榮一郎親自監修的音樂劇！同時 1 樓設有 2 間餐廳，包括草帽咖啡廳與海賊團御用廚師山治開設的餐館。

▲歡迎來到《海賊王》的世界！

▲觀賞完 360 度劇場後，隨即與草帽小子一伙人開派對！

▲出售限定品的商店。

▲限時 30 分鐘內與魯賓一起尋找古代文字之謎，探索歷史的真面目！

▲芬奇的特製彈珠機，每次可獲得限定的扭蛋，¥500。

▲以 3D 影像與卓洛一起使出必殺技三十六煩惱鳳！

▲園內不時會有特別展覽。

▲路飛、艾斯及薩波三人結成兄弟的場景，非常感動的一幕！

▲園內亦設有不少拍攝點，也可跟不同角色拍照。

▲另一不能錯過的遊戲路飛的無限冒險，而一切都從撒古斯送了自己的草帽給路飛開始。

▲地下亦有大型商店，當中不少為限定精品。

▲跟着故事一路走下去，可再遇已逝的艾斯。

▶山治專為女士們而設的餐廳，當然男士也一樣歡迎！

▲世界唯一的《海賊王》圖書館咖啡廳，除了美食還收藏了超過 600 本以上《海賊王》相關的書籍。

INFO

東京《海賊王》Tower
地址：東京都港區芝公園 4-2-8 東京鐵塔 3~5F
交通：從都營大江戶線赤羽橋站赤羽橋口步行約 5 分鐘；或從都營三田線御成門站 A1 出口步行約 6 分鐘；或從地下鐵日比谷線神谷町站 1 號出口步行約 7 分鐘；或從都營地下鐵大門站 A6 出口步行約 10 分鐘；或從 JR 山手線浜松町站北口步行約 15 分鐘
時間：10:00~22:00
費用：

		成人	13~18 歲青少年	4~12 歲小童
Live & Park Pass(包括入場券與觀賞現場節目)	即日	￥3,200	￥2,700	￥1,600
	網上預售	￥3,000	￥2,600	￥1,500
Park Pass(只限入場)	即日	￥2,200	￥1,700	￥600
	網上預售	￥2,000	￥1,600	￥500

電話：03-5777-5308
官網：https://onepiecetower.tokyo

與來自各地的勇者們乾杯
Dragon Quest Luidas Bar

Luidas Bar(ルイーダの酒場)為勇者鬥惡龍遊戲中的架空酒吧，沒想到 Square Enix 聯同 Pasela 把它具現化成一間真正的酒吧！酒吧以旅人的休息站為概念，因此全為立席，若使用人數太多時會實行 90 分鐘用餐時限，亦可先從網站預約時間入席。餐點與飲品以環繞遊戲角色為主，價錢更以 Gold(G) 來表示，作為出行的勇者不妨先來這裏小酌一杯再繼續旅程！

▶史萊姆造型的肉包，每個 350G，即￥350 是也！

▲遊戲內有エルフののみぐすり，即精靈之藥，能回復所有 MP，可惜不會魔法，喝完作用不大(笑)！每客 520G(￥520)。

▲剛進去便看到勇者之劍了！

▲店內的燈為油燈造型，冒險中旅程的氣氛再添一層。

▶勇者的休息站 Luidas Bar。

▲每位勇者可獲得限定杯墊一個，參考完餐牌把要點的餐點寫在紙上再交給店員便可。

INFO

地址：東京都港區六本木 5-16-3
交通：從地下鐵六本木站 3 號出口步行約 3 分鐘；或從南北線六本木一丁目站 1 號出口步行約 5 分鐘
時間：14:00~22:15，星期六、日及公眾假期 12:00~22:15
電話：0120-610-372
官網：www.paselaresorts.com/collaboration/luidas_bar

英雄立入禁止！怪獸酒場新橋蒸溜所

Online地圖：goo.gl/bc1u9J

特攝片集內屢戰屢敗的怪獸們日常也承受着不少壓力，下班 (?) 後都會聚集在地球暢飲一番，因此以怪獸作為主場的怪獸酒場就開始營運了！現時日本設有 2 間怪獸酒場，分別為川崎店及交通更為方便的新橋店。新橋店的裝潢猶如身處地下洞窟中，店鋪正中間為製作蒸餾酒的蒸餾釜。飲品以酒類為主，最近亦推出了連同紀念杯的套裝飲品，印有怪獸代表圖案的玻璃杯可取回家留念 (每套 ￥2,052)，另外當然還有店內限定的各款怪獸精品了！

◀猶如藏在地底的怪獸酒場。

◀酒場內果然大部分都是上班族！

◀入場前職員會要你先把手放進怪獸的口中，以確定你並非地球防衛隊隊員或有變身能力的英雄！測試得知你是「普通人」後方可進場！

▲四處都可看到怪獸的劇照與裝潢。

▲不少精品為餐廳的限定品。

▲飲品則大部分為酒精類飲品，相中的非酒精飲品為以巴魯坦星人為主角的ブルー • スペースシツプ，每杯 ￥600，檸檬也是巴魯坦星人的招牌剪刀手來呢！

▲餐廳預設每人需付餐前小吃的費用，並送有限定水松木杯墊一個。

▲酒場中間可看到巨大的怪獸與釀酒器。

INFO

地址：東京都港區新橋 2 丁目東口地下街 1 号京急ショッピングプラザ・ウィング新橋
交通：從 JR 新橋站汐留口步行至地下街約 2 分鐘
時間：星期一至六 11:00~23:30，星期日及公眾假期 11:00~23:00(最後點餐時間閉店前 1 小時，飲品為閉店前 30 分鐘)
休息：年末年始，個別休息日請參考官網
電話：03-6228-5355
官網：http://kaiju-sakaba.com/shimbashi

Part 3.9 高達立於彩虹橋上 台場

台場除了曾在多部日劇如《戀愛世紀》及《跳躍大搜查線》中出現過外，隨着 1：1 高達先行揭幕與 Gundam Base 開業也讓台場成為東京另一個人氣動漫遊景點。

非一般的室內主題樂園 東京 Joypolis

Online地圖：goo.gl/dsLPBw

東京 Joypolis 為東京都最大的室內主題樂園，部分機動遊戲如逆轉裁判 in Joypolis 與《東京喰種》等均是以動漫及遊戲為主題。場地亦會與不同作品合作舉行活動，曾舉辦的包括《Transformer》、《小松先生》與《B-PROJECT》等。

▶可說是 SEGA 其中一個吉祥物的 Sonic 不時也會出現於樂園內。

▶東京 Joypolis 曾與《小松先生》合作。

▶全天候的室內主題樂園東京 Joypolis。

▲乘上原作內出現過兼實體化的 AE86，重現拓海的飄移技術！

INFO

地址：東京都港區台場 1-6-1 DECKS Tokyo Beach 3~5F
交通：從ゆりかもめ的お台場海浜公園站步行 2 分鐘；或從臨海線東京テレポート站步行約 5 分鐘
時間：10:00~22:00(最後入場時間 21:15)
費用：成人 ¥800，高中、初中及小學生 ¥500
電話：03-5500-1801　官網：http://tokyo-joypolis.com

向 1:1 的高達致敬 Gundam Base 東京

Online地圖：goo.gl/aUEyHc

Gundam Base 東京是以機動戰士高達為主題的綜合設施，除了設有商店與 café 外，2017 年 9 月更換上了 1：1 的 Gundam UC 模型站立於廣場上！每日不同時間都可看到 Unicon 變身的表演，晚上更會配合高達主題曲及投影燈光秀，看了不禁讓人熱血沸騰！

▶台場同樣有 Gundam Café。

▶ RX-0 旁設專賣店，出售限定模型等精品。

▶機身關節之間泛着紅色燈光，如同發動了 NT-D 時一樣！

▲座落於台場的高達由原祖高達 RX-78 改成近年備受歡迎的 RX-0 Unicorn Gundam，白色的機身與先前的設計比較更顯風格。

INFO

地址：東京都江東區青海 1-1-10 Diver City 東京 Plaza 7F　休息：不定休
交通：從百合海鷗號的台場站步行約 5 分鐘；或從臨海線東京テレポート站 B 出口步行約 3 分鐘
時間：10:00~21:00　電話：03-6426-0780　官網：www.gundam-base.net

- Unicon 變身時間：變身 (1 分鐘)：11:00、13:00、15:00、17:00
- 「機動戦士ガンダム UC ペルフエクテイビリテイ」(5 分 7 秒)：19:30、21:00
- 「翔べ！ ガンダム 2017」(2 分 15 秒)：19:00、20:30
- 「機動戦士ガンダム UC SPECIAL MOVIE Ver.2.0 "Cage" Sawano Hiroyuki [nZk]: Tielle」(3 分 35 秒)：20:00、21:30

Part 3.10

與亞城木夢叶一起追夢去

神保町

神保町可說是古書的聖地，原來不少漫畫出版社也位於此處，當中包括漫畫界龍頭集英社、小學館、文藝社等，其中集英社更設有 Gallery 免費開放予遊客參觀。

動漫用語小知識

亞城木夢叶

亞城木夢叶是《爆漫（BAKUMAN）》裏的兩個角色真城最高和高木秋人在《周刊少年 JUMP》上合作連載時的筆名。

（文字：IKiC）

經典漫畫誕生地 集英社 Gallery

Online地圖:
bit.ly/2Y370hR

還記得《爆漫》中拿着手稿來到集英社的秋人與最高嗎？集英社的總部就位於神保町，而地下更設有集英社 Gallery 免費開放予遊客參觀。集英社 Galley 雖然面積不大，內裏卻展示了集英社旗下作品的複製原畫及精品等，主題亦會定時更換。來這裏除了參觀 Gallery，更大原因是來集英社朝聖也不為過！

▲面積不大的集英社 Gallery。

▲當然少不了複製原畫。

▲《海賊王》的剪報與商品。

INFO

地址：東京都千代田區神田神保町 3-13 神保町 3 丁目ビル 1F
交通：從地下鐵神保町站 A1 出口步行約 1 分鐘；或從 JR 水道橋站步行約 7 分鐘
時間：星期一至五 09:30~17:30
休息：星期六、日及公眾假期、8 月 8 日及年末年始
費用：免費入場
官網：www.shueisha.co.jp/museum

Part 3.11
宮崎駿的夢幻世界
三鷹市

提起三鷹市會讓人想起曾於此處居住過的當代文豪如太宰治、山本有三等，但這裏最有名的莫過於以展出宮崎駿作品為主的三鷹之森吉卜力美術館，在綠意盎然的景色下更能表現一代動畫大師於作品中帶出的環保與愛護自然訊息。

以心去觀賞的美術館
三鷹之森吉卜力美術館

Online地圖:
bit.ly/2lUV6U0

三鷹之森吉卜力美術館於 2001 年開館，亦是目前日本唯一以宮崎駿作品為主題的美術館。美術館設有入場時限，並使用預約制，遊客需事先購票，遇上換新展覽時更是一票難求。館內設有兩大展示室，分別是以經典作品解釋動畫原理的常設展示室，及約 1 年便會更換一次主題的企畫展示室；映像展示室土星座則會定期播放不同的動畫。美術館的室內範圍雖不能拍照，但室外部分卻不受此限，在天台可找到天空之城內的機械人兵與巨大飛行石。美術館另外設有餐廳麦わらぼうし，部分食物更曾於動畫作品內出現過呢！

▶前往三鷹之森吉卜力美術館的專用巴士。

▲帶點寂寞的機械人兵。

▲美術館就像宮崎駿動畫中的建築物。

▲巴士站牌也可找到龍貓。

▲在室外的盤栽中，可找到宮崎駿動畫中的交通工具或建築。

▲餐廳麦わらぼうし的餐牌為飛天紅豬俠的主角阿 Lam。

▲《天空之城》中的巨大飛行石。

▶餐廳均使用印有龍貓的餐具。

INFO

三鷹之森吉卜力美術館

地址：東京都三鷹市下連雀 1-1-83(井の頭恩賜公園內)
交通：從 JR 三鷹站南口步行約 18 分鐘；或乘搭コミュニティ巴士下車即達，車程約 5 分鐘
時間：10:00~18:00，分段入場時間 10:00、12:00、14:00、16:00，需於入場時間開始 30 分鐘內入場；餐廳營業時間為 11:00~18:00
休息：星期二 (若遇假日則照常開放)、年末年始，更換展覽及整修期間休館時間請參考官網
費用：成人或大學生 ¥1,000，高中生或中學生 ¥700，小學生 ¥400，4 歲或以上小童 ¥100
電話：0570-055-777　官網：www.ghibli-museum.jp

來一杯動漫 Gratte
Animate 吉祥寺店

Online地圖:
goo.gl/dvCM6R

Animate 吉祥寺店位於吉祥寺 PARCO 內，店內更設有 Animate Cafe Gratte，除了可購買飲品外，也有 Animate Cafe 的商品出售。

▲ Animate Cafe Gratte 區域。

▲位於 PARCO 內的 Animate 吉祥寺店。

INFO

地址：東京都武蔵野市吉祥寺本町 1-5-1 吉祥寺 PARCO 7F
交通：從 JR 吉祥寺站北口步行約 5 分鐘
時間：10:00~21:00，Animate Cafe Gratte 11:00~20:30(最後點餐時間 20:15)
電話：0422-22-5059
官網：www.animate.co.jp/shop/kichijoji

Part 3.12

追蹤多啦A夢的足跡
神奈川縣 川崎市

川崎市位於神奈川縣東北部，毗連東京都。川崎市原先為重工業重鎮之一，近年之所以會被動漫迷所認識，全憑於2011年開放的藤子 • F • 不二雄博物館。藤子 • F • 不二雄老師的出身雖為高岡市，但其後移居至川崎市，老師的太太便與川崎市及藤子 • F • 不二雄製作公司共同企劃，建成了以老師作品為中心的博物館。

室外實景 CURAS 川崎店

Online地圖: goo.gl/VA2JQE

CURAS 川崎店是 Hacostadium 5 間分店中唯一設有室外場景的店鋪，設於商場外的 3 處指定地區，讓拍出來的相片更有真實感。室內場景則特設水攝影與煙霧攝影空間，兩者均需額外收費，但可拍攝到下雨及煙幕等場景，實屬非常難得的體驗！川崎店與池袋店一樣，每月的第一及第三個星期四設有免費攝影師服務，留意免費拍照時間同樣為 45 分鐘。

▲ CURAS 川崎店位於 LA CITTADELLA 的商場區域內，除了特定地區外，部分日子連商場的主要建築部分也可讓 Cosplayer 盡情拍照。

▲部分場景為背景板，採用近攝可拍出最佳效果。

（相片由 Curas Studio 提供）

◀黑色廢墟加上鎖鏈的場景。

▶配合水花，可拍出極具動感的照片。

INFO

地址：神奈川縣川崎市川崎區小川町 4-1 ラ チツタデツラ内マツジヨーレ B1F
交通：從 JR 川崎站東口步行約 5 分鐘
時間：10:00~20:30
費用：

	使用時間	星期一至五	星期六、日及公眾假期
1 日券 (1day チケツト)	10:00~20:30	¥3,300	¥4,300
Fast Ticket(フアストチケツト)	10:00~16:00	¥2,300	¥3,300
Late Ticket(レイトチケツト)	14:30~20:30	¥2,300	¥3,300

電話：044-276-8910
官網：http://hacostadium.com/curas

透過隨意門通往漫畫世界
藤子・F・不二雄博物館

Online地圖:
goo.gl/yMDGMr

漫畫家藤子·F·不二雄筆下的多啦A夢可説是家傳戶曉的角色，位於川崎的藤子·F·不二雄博物館除了可找到多啦A夢與大雄等一眾老朋友外，大師的其他作品如《神奇小子》、《奇天烈大百科》等的人物也一同粉墨登場，同時博物館的室外空間更重現了多啦A夢劇中的空地呢！而博物館不時會舉行企畫展，餐廳與商店亦會推出期間限定的菜單與精品。

◀前往博物館的巴士。

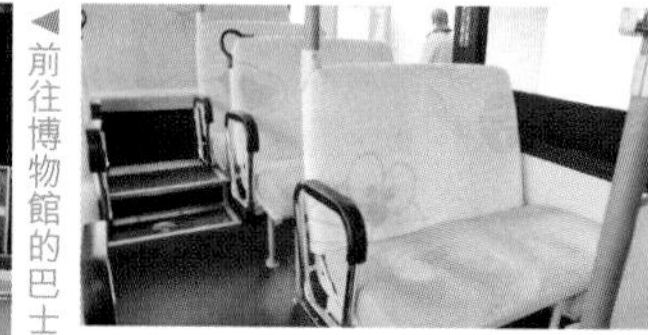

▲巴士上的座位也可找到多啦A夢。

◀多啦A夢第一套大長篇《大雄的恐龍》，劇中大雄與嗶之助建立了深厚的感情。

▲怎能少了多啦A夢內的重要場景——空地呢？

▲除了多啦A夢，老師的另一套作品《神奇小子》同樣備受歡迎。

▲商店出售不少限定精品。

INFO

地址：神奈川縣川崎市多摩區長尾2丁目8番1号
交通：從小田急線向ケ丘遊園站步行約16分鐘；或從JR南武線宿河原站步行約15分鐘
時間：10:00~18:00，分段入場時間10:00、12:00、14:00、16:00，需於入場時間開始30分鐘內入場
休息：星期二及年末年始
費用：(博物館使用預約制，遊客需事先購票)成人或大學生￥1,000，高中生或中學生￥700，4歲或以上小童￥500
電話：0570-055-245　官網：http://fujiko-museum.com/tc

Part 3.13 動漫取景聖地 橫濱市

橫濱市可說是神奈川縣最有名的觀光城市，市內亦不乏動漫連鎖店，如 Animate、Jump Shop、らしんばん等均有在 JR 橫濱站一帶設有分店。而不少遊戲或動漫的舞台背景均以橫濱市作為藍本，如光榮出品的乙女遊戲《金色琴弦》，又或近年大熱的《文豪野犬》等，劇中出現的場景更成為聖地巡遊的熱門據點。

三店並列
Animega 橫濱店 ‧ Rejet Shop 橫濱店 ‧ Animega Cafe 橫濱

Online地圖：goo.gl/5PBssQ

Animega 橫濱店佔地頗大，店內除了出售文教堂限定精品外，同時包括 Animega Cafe 橫濱店與 Reject Shop。Rejet Shop 備有大量旗下作品的 Drama CD 與角色 CD，亦可找到不少限定 Event 襟章。

▲定期更換主題的 Animega Cafe。

▲ Animate 橫濱店。

▲ Rejet Shop 也同樣位於 Animega 橫濱店內。

INFO

地址：神奈川縣横浜市西區南幸 2-15-13 横浜ビブレ 8F
交通：從 JR、相鐵、京急及東急横浜站西口步行約 5 分鐘
時間：11:00~21:00
電話：045-620-0970
官網：www.bunkyodojoy.com/shop/pages/animega_t_yokohamavivre.aspx

橫濱最大型玩具店 Volks 橫濱 Show Room

Online地圖: goo.gl/FwnVpt

Volks 橫濱 Show Room 為橫濱地區最大型的玩具店，店內除了有日本及海外進口的玩具模型外，亦有手辦及模型工具等出售。

▲正門前還展示了高達 UC 的模型。

▲走上樓梯，便到達 Volks 位於橫濱的 Show Room。

INFO
地址：神奈川縣横浜市西區南幸 2-15-13 横浜ビブレ 9F
交通：從 JR、相鐵、京急及東急横浜站西口步行約 5 分鐘
時間：11:00~21:00
電話：045-321-7871
官網：www.volks.co.jp/jp/shop/yokohama_sr

集齊王道動漫作品 Jump Shop 橫濱店

Online地圖: goo.gl/1g8Z2r

Jump Shop 橫濱店的面積比東京站與 Tokyo Dome City 分店為小，然而店家位於橫濱Landmark(ランドマークプラザ)商場內，交通可說是非常方便。店內的漫畫相對較少，以出售集英社旗下作品的精品為主。

▲ Jump Shop 橫濱店正門用上鮮豔的紅色。

▲店內還有以 S 聞名的沖田總悟。

▲不少商品為 Jump Shop 限定的呢！

動漫用語小知識

S與M

S 指的是以作弄、言語攻擊來取得快感的人；而 M 則指透過受苦、苛待自己來得到快感的人。(詳見 P.52)

（文字：IKiC）

INFO
地址：神奈川縣横浜市西區みなとみらい2-2-1 横浜·ランドマークプラザ 2F
交通：從地下鐵桜木町站或みなとみらい站步行約 3 分鐘
時間：11:00~20:00
電話：045-222-5454
官網：www.shonenjump.com/j/jumpshop

更多橫濱市ACG店

らしんばん橫濱店

地址：神奈川縣橫濱市西區南幸 1-5-27 ヨドバシ相鉄　前ビル 2F
交通：從 JR、京急、相鉄、東急東橫線、橫濱市營地下鐵橫濱站西口步行約 3 分鐘
官網：www.lashinbang.com/store/yokohama/

Online地圖:
bit.ly/2IUtfm3

Namco Chara Shop 橫濱店

地址：神奈川縣橫浜市西區南幸 2-15-13 橫浜ビブレ 4F
交通：從 JR、相鐵、京急及東急橫浜站西口步行約 5 分鐘
時間：11:00~21:00
電話：045-620-6098
官網：www.namco.co.jp/game_center/loc/yokohama-vivre

Online地圖:
bit.ly/2VrpAz9

とらのあな (虎之穴) 橫濱店

地址：神奈川縣橫浜市西區南幸 2-8-9 ブライト橫浜 5F
交通：從 JR、相鐵、京急及東急橫浜站西口步行約 8 分鐘
時間：星期一至五 11:00~22:00，星期六、日及公眾假期 10:00~22:00
電話：050-5433-1213
官網：www.toranoana.jp/shop/yokohama

Online地圖:
goo.gl/QRT6qa

Gamers 橫濱店

地址：神奈川縣橫浜市西區南幸 2-16-20 オーチユー橫浜 2~3F
交通：從 JR、相鐵、京急及東急橫浜站西口步行約 8 分鐘
時間：星期一至六 10:30~22:00，
星期日及公眾假期 10:30~20:00
電話：045-317-4321
官網：www.gamers.co.jp/shop/4135

Online地圖:
goo.gl/UUuYah

Melonbooks 橫濱店

地址：神奈川縣橫浜市西區南幸 2-16-20 オーチユー橫浜ビル 5~6F
交通：從 JR、相鐵、京急及東急橫浜站西口步行約 8 分鐘
時間：星期一至六 11:00~22:00，
星期日及公眾假期 11:00~20:00
電話：045-317-7913
官網：www.melonbooks.co.jp/shop/shop.php?wp_id=7

Online地圖:
goo.gl/WneiFK

Part 4

跟着動漫
遊關西

Part 4.1

關西秋葉原 大阪府 日本橋

有大阪秋葉原之稱的日本橋鄰近難波，整條街道上動漫店的數量與秋葉原相比可說是不遑多讓！除了有西日本最大的 Animate 進駐外，還有 K-books、らしんばん等動漫熱店，同時全日本只有 3 間實體店的壽屋也可在此找到！

西日本最大分店 Animate 日本橋店

Online地圖:
goo.gl/sPoaL9

Animate 日本橋店為西日本最大的 Animate 分店，1 樓主售漫畫與雜誌類的書籍，2 樓則以動漫角色精品為主，專售 Cosplay 服裝與用品的 ACOS 日本橋店亦同時位於店內。

INFO

地址：大阪府大阪市浪速區日本橋西 1-1-3 アニメイトビル 1~2F
交通：從南海電鐵難波站東口步行約 7 分鐘
時間：10:00~21:00
電話：06-6636-0628
官網：www.animate.co.jp/shop/nipponbashi

限定珍品集中地 K-books 難波店 なんば壱番館

Online地圖:
goo.gl/uUQ7tU

K-books 難波店共有 3 層，1 樓主售遊戲及歷史系等動漫精品，2 樓則以中古一般向及少年誌作品為主，而 3 樓則主售中古女性向同人誌及精品。

INFO

地址：大阪府大阪市浪速區日本橋 4-10-4 日本橋太平ビル
交通：從南海電鐵難波站東口步行約 5 分鐘
時間：12:00~20:00
電話：06-4396-8981
官網：www.k-books.co.jp/company/shop/namba-1.html

壽屋唯三分店 壽屋日本橋店

Online地圖:
goo.gl/Ly9F1x

壽屋位於日本橋的分店共有 4 層，1 樓主售《Monster Hunter》、MARVEL 系列等玩具；2 樓主售壽屋 ES 系列及 ARTFX-J 系列手辦，同時亦有偶像系動漫精品及痛包用品出售，也可找到《Fate / Grand Order》及京都動漫相關精品；3 樓是活動及展覽專區；4 樓則為 azone 人形公仔專區。另外，海外遊客可享免税服務。

▶店內不時有壽屋限定的精品出售，如這套 ARTFX-J 系列《進擊的巨人》手辦公仔。

INFO

地址：大阪府大阪市浪速區日本橋 4-15-18
交通：從南海電鐵難波站東口步行約 5 分鐘
時間：11:00~20:00
電話：06-6630-1280
官網：www.kotobukiya.co.jp/store/nipponbashi

▲ 2 樓偶像系區又怎少得了《歌之王子殿下》？不少精品亦是壽屋限定。

▲壽屋位於日本橋的分店。

划算挖寶地 明輝堂難波店

Online地圖:
goo.gl/3QtZH4

出售中古同人誌及動漫精品的店鋪，以女性向動漫為主。雖然店內的精品種類與數量比不上らしんばん與 K-books 等中古專賣店，但部分精品的價錢非常划算，可説是另類的挖寶好去處。

INFO

地址：大阪府大阪市浪速區難波中 2-3-20 1F
交通：從南海電鐵難波站東口步行約 3 分鐘
時間：星期一至五 11:30~19:30，星期六、日及公眾假期 10:30~19:30
電話：06-6630-2444　官網：www.meikido.com

同人誌寶庫 とらのあな難波店

難波店B Online地圖:
goo.gl/ijNahn

とらのあな (虎之穴) 於難波設有 2 間分店：難波店 A 以一般向及成年向同人誌為主，而難波店 B 的 1 樓有 CD 及角色精品等，2 樓則主打女性向同人誌作品。

INFO

	難波店 A	難波店 B
地址	大阪府大阪市浪速區日本橋 3-8-16 安田ビル 2~3F	大阪府大阪市浪速區日本橋 3-7-6 日本橋無線ビル 1~ 2F
交通	從南海電鐵難波站東口步行約 6 分鐘	
時間	星期一至五 11:00~21:00，星期六、日及公眾假期 10:00~21:00	
電話	0570-031-400	
官網	www.toranoana.jp/shop/nanba	

日本橋 | 天王寺 | 梅田 | Expocity | 京都、宇治 | 神戶市 | 寶塚市

今天要來試 Cosplay 嗎？ Gee Store 大阪店

Online地圖:
goo.gl/g2fswt

以出售 Cospa 旗下精品及 Cosplay 服裝的專賣店。位於難波的分店共有 2 層，可說是較為大型的 Cospa 分店，當中 Cosplay 商品集中在 2 樓區域，1 樓亦有不少其他動漫精品出售。

INFO

地址：大阪市中央区難波千日前 7-7
交通：從南海電鐵難波站東口步行約 2 分鐘
時間：11:00~20:00
電話：06-6630-7655
官網：www.cospa.com/special/shoplist/list/osaka.html

8 層大樓 Volks 大阪 Show Room

Online地圖:
goo.gl/f1th9c

高達 8 層樓的 Volks 大阪 Show Room 齊備各種動漫精品與模型用具，當中包括飛機、戰艦、特攝及機械人等的模型。7 樓則為專售 Super Dollfie 的天使のすみか，而 1 樓亦設有出租格仔箱出售不同的中古玩具。

動漫用語小知識

Super Dollfie

Super Dollfie(SD 娃娃）是由 Volks 公司開發的球形關節可動人形娃娃。（詳見 P.53）

（文字：IKiC）

INFO

地址：大阪府大阪市浪速區日本橋 4-9-18
交通：從南海電鐵難波站東口步行約 8 分鐘
時間：11:00~20:00
電話：06-6634-8155
官網：www.volks.co.jp/jp/shop/osak a_sr

懷舊玩具尋寶處 まんだらけ グランドカオス店

Online地圖:
goo.gl/gpZK5k

樓高 4 層的まんだらけ グランドカオス店出售中古及較舊年代的玩具為主，例如特攝類與不同年代的機械人模型，甚至已絕版的玩具也有機會在此找到。另外也有各年代的電視遊戲，任天堂的紅白機、超級任天堂的主機與遊戲等亦一應俱全，同時有同人誌及 Cosplay 服裝出售。

INFO

地址：大阪府大阪市中央區西心斎橋 2-9-22
交通：從地下鐵心斎橋站 7 號出口步行約 5 分鐘
時間：12:00~20:00
電話：06-6212-0771
官網：http://mandarake.co.jp/shop/gcs

往沙之都ウルダハ去！
Final Fantasy EORZEA Cafe in OSAKA

Online地圖：
goo.gl/BzQGaJ

以 Final Fantasy EORZEA 作為主題的大阪分店，同樣由 Pasela 營運。大阪店較秋葉原店大，同樣採預約制。店內同時設有 PS4 供現場試玩，而大阪店亦設有限定餐牌，供應 EORZEA 遊戲中出現過的食物山の幸串焼き等。

▲錬金術士のクラフドレシピポーシヨン，有回復體力的效能，每瓶600G，即￥600是也！

▲イゼルのシチユー，由讀者提議並被採納的菜單，冒險中既易煮食又有營養的餐點，每客 880G(￥880)。

▲大阪店的正門已充滿冒險氣氛，門前的告示更稱：「給光之戰士們，推開大門便會進入沙之都ウルダハ！」

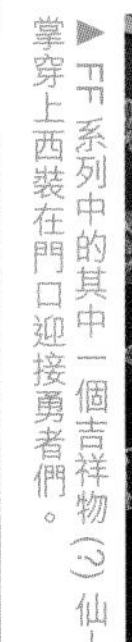

▶FF系列中的其中一個吉祥物(?)仙人掌穿上西裝在門口迎接勇者們。

▶以 FF14 內其一角色作為藍本的ココロボックルケーキ•植物園風甜品，每客 680G(￥680)，非常可愛！

▶要出發去冒險又怎少得肉類？食物山の幸串焼き，每客 730G(￥730)。

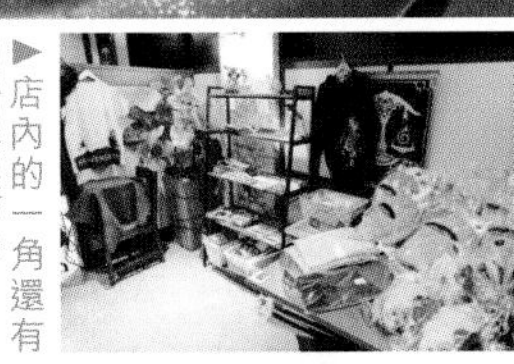

▶店內的一角還有出售限定精品。

▲餐廳中的座席與裝潢都很有中古世紀的氣氛，劍盔等的裝飾亦是餐廳另一大賣點。

TIPS

客人可透過Lawson網頁預約：http://l-tike.com/event/mevent/?mid=197429。

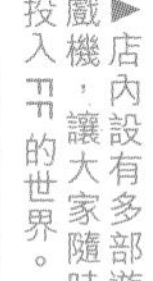

▶店內設有多部遊戲機，讓大家隨時投入 FF 的世界。

INFO

地址：大阪府大阪市中央區道頓堀 1-4-27 Pasela Resort 難波道頓堀店 4F
交通：從地下鐵なんば站 Namba Walk B26 出口步行約 5 分鐘
時間：11:30~22:00，分成 4 節：11:30~13:30，14:00~16:00，16:30~18:30，19:00~22:00，遲到 15 分鐘以上將不予受理
費用：如透過 Lawson 網頁或便利店內 Loppi 預約每位 ￥1,000，包括特典杯墊一個與飲品一杯
電話：0120-738-759
官網：www.pasela.co.jp/paselabo_shop/ff_eorzea

▲餐廳的餐檯墊為 EORZEA 的海報。

桌遊愛好者必到 Yellow Submarine 難波店

Yellow Submarineなんば店Online地圖：bit.ly/2Exz3xS

Yellow Submarine 於難波設有 3 間分店，每間分店主要售賣產品分類各有不同，なんば店樓高 2 層，主售 TCG 與桌遊相關產品；而旁邊的なんば GAME SHOP 則樓高 3 層，2~3 樓出售 AKB48 等偶像照片及高達模型等，1 樓則主售自家出品的模型用具、遊戲相關食物玩具 (食玩) 及艦娘卡片遊戲等；なんば 3 号店同樣樓高 2 層，主要出售遊戲王、WCCF 等卡片遊戲。

▲ Yellow Submarine なんば 3 号店。

動漫用語小知識

艦娘

艦娘指戰艦擬人化後的形象，出自遊戲《艦隊 Collection —艦 Colle —》。(詳見 P.52)

(文字：IKiC)

INFO

	なんば店	なんば GAME SHOP	なんば 3 号店
地址	大阪府大阪市浪速區日本橋 3-8-23	大阪府大阪市浪速區日本橋 3-8-22	大阪府大阪市浪速區難波中 2-1-3 川合ビル
交通	從南海電鐵難波站東口步行約 6 分鐘		從南海電鐵難波站東口步行約 5 分鐘
時間	11:00~20:00		
電話	06-6635-4662	06-6635-4664	06-6635-2101
官網	www.yellowsubmarine.co.jp/shop/shop-028.htm	www.yellowsubmarine.co.jp/shop/shop-026.htm	www.yellowsubmarine.co.jp/shop/shop-063.htm

IDOLM@STER 專賣店 Namco Chara Store 日本橋店

Online地圖：goo.gl/PTm5XT

Namco Chara Store 日本橋店就在 Namco 大阪日本橋店 1 樓，除了有不同動漫為主題的特設店外，還有常駐的 Idol Master 專賣店，店內更不時有限定精品推出！

▶ Namco 大阪日本橋店。

◀ 常駐的 Idol Master 專賣店。

▶ Idol Master 內聲演二階堂千鶴的野村香菜子的簽名板！

▲經常會轉換主題的 Chara Store。

INFO

地址：大阪府大阪市浪速區難波中 2-1-17 コスモビル 1~3F
交通：從南海電鐵難波站東口步行約 4 分鐘
時間：09:00~21:00
電話：06-7656-3885
官網：www.namco.co.jp/game_center/loc/nipponbashi

可愛萌女僕 Maid Cafe Maidreamin

Maid Cafeなんば店Online地圖:
bit.ly/2GY0RiL

Maid Cafe Maidreamin 於大阪亦設有 2 間分店，分別為なんば店與日本橋オタロード店。當中なんば店設有舞台，不時會舉辦 Live 等活動。分店不時會舉辦女僕生日慶祝會與情人節等特別活動，到訪前可先往官網 Event 情報 (イベント情報) 預先計劃行程。

▲可舉辦 Live 的なんば店，天花的磚頭燈讓人想起超級瑪利歐的場景。

▲日本橋オタロード店的裝潢讓人感覺親切。

▲客人可戴上貓耳，與女僕們比拼一下誰人較萌？

▶就連芭菲也格外可愛，每客￥770。

INFO

	なんば店	日本橋オタロード店
地址	大阪府大阪市浪速區難波中 2-2-21 難波パレビル 3F	大阪府大阪市浪速區日本橋 4-16-15
交通	從南海電鐵難波站東口步行約 1 分鐘	從南海電鐵難波站東口步行約 5 分鐘
時間	星期一至五 12:00~23:00，星期六、星期日及公眾假期 10:30~23:00	星期一至五 11:30~23:00，星期六、日及公眾假期 10:30~23:00
費用	每小時每位 ￥500，額外點餐或飲品需另加 ￥500	
電話	06-6646-1550	06-6586-6162
官網	https://maidreamin.com	

(相片由 Maidreamin 提供)

更多日本橋 ACG 店鋪

らしんばん日本橋店

地址：大阪府大阪市浪速區日本橋西 1-1-3 アニメイトビル 3F
交通：從南海電鐵難波站東口步行約 7 分鐘
時間：10:00~21:00
電話：06-6630-8078
官網：www.lashinbang.com/store/osaka_nipponbashi

Online地圖:
goo.gl/NUEHNJ

Melonbooks 日本橋店

地址：大阪府大阪市浪速區日本橋西 1-1-3 アニメイトビル 4F
交通：從南海電鐵難波站東口步行約 7 分鐘
時間：星期一至五 11:00~21:00，星期六日或假期 10:00~21:00
電話：06-6643-8588
官網：www.melonbooks.co.jp/shop/shop.php?wp_id=17

Online地圖:
goo.gl/PmzHts

Gamers 難波店

地址：大阪府大阪市浪速區日本橋 3-8-16
交通：從南海電鐵難波站東口步行約 5 分鐘
時間：星期一至四 10:30~20:00，
星期五至日及公眾假期 10:00~20:00
電話：06-6630-0404
官網：www.gamers.co.jp/shop/4182

Online地圖:
goo.gl/oevpke

Part 4.2

大阪東面動漫激戰區

天王寺

天王寺同樣擁有多間動漫店，如 Animate 及らしんばん等，而關西地區唯一的《海賊王》專門店亦在此。

來看「托拉男」1:1 像《海賊王》專門店天王寺店

Online地圖: bit.ly/2ElzJC7

位於大阪天王寺的《海賊王 (One Piece)》專門店，是關西地區唯一的《海賊王》專門店，店內售有關西地區的限定商品。不同的《海賊王》專門店都會設置不同角色的 1：1 像，大阪店坐陣的正是前王下七武海之一的羅！

◀專屬關西地區的《海賊王》專門店。

▲店內展示了複製原畫。

◀坐陣大阪店的等身像——前王下七武海之一的羅！

◀店鋪限定的商品。

INFO

地址：大阪府大阪市阿倍野區阿倍野筋 1-6-1 あべのキューズモール 3F
交通：從地下鐵天王寺站 12 號出口步行約 2 分鐘；或從地下鐵阿倍野站 2 號出口步行約 1 分鐘；或從 JR 天王寺站南口步行約 3 分鐘；或從南大阪線大阪阿部野橋站西改札步行約 3 分鐘；或從上町線天王寺駅前站步行約 2 分鐘
時間：10:00~21:00　電話：06-4393-8441
官網：www.mugiwara-store.com/store

關西地區分店 Hacostadium 大阪店

Online地圖:
goo.gl/mXkxte

Hacostadium 大阪店就在地下鐵大国町站 3 號出口側，6 層內設有多達 35 種場景，更是關西地區最大型的 Cosplay 影樓。店內除了設有 Cosplay 用品專門店外，更有 Cafe，入場人士於 6 樓登記後即可入場。同時大阪店亦提供了大量小道具予 Cosplayer 使用，例如手銬、棒球棍甚至死神的鐮刀等！

►荒廢的城堡，下雪的景色，光是這場景已讓人在腦中編好整個故事了！

▲歌德式飯廳背景，把相片顏色調至懷舊色調，別有一番風味。

▲要飾演動漫內的日常，第一時間想到的當然是日式家居加被爐了！

INFO

地址：大阪府大阪市浪速區敷津東 3-11-10 AKI 難波ビル
交通：從地下鐵大国町站 3 號出口即達
時間：10:00~20:00　電話：06-6537-9519
費用：

	使用時間	當日券	前賣券
星期一至五	11:00~20:00	¥3,100	¥2,600
	16:00~20:00	¥2,100	¥1,600
星期六、日及公眾假期	10:00~20:00	¥4,100	¥3,600
	10:00~15:00/ 14:00~20:00	¥2,600	¥2,100

官網：http://hacostadium.com/osaka

(相片由 Hacostadium 提供)

▲對海外的 Cosplayer 來說大型道具最難帶往日本，來這裏就可借用巨型的武器來盡情拍照啦！

更多天王寺 ACG 店鋪

Animate 天王寺店

地址：大阪府大阪市阿倍野區阿倍野筋 1-4-7 G ビル阿倍野 01 3F
交通：從 JR 天王寺站南口或地下鐵天王寺站 1 號出口、近鐵大阪阿部野橋站西東口或阪堺電軌上町線天王寺駅前站，通過環狀行人天橋步行約 3 分鐘
時間：10:00~21:00
電話：06-6643-5818
官網：www.animate.co.jp/shop/tennoji

▲店內不時會舉辦 Only Shop，更會展出人形看板與劇照。

▲ Animate 天王寺店。

Online地圖:
bit.ly/2EKkuIE

Animate Cafe 天王寺店

地址：大阪府大阪市阿倍野區阿倍野筋 1-4-7 G ビル阿倍野 01 4F
交通：見 Animate 天王寺店交通
時間：11:00~21:30
電話：06-6630-8121
官網：https://cafe.animate.co.jp/shop/tennoji

►店內貼滿主題的人物，當然還有看板供拍照使用。

Online地圖:
bit.ly/2GZEgSJ

らしんばん天王寺店

地址：大阪府大阪市阿倍野區阿倍野筋 1-4-7 G ビル阿倍野 01 4F
交通：見 Animate 天王寺店交通
時間：11:00~21:00　電話：06-6630-9666
官網：www.lashinbang.com/store/tennouji

Online地圖:
bit.ly/2SCS7QI

Part 4.3

四通八達通往動漫世界

梅田

梅田區鄰近 JR 大阪站與集中多條鐵路線的梅田站，可説是大阪市的交通中心樞紐。而在梅田區周邊，亦藏有不少動漫連鎖店如 Animate 梅田店、Animega 梅田店與まんだらけ梅田店等，足可讓你在此消磨大半天時間！

期間限定活動 Pokémon Centre 大阪店

Online地圖：bit.ly/2DMt6hc

Pokémon Centre 大阪店位於 JR 大阪站旁的大丸百貨內，除了可買到 Pokémon 相關的玩具與精品外，亦設有遊戲機讓人對戰。另外大阪分店不時亦會舉行特別活動，例如遊戲強化包的發售紀念等，當日更可即場參加對戰比賽贏取限定獎品！

▲可愛的比卡超，即使大人也對牠愛不釋手。

◀店內有不少限定產品。

INFO

地址：大阪府大阪市北區梅田 3-1-1 大丸梅田店 13F
交通：從 JR 大阪站中央改札口步行約 5 分鐘
時間：10:00~20:00
電話：06-6346-6002
官網：www.pokemon.co.jp/gp/pokecen/osaka

中古貨品包羅萬有 まんだらけ梅田店

Online地圖：bit.ly/2GWY4Fa

まんだらけ梅田店樓高兩層，跟其他分店一樣有大量中古產品出售，以二手同人誌、漫畫為主，另外亦有各年代的電子遊戲及唱片，以及中古的玩具和 Cosplay 服裝出售，簡直是包羅萬有。值得一提的是，梅田店 2 樓更設有舞台，逛店時也許能碰上表演呢！

◀位於商店街的まんだらけ梅田店。

◀店內還可找到《銀河鐵路 999》的女主角美達露。

INFO

地址：大阪府大阪市北區堂山町 9-28
交通：從地下鐵梅田站 M6 出口步行約 2 分鐘
時間：12:00~20:00
電話：06-6363-7777
官網：www.mandarake.co.jp/dir/umd

最長玻璃牆看板 Animate 梅田店

Online地圖:
bit.ly/2PI9n6R

Animate 梅田店分成2間店鋪：一間以出售精品為主，另一邊則主打影碟、CD及2.5次元相關物品。梅田店的另一特點為門口的巨大玻璃牆，牆上會不定期換上當時最熱門的動漫話題作或新番看板，亦是各位打卡的最佳熱點！

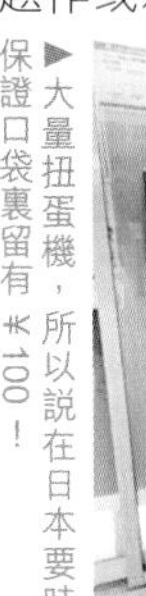
▶大量扭蛋機，所以説在日本要時刻保證口袋裏留有￥100！

▲位於圓拱型廣場下方的 Animate 梅田店，初次來的朋友小心別錯過。

▲以出售影音類為主的 Animate 梅田店。

INFO
地址：大阪府大阪市北區中崎西 2-4-12 梅田センタービル B1
交通：從阪急梅田站阪急三番街出口步行約 4 分鐘
時間：10:00~20:00　電話：06-6292-4601
官網：www.animate.co.jp/shop/umeda

《黑執事》複製原畫展示 Animega 梅田店・Rejet Shop 梅田店

Online地圖:
bit.ly/2V9no3H

位於 Loft 內的 Animega 梅田店，是大阪第一家 Animega 分店。除了有文教堂限定的動漫產品出售外，無論當季新番的精品或一下較為久遠的作品精品都有出售。Rejet Shop 梅田店亦同時位於店家內，作為 Rejet Shop 第二號分店，內有大量 Rejet 旗下作品如《Diabolik Lovers》與《劍君》等的 Drama CD 與角色 CD 等。

▶玻璃櫃內展示了《黑執事》的複製原畫，而且更可拍照！

▲規模頗大的 Animega 梅田店。

▲ Rejet Shop 梅田店亦位於店內。

INFO
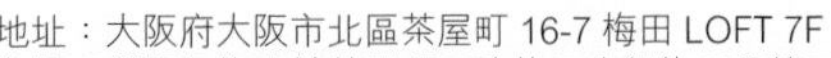
地址：大阪府大阪市北區茶屋町 16-7 梅田 LOFT 7F
交通：從阪急梅田站茶屋町口改札口步行約 7 分鐘
時間：11:00~21:00
電話：06-4256-6114
官網：www.bunkyodojoy.com/shop/pages/animega_t_umedaloft.aspx

Part 4.4 日本最大型複合商業設施 Expocity

Expocity 是現時日本規模最大的大型複合商業設施，整個設施除了包括萬博紀念公園外，亦包括 2015 年開業的 Lalaport Expocity，內裏有 Nifrel 水族館，更可找到大阪唯一的 Gundam Square。

「健次，一起玩吧！」萬博紀念公園

Online地圖: goo.gl/Tu69G6

萬博紀念公園是利用 1970 年日本舉行世博展覽會會場改建的一座大型公園，不少動漫迷看到公園內的太陽之塔會感到非常熟悉，只因由浦澤直樹創作的漫畫《20 世紀少年》中，代表友民黨的朋友之塔正是以它作為藍本。《20 世紀少年》除了獲得多項漫畫大賞外，2008 年更被改篇成電影，並分成三集上映，電影上映時更曾將太陽之塔改成朋友之塔的外貌作宣傳之用呢！

◀具有獨特外觀的太陽之塔由日本一代藝術家岡本太郎設計。

INFO
地址：大阪府吹田市千里万博公園 1-1
交通：從モノレール万博記念公園站步行約 2 分鐘
時間：09:30~17:00(最後入場時間 16:30)
休息：星期三 (如遇假期則順延一天) 及年末年始，4 月 1 日起至黃金週期間及 10 月 1 日至 11 月 30 日星期三照常開放
費用：成人 ￥250，初中及小學生 ￥70
電話：06-6877-7387
官網：www.expo70-park.jp

高達與紅彗星的激戰 Gundum Square

Online地圖: goo.gl/K6ZehN

結合了高達 Café 與賣店的 Gundam Square，除了提供高達 Café 的菜單外，更引人注目的一定是立於店前的高達與紅彗星的對戰模型了！模型亦是 Gundam Connect Point 計劃其中一環，為迎接 2019 年 4 月 7 日的高達 40 周年慶，模型下還設立了倒數器計算 40 周年慶的日子，為高達粉絲必到的朝聖地！

▲展開激戰的高達與紅彗星！

▲立像下設有倒數器。

▲餐廳內充滿科幻感。

▲店鋪不定期舉行期間限定活動，這次輪到的是 GUNDAM W(港譯《新機動戰記》)！

▲關西唯一的 Gundam Café。

◀店外扭蛋區，全是高達相關的扭蛋！

INFO
地址：大阪府吹田市千里万博公園 2-1
交通：從モノレール万博記念公園站步行約 2 分鐘
時間：11:00~22:00(最後點餐時間 21:00，飲品 21:30)
電話：06-4860-6442
官網：http://gundam-square.jp

Part 4.5

古都的另一面 京都府 京都、宇治

說起京都，大部分遊客的印象均為市內的寺廟與古蹟，其實京都市內不乏動漫專賣店，就連 Animate 也設有兩家分店之多！宇治市除了綠茶聞名於世外，製作《涼宮春日的憂鬱》、《K-ON! 輕音部》與《Free!》等作品的京都動畫總部亦設於此處，而日本唯一的直營商店更可找到許多限定精品！

兩間分店盡情逛 Animate 京都店

Animate 於京都設有 2 間分店，分別是位於 JR 京都站旁的アバンティ京都店與河原町商店街上的京都店。當中京都店佔地較大，店內可找到各式各樣的漫畫、影碟與同人誌等，亦是市內最大型的動漫商店。アバンティ京都店則鄰近 JR 京都站，地理上佔盡優勢，店內以出售新番動漫精品為主。

INFO

	Animate 京都店	アバンティ京都店
地址	京都府京都市中京區新京極蛸薬師下ル東側町 525-1 バッサージオ (吉本ビル)2F	京都府京都市南區東九条西山王町 31 番地京都アバンティ 6F
交通	從阪急河原町站 9 號出口步行約 2 分鐘	從 JR 京都站八条東口步行約 1 分鐘
時間	10:00~20:30	10:00~21:00
電話	075-252-1460	075-693-8921
官網	www.animate.co.jp/shop/kyoto	www.animate.co.jp/shop/avanti_kyoto

▲位於商店街上的 Animate 京都店。

中古動漫精品 らしんばん京都店

らしんばん於京都先後設有 3 家分店，當中以河原町分店面積較大，店內無論男女性向的作品都同樣齊全；アバンティ京都店雖然面積較小，但鄰近 JR 京都站，更與 Animate アバンティ京都店同層，らしんばん雖然以出售中古品為主，但不少物品均為全新未拆的新品，建議可先逛らしんばん再到 Animate 會更有利喔。

◀らしんばん京都店。

INFO

	らしんばん京都店	アバンティ京都店	らしんばん京都店 2 号館
地址	京都府京都市中京區六角通麩屋町東入八百屋町 113 番寺町六角ビル 2F 西側	京都府京都市南區東九条西山王町 31 番地京都アバンティ 6F	京都府京都市中京區寺町通蛸藥師下る円福寺前町 279 COAST21 ビル 1 至 2F
交通	從阪急河原町站 9 號出口步行約 3 分鐘	從 JR 京都站八条東口步行約 1 分鐘	從阪急河原町站 9 號出口步行約 3 分鐘
時間	11:00~21:00	10:00~21:00	11:30~20:30
休息	—	不定休	—
電話	075-253-1518	075-694-1251	075-748-1415
官網	www.lashinbang.com/store/kyoto	www.lashinbang.com/store/kyoto_avanti	www.lashinbang.com/store/kyoto_2

與新選組談一場戀愛
旅籠茶屋 池田屋 はなの舞

Online地圖：
goo.gl/HEAYyM

池田屋除了是歷史舞台的重要場所，在動漫世界也同樣非常有名，例如在《薄櫻鬼》中，池田屋便為其中一章的故事場所。而現時京都的池田屋遺跡為餐廳「旅籠茶屋 池田屋 はなの舞」，店家不但與《薄櫻鬼》進行合作活動，更把餐廳內部打造成《薄櫻鬼》的專屬空間！

◀池田屋事件發生的遺址，現為「旅籠茶屋 池田屋 はなの舞」。

▲包廂上也貼上了海報，還擺放了相關的公仔與手辦模型。

▲合作的飲品每杯 ¥380 起，同時亦可得到相關角色的杯墊作為留念。

▲地下的樓層除了貼上《薄櫻鬼》的海報外，還可借閱書籍及不斷循環播放動畫精彩片段！

動漫用語小知識

池田屋事件

事件源於新選組與尊王攘夷派的矛盾，在 1864 年 7 月，親幕府的新選組突襲京都三条池田屋旅館，刺殺倒幕的尊王派重要人物，事件過後，新選組聲名大噪，而尊王派損失慘重，更引發了日後的禁門之變。

（文字：IKiC）

◀通往樓下的樓梯變成了《薄櫻鬼》的隧道！

INFO

地址：京都府京都市中京區三条通河原町東入中島町 82 中和三条ビル
交通：從京阪本線三条站步行約 4 分鐘；或從地下鐵京都市役所前站步行約 5 分鐘
時間：星期一至四 16:00~24:00，星期五 16:00~01:00，星期六 11:30~01:00；星期日或假期 11:30~24:00(最後點餐時間 23:00)
電話：075-257-8122
官網：www.chimney.co.jp/shop/kansai/0633 ikedaya

穿越江戶時代 東映太秦映畫村

Online地圖:
goo.gl/c66tSZ

以實地拍攝時代劇的東映太秦映畫村，除了可看到江戶時代的場景外，映畫村更會不時與動漫合作，於村內舉辦各種活動，曾合作的動漫包括《銀魂》及《刀劍亂舞》等。同時映畫村亦設有《光之美少女》及《幪面超人》專區，另外亦有展出東映動畫的相關玩具與海報等。

►東映太秦映畫村，走進江戶世界。

►與映畫村合作的多位「古裝」角色，而且每次均會重新設計造型，如這次因《銀魂》真人版上映而舉行特別活動，阿銀更換上了經典時代劇角色水戶黃門的造型呢！

►活動規模頗大，像這次更重現了萬事屋的辦公室！

▲戰隊區位於パディオス 2 樓，甫上二樓便看到巨型的幪面超人了！

動漫用語小知識

時代劇

時代劇類似我們所説的古裝劇，主要講述日本歷史事件及人物的故事。(詳見 P.53)

水戶黃門

水戶黃門是以日本古代的江戶時代的大名（藩主）德川光圀為主角，講述他在日本各地微服私訪、為民除害、鋤強扶弱的民間故事。(詳見 P.53)

(文字：IKiC)

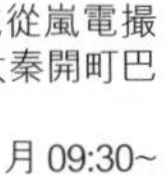

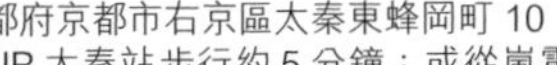

INFO

地址：京都府京都市右京區太秦東蜂岡町 10
交通：從 JR 太秦站步行約 5 分鐘；或從嵐電撮影所前站步行約 2 分鐘；或從太秦開町巴士站步行約 2 分鐘
時間：3 至 11 月 09:00~17:00，12 至 2 月 09:30~17:00，個別開放時間可參考網頁（最後入館時間為閉館前 1 小時）
費用：成人 ¥2,200，高中生及初中生 ¥1,300，3 歲或以上小童 ¥1,100
電話：0570-064349
官網：www.toei-eigamura.com

▲英雄樂園免費入場，可於此看到歷年的特攝英雄。

細閱 30 萬本漫畫 京都國際漫畫博物館

Online地圖: goo.gl/aNUCL8

京都國際漫畫博物館原先為龍池小學的遺址，至 2006 年改建成漫畫博物館，亦是日本國內最大的漫畫博物館。館內收藏了日文以至各國的漫畫書，藏書量多達 30 萬本，入場後可隨意於館內閱讀各式各樣的漫畫作品，可說是漫畫迷的天堂！同時博物館亦會不時舉行企劃展，展出不同漫畫家的作品與原畫等。

◀除了室內空間，也可移師至室外或草地上細閱漫畫。

▶留意博物館範圍內不可拍照，只有位於館中央的火鳥像除外。

INFO

地址：京都府京都市中京區烏丸通御池上ル (元龍池小学校)
交通：從地下鐵烏丸御池站 2 號出口步行約 2 分鐘
時間：10:00~18:00(最後入場時間 17:30)
休息：星期三 (若遇假期則順延一天) 及年末年始，個別休館時間請參考網頁
費用：成人 ￥800，高中生或中學生 ￥300，小學生 ￥100；持有京都市營地下鐵 1 Day Pass 可享折扣優惠
電話：075-254-7414　官網：www.kyotomm.jp

「京阿尼」旗下唯一專賣店 京アニ &Do ショップ！

Online地圖: goo.gl/s89oAP

京都動畫自 1981 年成立以來製作不少大熱作品，如《涼宮春日的憂鬱》、《K-ON! 輕音部》、《中二病也要談戀愛》及《Free!》等。以宇治市為基地的京都動漫於市內亦設有一間商店，亦是日本唯一的京都動畫專門店。店內有不少為京都動畫自家製作的精品，部分更為當店限定，因此雖然地點較為偏遠，仍吸引不少粉絲特地前往。

INFO

地址：京都府宇治市木幡東中 13
交通：從 JR 奈良線木幡站步行約 1 分鐘；或從京阪電車宇治線木幡站步行約 4 分鐘
時間：星期一至三及五 10:00~17:00，星期六、日及公眾假期 10:00~18:00
休息：星期四、1 月 1~3 日　電話：0774-331-106
官網：www.kyotoanimation.co.jp/shop

更多京都 ACG 店鋪

Melonbooks 京都店

地址：京都府京都市中京区寺町通蛸薬師下ル円福寺前町 279COAST21 ビル 4-5F
交通：從阪急河原町站 9 號出口步行約 3 分鐘
時間：星期日至五及公眾假期 11:00~20:00，星期六 11:00~21:00
電話：075-213-6680
官網：www.melonbooks.co.jp/shop/shop.php?wp_id=19

Online地圖: bit.ly/2EQ7qBu

Animega 京都店

地址：京都府京都市下京區四条通柳馬場東入エイシンビル 3F
交通：從阪急烏丸站 13 號出口步行約 2 分鐘
時間：10:00~22:00
電話：075-255-0654
官網：www.bunkyodojoy.com/shop/pages/animega_t_kyoto.aspx

Online地圖: bit.ly/2HfSQVI

Part 4.6

尋訪橫山光輝的故鄉

神戶市

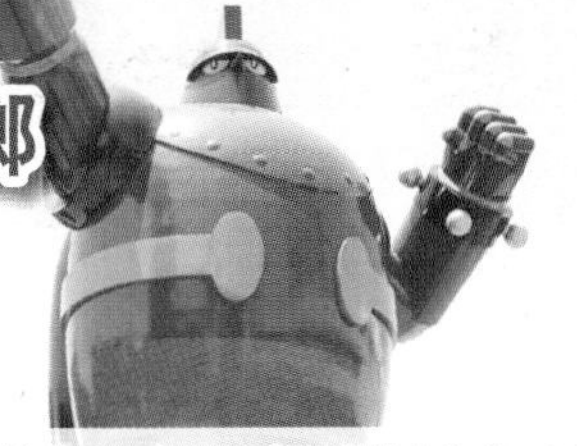

神戶的動漫店主要集中在三宮的センタープラザビル內 2 至 3 樓，不少動漫連鎖店如 Animate、Gamers 等都在此設店。而大家熟悉的鐵人 28 雕像則位於長田區，神戶為漫畫《三國志》及《鐵人 28 號》的作者橫山光輝的故鄉，於此設有不少的雕像及紀念品店，不少粉絲會慕名而來啊！

神戶動漫集中地 センタープラザビル San Center Plaza

Online地圖：goo.gl/2kPuLM

三宮的センタープラザビル由三個商場相連成，佔地頗大，其中東館 (Center) 及西館內有大量 ACG 相關的店鋪，如 Animate、Animega、Gamers 等，也有不少格子箱及售賣中古品的小店，樓層的設計頗像香港的信和中心與台北的萬年商業大廈。

INFO

地址：兵庫縣神戶市中央區三宮町 1-9-1 センタープラザ
交通：從阪神電鐵神戶三宮站神戶‧三宮センター街出口步行約 3 分鐘
時間：10:00~20:00
休息：1 月 1 日
電話：078-391-5792
官網：http://3nomiya.net/

▲商場部分為小店，出售痛 Tee 及掛畫等動漫精品。

▲亦有個人賣家於格子箱中出售中古玩具。

神戶最大玩具店 Volks 神戶 Show Room

Online地圖：bit.ly/2VKrYAW

Volks 神戶 Show Room 為神戶地區最大型的玩具店，除了有大量模型與手辦出售外，店內同樣設有格子箱，出售各式各樣的動漫精品。店內除了有軍事與機械人動畫如《機動戰士高達》等模型出售外，亦可找到近年備受歡迎的 Goodsmile 黏土人系列。

INFO

地址：兵庫縣神戶市中央區三宮町 1-9-1 センタープラザ 3F-311
交通：從阪神電鐵神戶三宮站神戶‧三宮センター街出口步行約 3 分鐘
時間：星期一至五 11:00~20:00，星期六、日及公眾假期 10:00~ 20:00
休息：1 月 1 日
電話：078-334-7717
官網：www.volks.co.jp/jp/shop/kobe_sr

橫山老師作品集中地 長田區

Online地圖:
goo.gl/iW26uq

位於神戶市的長田區自 2007 年起每年都舉行三國志祭典，《三國志》為漫畫巨匠橫山光輝的其中一個大熱作品。隨着為歷經地震的神戶市民打氣的巨型鐵人 28 號雕像 2009 年建成，商店街亦相繼設立了以三國志為主題的商店，現為橫山光輝粉絲必到的一個朝聖地。

◀商店街內可找到《三國志》內的角色雕像，包括威武的關羽像。

◀三國志館展出動畫相關玩具及雕像。

▲六間道なごみサロン外設有彩色的關羽像與鐵人 28 號像。

▲商店街更有魏武帝廟呢！

INFO
地址：兵庫縣神戶市長田區
交通：從 JR 及地下鐵新長田站 1 號出口即達

威風八面 鐵人 28 號雕像

Online地圖:
goo.gl/V3o7Pd

已故漫畫家橫山光輝的其中一個大熱作品為《鐵人 28 號》，長田區為作品當中的鐵人 28 號設立了巨型的雕像，雕像身高達 18 米，是作為神戶大地震其中一個復興項目。

▶巨型的鐵人 28 號，站在下方非常震撼！

▲巨大的機械人，為經歷震災的居民帶來希望。

INFO
地址：兵庫縣神戶市長田區若松町 6-3 若松公園内
交通：從 JR 及地下鐵新長田站 1 號出口步行約 5 分鐘
時間：(亮燈) 日落至 21:00

日本最大《三國志》精品專賣店 KOBE 鐵人三國志 Gallery KOBE 鉄人三国志ギャラリー

Online地圖:
goo.gl/vM5j9w

集展示館與賣店於一身的 KOBE 鐵人三國志 Gallery，免費入場之餘更展出不少《三國志》或與三國歷史相關的石像及《鐵人 28 號》的珍藏玩具。商店區域則出售兩套作品的精品，亦是日本最大型的《三國志》精品專賣店。

▲既是展覽場地亦是商店的 KOBE 鐵人三國志 Gallery。

▲桃園結義可說是《三國志》中重要的一幕。

◀關羽的愛刀青龍偃月刀，重達 50 公斤，你能拿得起來嗎？

▲威武的趙雲將軍。

▲不同年代的《鐵人 28 號》玩具。

INFO
地址：兵庫縣神戶市長田區二葉町 6-1-13 アスタくにづか 6 番館東棟 1F
交通：從 JR 及地下鐵新長田站 1 號出口步行約 9 分鐘；或地下鐵駒ケ林站 1 號出口步行約 3 分鐘
時間：12:30~17:30
休館：星期三及 12 月 30 日至 1 月 3 日，個別休館日請參考網頁
電話：078-641-3594 官網：www.kobe-tetsujin.com/gallery

更多神戶市 ACG 店鋪

Animate 三宮店

地址：兵庫縣神戶市中央區三宮町 1-9-1 センタープラザビル 3F-309
交通：從阪神電鐵神戶三宮站神戶・三宮センター街出口步行約 3 分鐘
時間：10:00~20:00
電話：078-391-8155
官網：www.animate.co.jp/shop/sannomiya

Online地圖:
bit.ly/2NOFMYB

Animate Cafe 三宮店

地址：兵庫縣神戶市中央區三宮町 1-9-1 センタープラザビル 3F
交通：從阪神電鐵神戶三宮站神戶・三宮センター街出口步行約 3 分鐘
時間：10:00~20:00
電話：078-325-3391
官網：https://cafe.animate.co.jp/shop/sannomiya

▶以餐車作為櫃檯的 Animate Cafe。

Online地圖:
bit.ly/2TnexdD

Animega 三宮店

地址：兵庫縣神戶市中央區三宮町 1-9-1 センタープラザ 2F-201-2
交通：從阪神電鐵神戶三宮站神戶・三宮センター街出口步行約 3 分鐘
時間：10:00~20:00
電話：078-335-5801
官網：www.bunkyodojoy.com/shop/pages/animega_t_sannomiya.aspx

Online地圖:
bit.ly/2XL2aXq

らしんばん神戶店

地址：兵庫縣神戶市中央區三宮町 1-9-1 センタープラザ 2F-246-1
交通：從阪神電鐵神戶三宮站神戶・三宮センター街出口步行約 3 分鐘
時間：11:00~20:00
電話：078-325-0130
官網：www.lashinbang.com/store/kobe

Online地圖:
bit.ly/2VJ5cJV

Gamers 三宮店

地址：兵庫縣神戶市中央區三宮町 2-11-1 センタープラザ西館 3F
交通：從阪神電鐵神戶三宮站神戶・三宮センター街出口步行約 3 分鐘
時間：10:00~20:30
電話：078-335-0751
官網：www.gamers.co.jp/shop/4227

Online地圖:
bit.ly/2XM7dae

とらのあな 三宮店

地址：兵庫縣神戶市中央區三宮町 2-11-1 センタープラザ西館 3F
交通：從阪神電鐵神戶三宮站神戶・三宮センター街出口步行約 3 分鐘
時間：10:00~21:00
電話：050-5433-1213
官網：www.toranoana.jp/shop/sannomiya

Online地圖:
bit.ly/2XJHMGc

Yellow Submarine 三宮店

地址：兵庫縣神戶市中央區三宮町 2-11-1 センタープラザ西館 2F
交通：從阪神電鐵神戶三宮站神戶・三宮センター街出口步行約 3 分鐘
時間：11:00~20:00
電話：078-327-5202
官網：www.yellowsubmarine.co.jp/shop/shop-061.htm

Online地圖:
bit.ly/2EUKuky

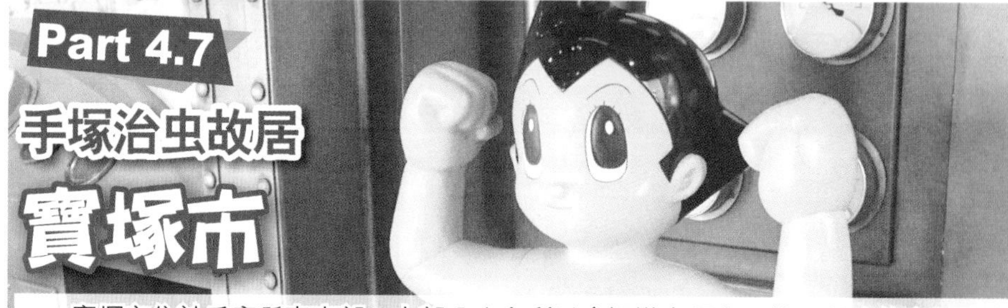

Part 4.7 手塚治虫故居 寶塚市

寶塚市位於兵庫縣東南部，大部分人之所以會認識寶塚市，皆因著名的寶塚歌劇團在此誕生。其實日本的一代漫畫巨匠手塚治虫也曾於市內居住良久，市內更設立了寶塚市手塚治虫記念館，展出大師過往創作的精彩作品。

一代巨匠 寶塚市手塚治虫記念館

Online地圖：goo.gl/F57w3e

漫畫大師手塚治虫曾於寶塚市居住 20 年，在大師逝世後 5 年 (即 1994 年)，寶塚市設立了手塚治虫記念館紀念這位當代巨匠。記念館連地窖共有 3 層，1 樓為常設展室，除了展示了手塚治虫相關作品如《小飛俠阿童木》、《藍寶石王子》及《怪醫黑傑克》等相關玩具外，更設有以《火之鳥》內的生命維持器為造型的展櫃，展示大師的生平、照片、作品資料與手稿等。

2 樓設有企劃展室，直到現在不少近代動畫均以手塚治虫的作品為藍本，再創作出全新的故事，例如 2017 年的動畫《阿童木起源》就是講述天馬博士及御茶水博士大學時期的故事，另外初音及 Sanrio 旗下角色亦有於博物館舉行企劃展。而 G 樓則設有動畫體驗教室，在此也可嘗試製作自己的動畫呢！

▲博物館門外展翅高飛的，正是經典作品《火之鳥》中的火鳥。

►甫進館內，四處都可看到手塚治虫的經典作品。

▲以生命維持器作為展櫃。

▲ 2 樓設有以《小白獅》為藍本設計的餐廳。

◄商店同樣設於 2 樓。

▲展櫃內還有歷年推出的漫畫，非常珍貴。

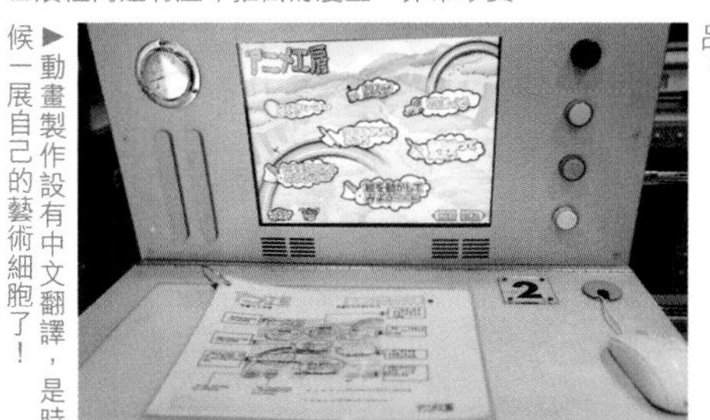

▶動畫製作設有中文翻譯，是時候一展自己的藝術細胞了！

▶可從螢幕看到大師的動畫作品。

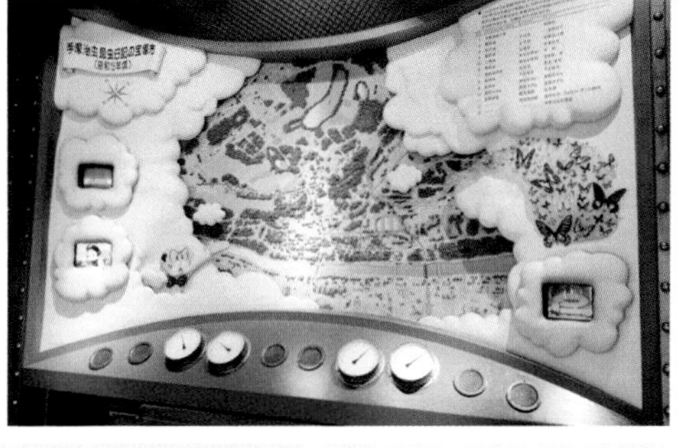

▶手塚治虫的童年便是在寶塚度過，從地圖可看到充滿夢幻感。

▶電梯同樣以生命維持器為模板，充滿科幻感。

INFO

寶塚市手塚治虫記念館

地址：兵庫縣寶塚市武庫川町 7-65
交通：從 JR 或阪急寶塚站從花のみち出口步行約 8 分鐘；或從阪急寶塚南口站沿寶塚大橋步行約 5 分鐘
時間：09:30~17:00(最後入館時間 16:30)
休息：星期三 (若遇假期則順延一天) 及 12 月 29 至 31 日，個別休館時間請參考網頁
費用：成人￥700，高中生及初中生￥300，小學生￥100
電話：0797-81-2970
官網：www.city.takarazuka.hyogo.jp/tezuka

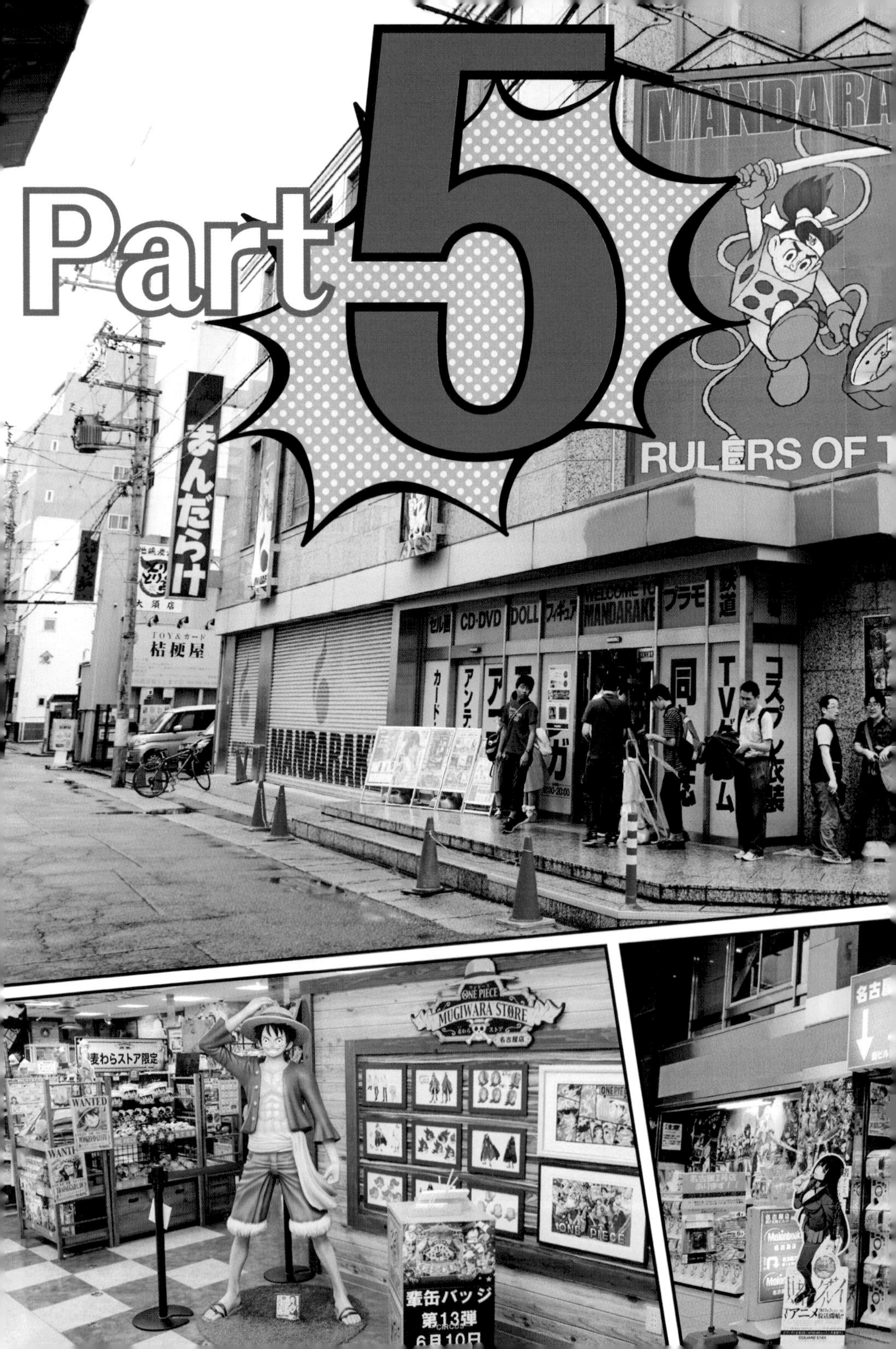
Part 5
MANDARA
RULERS OF T
まんだらけ
TOY＆カード
桔梗屋
大須店
セル画
CD·DVD
DOLL
フィギュア
WELCOME TO MANDARAKE
プラモ
鉄道
MANDARAK
ONE PIECE
MUGIWARA STORE
名古屋店
麦わらストア限定
WANTED
缶バッジ
第13弾
6月10日

跟着動漫
遊日本中部
名古屋
2号店
4F
第3太閤ビル
MEIKUN
殿馬一人〈ドカベン〉

Part 5.1

齊集世界頂尖 Coser 名古屋市

名古屋市近年成為自遊行遊客愛到的城市之一，其實名古屋市更可説動漫迷最愛到的中部地區城市，除了市內擁有眾多動漫相關商店外，一年一度的世界 Cosplay 高峰會更於此舉行，來自全世界的 Coslpayer(Coser) 齊集於此一較高下，選出最頂尖的 Coser。

不同類型的出張店 Animate 名古屋店及榮店

Animate名古屋店Online地圖：goo.gl/Smy9Q2

於名古屋設有多間分店的 Animate，位於 JR 名古屋站附近的 Animate 名古屋店高達 3 層，3 樓更不時會舉行特別展覽與活動，如《月歌》及《歌之王子殿下》等均於此開設「出張店 (外賣店)」，出售 Event 限定的襟章與精品等。

▲位於 JR 名古屋站附近的 Animate 名古屋店。

▲名古屋店經常會於 3 樓 Event Space 舉行不同動漫活動。

▲於 PARCO 內的 Animate 榮店是近年開業的分店。

INFO

	名古屋店	榮店
地址	愛知縣名古屋市中村區椿町 18-4 椿太閣ビル	愛知縣名古屋市中區栄 3-29-1 名古屋 Parco 東館 4F
交通	從 JR 名古屋站太閣通出口步行約 3 分鐘	與地下鐵矢場町站連接
時間	10:00~20:30	10:00 ~ 21:00
電話	052-453-1322	052-684-8877
官網	www.animate.co.jp/shop/nagoya	www.animate.co.jp/shop/sakae

限定檯墊與精品 ufotable Cafe NAGOYA

Online地圖：bit.ly/2ZDSWgJ

ufotable 為日本其中一家動畫製作公司，於 2000 年成立，公司以細膩畫功而成名，並製作了一系列受歡迎的作品，如《Fate / Zero》、《活擊！刀劍亂舞》等。近年更開設了以公司製作的動畫作為主題的餐廳。現時於東京中野、德島、大阪及名古屋均有分店，名古屋分店內除了用餐區域外，還有 ufotable 旗下動畫周邊的售賣部，出售店鋪限定精品。

INFO

地址：愛知県名古屋市中村区竹橋町 14-1
交通：從 JR 名古屋站太閣通出口步行約 3 分鐘
時間：11:00~22:00
電話：052-433-2026
官網：www.ufotable.com/nagoya

中古精品與同人誌 K-books 名古屋フロンティア館

Online地圖:
goo.gl/Smy9Q2

位於名古屋的 K-books 分店共有 2 層，1 樓為動漫、遊戲及 JUMP 精品區，2 樓為一般向及偶像相關動漫精品。店家更特設了 3 個 Twitter 帳號，分別介紹一般動漫與遊戲相關精品、少年 Jump 系列精品與 Idol 系相關精品，出發挖寶前不妨先到 Twitter 看看最新「戰況」！

▶ K-books 為挖掘中古精品的好地方。

▶ 高達 3 層的 K-books。

INFO

地址：愛知縣名古屋市中村區椿町 21-5
交通：從 JR 名古屋站太閤通出口步行約 5 分鐘
時間：12:00~20:00
電話：052-433-1273
官網：www.k-books.co.jp/company/shop/nagoya-frontier.html

TIPS

3 個店家的 Twitter 帳號：
動漫與遊戲相關精品：https://twitter.com/kbnagoya3f
少年 Jump 系列精品：https://twitter.com/kbnagoya2f
Idol 系相關精品：https://twitter.com/kbooks_nagoya

跟 1:1 路飛合照 《海賊王》專門店名古屋店

Online地圖:
bit.ly/2EP4wMo

《海賊王》於中部設立的唯一官方專門店，店鋪位於近鐵パッセ，店內可找各種各樣有關《海賊王》的精品，當中不少更是當店限定精品。《海賊王》各間專門店均設有獨一無二的模型，在名古屋專門店內坐陣的正是主角路飛！

▶ 色彩繽紛可說是《海賊王》漫畫的特色之一。

▲在名古屋專門店內的是主角路飛！

INFO

地址：愛知縣名古屋市中村區名駅 1-2-2 近鉄パッセ 8F
交通：從 JR 名古屋站廣小路出口步行約 1 分鐘
時間：10:00~21:00　電話：052-561-7528
官網：www.mugiwara-store.com/store/1254

多元化題材合作 Café CoLaBoNo

Online地圖:
goo.gl/6jNtkd

ColaBoNo 會不定期與各動漫合作，舉辦期間限定的動漫 Cafe，同時亦有限定精品出售。舉辦的主題亦非常廣泛，從女性向作品如《TSUKIPRO THE ANIMATION》與《薄櫻鬼》等外，《飛天小女警》及杯緣子等亦曾與餐廳合作，更會推出不同的期間限定餐牌。

INFO

地址：愛知縣名古屋市中區錦 3-24-4 Sunshine Sakae 5F
交通：從地下鐵栄站 8 號出口直達
時間：11:00~21:00
電話：052-310-0123
官網：www.sweets-paradise.jp/shop/colabono

Animate Cafe 名古屋店

地址：愛知縣名古屋市中村區椿町 10-5 サン・タウン名駅椿本館 2F
交通：從 JR 名古屋站太閤通出口步行約 4 分鐘　時間：11:00~21:30
電話：052-459-3215　官網：https://cafe.animate.co.jp/shop/nagoya

◀位於 Animate 名古屋店附近的 Animate Café。

◀適逢這次的主題是《偶像星願》，就連餐牌也是國王布丁！

Online地圖:
bit.ly/2tZ4Umj

らしんばん名古屋店

	本館	笹島店
地址	愛知縣名古屋市中村區椿町 10 番 5 号サン・タウン名　椿本館 3~4F	愛知縣名古屋市中村區平池町 4-60-14 マーケットスクエアささしま 1F
交通	從 JR 名古屋站太閤通出口步行約 4 分鐘	從 JR 名古屋站廣小路出口步行約 15 分鐘
時間	11:00~20:30	星期一至五 12:00~21:00，星期六、日及公眾假期 11:00~20:00
電話	052-462-8875	052-533-3939
官網	www.lashinbang.com/store/nagoya_2	www.lashinbang.com/store/sasashima

本館Online地圖:
bit.ly/2HpAn9i

明輝堂名古屋店

地址：愛知縣名古屋市中區椿町 14-6 11 CUBES 4F
交通：從 JR 名古屋站太閤通出口步行約 2 分鐘
時間：11:00~20:00
電話：052-454-3338
官網：www.meikido.com

Online地圖:
goo.gl/vpYNak

Melonbooks 名古屋店

	名古屋店	名古屋 2 號店	フロマージュ名古屋店
地址	愛知縣名古屋市中村區椿町 21-2 第 2 太閤ビル 1F	愛知県名古屋市中村区椿町 21 番 2 号	愛知縣名古屋市中村區椿町 21-2 第 3 太閤ビル 4F
交通	從 JR 名古屋站太閤通出口步行約 3 分鐘		
時間	星期一至五 10:30~21:00，星期六、日及公眾假期 10:00~21:00	12:00~20:00	12:00~20:00
電話	052-453-2877		052-433-1998
官網	www.melonbooks.co.jp/shop		

▲三家分店位置相鄰。

Online地圖:
bit.ly/2Z6pWOb

とらのあな名古屋店

地址：愛知縣名古屋市中村區椿町 22-2 名駅中駒ビル
交通：從 JR 名古屋站太閤通出口步行約 3 分鐘
時間：星期一至五 11:00~21:00，星期六、日及公眾假期 10:00~21:00
電話：050-5433-1213
官網：www.toranoana.jp/shop/nagoya

Online地圖:
goo.gl/WZ6MQJ

まんだらけ名古屋店

地址：愛知縣名古屋市中區大須 3-18-21
交通：從地下鐵上前津站 8 號出口步行約 4 分鐘
時間：12:00~20:00
電話：052-261-0700
官網：http://mandarake.co.jp/shop/ngy

Online地圖:
goo.gl/h2m99x

Gee Store 名古屋店

地址：愛知縣名古屋市中區大須 3-11-34 2-3F
交通：從地下鐵上前津站 9 號出口步行約 10 分鐘
時間：星期一至五 11:00~21:00，星期六、日及公眾假期 10:00~21:00
電話：052-242-3181
官網：www.cospa.com/special/shoplist/list/nagoya.html

Online地圖:
goo.gl/qo2YR3

Gamers 名古屋店

地址：愛知縣名古屋市中區大須 3-30-40 万松寺ビル 1F
交通：從地下鐵上前津站 9 號出口步行約 3 分鐘
時間：星期一至五 10:30~20:00，星期六、日及公眾假期 10:00~20:00
電話：052-269-0211
官網：www.gamers.co.jp/shop/4172

Online地圖:
goo.gl/22hMP9

Yellow Submarine 名古屋店

地址：愛知縣名古屋市中區大須 3-11-9 OA ビル 6F
交通：從地下鐵上前津站 8 號出口步行約 5 分鐘
時間：星期一至五 12:00~21:00，星期六、日及公眾假期 11:00~20:00
電話：052-238-3012
官網：www.yellowsubmarine.co.jp/shop/shop-057.htm

Online地圖:
goo.gl/ZTx1B3

Volks 名古屋 Show Room

地址：愛知縣名古屋市中區大須 4-1-71 矢場町中駒ビル 2F
交通：從地下鐵上前津站 10 號出口步行約 5 分鐘
時間：星期一至五 11:00~20:00，星期六、日及公眾假期 10:00~20:00
電話：052-238-0771
官網：www.volks.co.jp/jp/shop/nagoya_sr

Online地圖:
goo.gl/e17Sjy

Taito Station 大須店

地址：愛知縣名古屋市中區大須 3-20-7
交通：從地下鐵上前津站 12 號出口步行約 4 分鐘
時間：星期一至四 10:00~23:30，星期五或假期前 10:00~24:00，星期六 9:00~24:00，星期日或假期 09:00~23:30
官網：www.taito.co.jp/gc/store/00002035

Online地圖:
bit.ly/2PHUyRL

Jump Shop 名古屋店

地址：愛知縣名古屋市東區東桜 1-11-1 オアシス 21 B1F
交通：從地下鐵栄町站 4 號出口直達
時間：10:00~21:00
電話：052-959-2785
官網：www.shonenjump.com/j/jumpshop

Online地圖:
goo.gl/iErT9Z

Namco Chara Store 名古屋駅前店

地址：愛知縣名古屋市中村區椿町 6-6 ビツクカメラ名古屋駅西店 6F
交通：從 JR 名古屋站太閤通出口步行約 5 分鐘
時間：10:00~21:00
電話：052-485-4297
官網：www.namco.co.jp/game_center/loc/nagoyaekimae

▲名古屋駅前店位於 BIC CAMERA 6 樓。

▲除了 Chara Store，還有不時與動漫合作的 SMART CAFE。

Online地圖:
goo.gl/eD7qRQ

Part 5.2 漫畫家搖籃之城 新潟市

新潟市有水都之稱，同時亦可說是漫畫家的搖籃，不少著名漫畫家如《死亡筆記》的小畑健與《亂馬 1/2》的高橋留美子等均出身自新潟縣。新潟市內亦有多間著名漫畫學校，不少外國人更是慕名前來學習漫畫技巧！

繪出個未來 新潟市漫畫之家

Online地圖：goo.gl/x4v9mE

新潟市漫畫之家於 2013 年開館，為新潟市 2012 年漫畫動畫活用計劃的其中一個項目。展館免費入場，共有 2 層，1 樓為常設展區，可找到新潟出身的漫畫家如赤塚不二夫（代表作品《小松先生》等）、新沢基榮（代表作品《奇面學生組》等）等的作品展示與介紹。2 樓則為企劃展與畫室，同時亦設有漫畫部屋，當中大部分漫畫均為新潟市出身之漫畫家的作品。

▲麻雀雖小但五臟俱全的新潟市漫畫之家。

▲玻璃牆上六個一樣的人物是在展示漫畫的原理嗎？其實是《小松先生》內的松野家六胞胎了！

◀可落手體驗一下畫漫畫的樂趣。

◀《小松先生》另一要角井矢見，港譯為西瓜刨，也是很貼切的形容便是了！其招牌動作「シェー」（見圖）曾風靡一時。

INFO

地址：新潟縣新潟市中央區古町通 6-971-7 GEO 古町通 6 番町 1~2F
交通：從 JR 新潟站乘循環觀光巴士白山公園先回線，於東堀通六番町站下車再步行 3 分鐘，回程則乘朱鷺メッセ先回線
時間：11:00~19:00
休息：星期三（若遇假期則順延一天）及 12 月 29 日至 1 月 3 日
電話：025-201-8923
官網：http://house.nmam.jp

接收最新動漫情報 新潟市漫畫 • 動畫情報館

Online地圖：goo.gl/1VVHDh

新潟市漫畫 • 動畫情報館於 2013 年開館，亦是新潟市 2012 年漫畫動畫活用計劃的其中一個項目。展館主要分為常設展與企劃展室，常設展內除了介紹新潟出身的著名漫畫家外，還設有不少互動遊戲，例如可以嘗試當聲優為動漫配音等，而企劃展室曾舉辦的個展包括《銀河英雄傳說》、《夏目友人帳》等。

INFO

地址：新潟縣新潟市中央區八千代 2-5-7 万代シテイ BP2 1F
交通：從 JR 新潟站步行約 15 分鐘；或從万代シテイ巴士站下車，步行約 5 分鐘
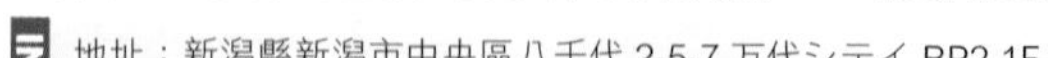
時間：星期一至五 11:00~19:00，星期六、日及公眾假期 10:00~19:00

休息：1 月 1 日　電話：025-240-4311　官網：http://museum.nmam.jp
費用：成人 ¥200，高中生及初中生 ¥100，小學生 ¥50（企劃展另外收費）

棒球漫畫始祖 水島新司漫畫街

Online地圖:
bit.ly/2HexxEA

同樣出身自新潟的水島新司為日本第一位以棒球作為題材的漫畫家，著作有《野球狂之詩》與《速球投手》等。在新潟古町通就設置了水島新司漫畫街，立有7座漫畫內登場的主角銅像，而商店街內亦有不少動漫相關的學校，部分商店還各自設有自己的看板娘或把自家商品擬人化呢！

▶《ドカベン》內的二壘手殿馬一人。

▲水島新司作品《ドカベン》內的岩鬼正美。

▲《ドカベン》的王牌投手里中智。

◀當然也少不了《ドカベン》的主角，作為捕手的山田太郎。

▲在《野球狂之詩》中，首位以女性登場的投手水原勇氣。

▲《野球狂之詩》內有球聖之稱的岩田鉄五郎。

▲《あぶさん》的主角景浦安武。

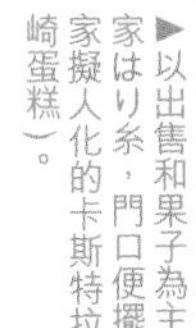

▶以出售和果子為主的店家はり糸，門口便擺出自家擬人化的卡斯特拉（長崎蛋糕）。

▲位於新潟的日本動畫漫畫專門學校，不少海外留學生特意前來就讀，追尋成為漫畫家的夢想。

◀代表不同口味的卡斯特拉六姊弟妹！

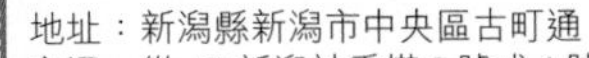

INFO

地址：新潟縣新潟市中央區古町通
交通：從JR新潟站乘搭0號或1號巴士，於古町站下車，步行約3分鐘
時間：24小時

Part 5.3

藤子・F・不二雄的出生地 高岡市

訪尋多啦 A 夢的空地 高岡おとぎの森公園

Online地圖:
goo.gl/9TsVEH

高岡おとぎの森公園為高岡市內其中一個綜合公園，而其獨特之處便是公園的一角重現了《多啦 A 夢》中的空地，漫畫中一眾角色如大雄、靜香與胖虎等一起齊集在空地而成為話題。

◀就連空地上的水泥管也忠實地重現了在眼前！

▶多啦 A 夢的一眾小伙伴們在空地上迎接大家。

▲連多啦 A 夢的妹妹多啦美也有出場呢！

TIPS

高岡市是《多啦 A 夢》的作者藤子・F・不二雄的出生地。在日本，紀念某位人物而建的博物館選址一般都會選擇該人物的出生地，但藤子先生的紀念博物館 (P.108) 落戶於他的居住地川崎市，現在在高岡市的美術館亦設有藤子先生的展覽室。

INFO

地址：富山縣高岡市佐野 1342
交通：從 JR 高岡站乘搭加越能巴士小牧線、戸出団地経由砺波総合病院線、戸出東部小学校前経由庄川町線、高岡法科大学線或庄川線，於佐野新町巴士站下車，再步行約 3 分鐘
時間：24 小時
電話：0766-28-6500
官網：www.info-toyama.com/spot/21102

一代大師的創作歷程 高岡市藤子・F・不二雄 ふるさとギャラリー FUJIKO・F・FUJIO HOMETOWN ART GALLERY

Online地圖:
bit.ly/2vpoCs9

2015 年開放的高岡市藤子・F・不二雄 ふるさとギャラリー位於高岡市美術館二樓，透過隨意門造型的入口，進入大師創作多啦 A 夢的世界。館內展示了藤子・F・不二雄兒時的影像與生平，亦會不定期舉辦原畫展。

INFO

地址：富山縣高岡市中川 1-1-30 高岡市美術館 2F
交通：從 JR 氷見線越中中川站 12 號出口步行約 2 分鐘
時間：9:30~17:00 (最後入場時間 16:30)
休息：星期一 (若遇假期則順延一天)
費用：成人或大學生 ￥500，高中生或中學生 ￥300，小學生或 4 歲以下小童 ￥200
官網：https://fujiko-artgallery.jp

Part 5.4

科學。未來
敦賀市

邁向科學的未來而建 松本零士雕像街

Online地圖:
goo.gl/9yPYjg

JR 敦賀站前的商店街至氣比神宮一帶共設置了 28 座漫畫雕像，全部取材自松本零士作品《銀河鐵路 999》及《宇宙戰艦大和號》內的人物。敦賀市內之所以會設置以上銅像，原來是為記念敦賀港於 1999 年開港 100 周年，市民認為松本老師的兩套作品《銀河鐵路 999》及《宇宙戰艦大和號》分別代表了「鐵道‧科學‧未來」及「港‧科學‧未來」，與敦賀市的形象一致，所以決定在此設置銅像。

◀《銀河鐵路 999》中鐵郎與美達露離別的一幕，看板上還有松本老師的親筆簽名！

▲《宇宙戰艦大和號》內的大帥哥古代進，真人版更曾由木村拓哉演出！

◀《銀河鐵路 999》的美達露是不少人心目中的女神。

◀《宇宙戰艦大和號》的一眾成員。

INFO
地址：福井縣敦賀市 4-5
交通：從 JR 福井站步行約 1 分鐘
官網：www.tsuruga.or.jp/moni

Part 6
剛昌ふるさと
I ♥
MUSEUM

跟着動漫

遊中國地區

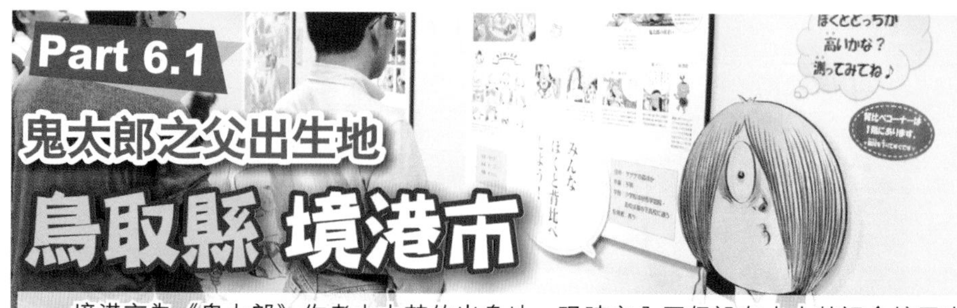

Part 6.1

鬼太郎之父出生地
鳥取縣 境港市

境港市為《鬼太郎》作者水木茂的出身地，現時市內不但設有水木茂記念館展出《鬼太郎》相關作品，整條主要大街更設有超過 150 座妖怪銅像，難怪境港市觀光會稱自己為「鮮魚與鬼太郎的市鎮」了！

駛往妖怪世界 鬼太郎列車 JR 境線

JR米子站Online地圖：bit.ly/2HxWo5A

JR境港站Online地圖：bit.ly/2NZo1G7

從 JR 米子站前往 JR 境港站的路線設有 6 架不同造型的鬼太郎列車，車身畫上鬼太郎、星君鼠與貓女等角色，而列車內亦有許多不同妖怪伴你上路！列車共有 4 卡，每天都會營運，途經的站除了本身的名稱外，亦有以妖怪們命名的暱稱，如米子站稱為星君鼠站，境港站則稱為鬼太郎站等。

▶被稱為星君鼠站的米子站。

▶在眼珠爸爸的帶領下，前往0號月台準備出發！

▲▶月台上已看到不少《鬼太郎》中的妖怪了！

◀座位也當然是以《鬼太郎》為主角！

▲車廂內的天花板，也可找到鬼太郎和他的伙伴的身影！

▲光是造型已多達 6 種！

▶境港站的候車室妖怪當然不會少！

INFO

交通：JR 境線從米子市至境港市
費用：單程成人 ¥320，小童 ¥160
官網：www.sakaiminato.net/c817/map/youkairesshazikokuhyou

集章成為妖怪博士
水木茂大道

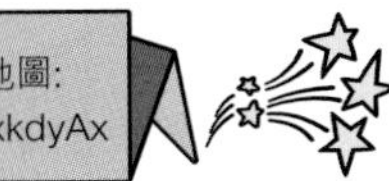
Online地圖:
goo.gl/xkdyAx

全長 800 米的水木茂大道從 JR 境港站外延伸至水木茂紀念館，沿途設置超過 150 座在《鬼太郎》內出現過的妖怪銅像。而從 JR 境港站內的境港市觀光協會可以 ￥120 購買妖怪指南 (妖怪ガイドブック)，並根據地圖收集 37 個妖怪印章，然後按完成數量於觀光會取得紀念品，完全制霸 (完成挑戰) 的更可獲得完走證書一張！

▲境港站外的第一個銅像，是正在作畫的水木茂老師與鬼太郎等角色！

▲路上不少商店都是與《鬼太郎》有關。

▲還有鬼太郎的拖鞋出售！

▲連路燈也是眼珠爸爸來的！

▲市內的巴士也一樣有滿滿的妖怪。

▲逛累了可到妖怪茶屋小休一會。

▲發現貓女的雕像！

▲懶洋洋的星君鼠！

►途中還會經過妖怪樂園。

▲坐上一反木綿飛往天空中！

INFO

地址：鳥取縣境港市本町
交通：從 JR 境港站下車，步行約 2 分鐘
費用：妖怪ガイドブック ￥120
電話：(境港市觀光協會)085-947-0121
官網：(境港綜合觀光指南)
www.sakai minato.net/foreign/tw

揭開鬼太郎身世之謎
水木茂記念館

Online地圖:
goo.gl/oJQGiU

被稱為「妖怪博士」的水木茂，連為紀念他而建的博物館內也是「鬼」影幢幢！水木茂記念館更似是《鬼太郎》的博物館，館內除了展示了作者水木茂的生平外，亦有展示《鬼太郎》誕生的經過與靈感來源，《鬼太郎》內的角色亦不時會出現於館內與遊客們拍照留念！

▲自開幕後大受歡迎的水木茂記念館。

▲即使聽不懂日文，也可於入場處借用聲音導覽機，以中文細賞展覽。

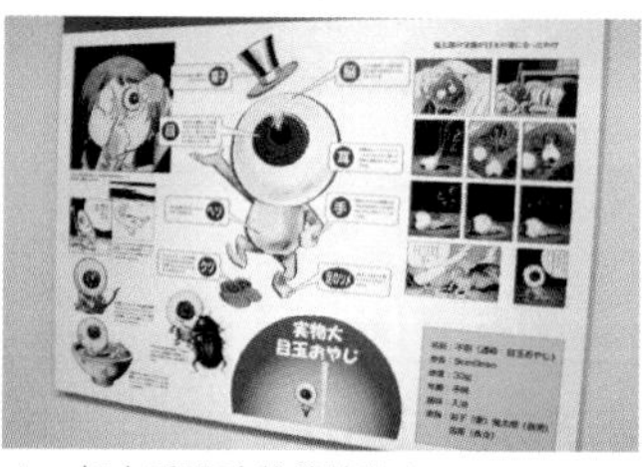
▲一起來看眼珠爸爸的秘密！

▲館內還展出了有關《鬼太郎》的漫畫與精品。

▲以真人扮成的妖怪會不時出現，今天出場的是貓女喔！

INFO

地址：鳥取縣境港市本町 5 番地
交通：從 JR 境港站下車，步行約 10 分鐘
時間：09:30~17:00(最終入館時間為 16:30)，夏休期間延至 18:00 閉館
費用：成人 ¥700，高中生及初中生 ¥500，小學生 ¥300
電話：0859-42-2171
官網：http://mizuki.sakaiminato.net

Part 6.2 柯南粉絲必來 鳥取東伯郡

柯南誕生的真相就在這裏！北栄町

Online地圖：goo.gl/Gh3AtG

北榮町為《名偵探柯南》作者青山剛昌的出生地，町內的青山剛昌故鄉館固然是一眾柯南粉絲必來朝聖的地點，但其實整座町鎮四處都可找到青山剛昌筆下作品的角色！從 JR 由良站下車，從車站內裝潢到站外的地圖都可看到青山老師的手筆。一路出發往故鄉館的路上亦可找到新一與小蘭等人的銅像，就連町內的大橋也被命名為柯南大橋啊！

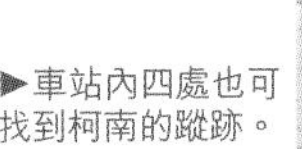

▶JR 由良站外為配合青山剛昌故鄉館，特意改稱為柯南站！

▶車站內四處也可找到柯南的蹤跡。

▲北榮町的觀光地圖也以柯南作為主角！

▲幾經波折，青山老師終於承認兩人是情侶了！

▲從車站走往博物館，沿途可找到不少柯南的雕像。

▲就連大橋也以柯南命名！

▲柯南大橋上也有不同的雕像畫。

▶在北榮町圖書館外的，是久違了的新一啊！

INFO
地址：鳥取縣東伯郡北栄町
交通：從 JR 由良站下車即達

「真相永遠只有一個！」青山剛昌故鄉館

Online地圖：goo.gl/7RtNKM

如果你以為青山剛昌故鄉館只是歷史人物的紀念館，那麼你的推理能力一定不及名偵探柯南，因為青山剛昌正是《名探偵柯南》的作者！比起青山剛昌故鄉館的本名，更多人會稱之為柯南博物館，只因裏面全是《名探偵柯南》的場景與資料展覽。博物館有2層，除了展示了青山剛昌的工作室與原畫外，亦加入不少推理遊戲讓大家動動腦筋，若能解謎的話就喊出柯南的名言：「真相永遠只有一個」吧！

▲青山剛昌故鄉館的正門，還有阿笠博士的愛車！

▶正門的電動門為鎖匙孔，很有解開真相的感覺！

▲少年偵探團參上！

▲模擬青山剛昌的工作室。

◀除了柯南，也有介紹青山剛昌其他作品，如《YAIBA 鐵刃》與《魔術快斗》等。

▲青山剛昌三大作品的主角，為老師的真跡！

▲原畫展示是每個漫畫博物館不可少的部分。

▲體驗柯南其中一個重要道具——變聲蝴蝶結！

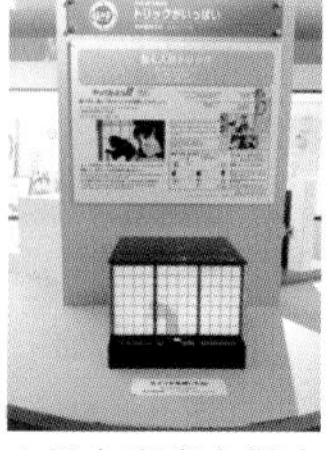

▲還有密室之謎向你發出挑戰！

TIPS

遊客可以列印以下優惠券，可以享有入場優惠：www.gamf.jp/1375.html

INFO

地址：鳥取縣東伯郡北栄町由良宿 1414
交通：從 JR 由良站下車再步行約 15 分鐘
時間：09:30~17:30(最終入場時間為閉館前 30 分鐘)
費用：成人 ¥700，高中生及初中生 ¥500，小學生 ¥300
電話：0858-37-5389
官網：www.gamf.jp

Part 6.3 小甜甜與安東尼 倉敷市

既華麗又純真的少女漫畫 五十嵐優美子美術館

Online地圖:
goo.gl/69CX6N

五十嵐優美子是經典少女漫畫《小甜甜》的作者，在2000年於倉敷市設立美術館，內有大量作品相關的資料與超過50幅珍貴原畫與複製原畫展示，而1樓的商店則可免費內進，內有不少限定精品出售。五十嵐老師的作品風格以華麗見稱，因此美術館內存放了超過100套禮服與和服，入場人士可以￥1,000租借拍照，親身體驗變身成為小甜甜與安東尼！

►位於倉敷市的五十嵐優美子美術館。

TIPS

遊客出示以下優惠券列印本，可以享有入場優惠：www.aska-planning-design.co.jp/museum/discount.html#nenga

INFO

地址：岡山縣倉敷市本町 9-30
交通：從 JR 倉敷站下車步行 15 至 20 分鐘
時間：10:00~17:00，黃金週與夏休期間 09:00~18:00
費用：成人 ￥600，高中生及初中生 ￥400，小童 ￥300；於便利店購買前賣券可享折扣
電話：086-426-1919
官網：www.aska-planning-design.co.jp/museum/museumtop.html

►正門外還可以扮成小甜甜！

Part 7

跟著動漫
遊九州
A STORE
中古販売
4F
KUMAMOTO
Melonbooks
Comic,Dojin&Goods total shop.
animate
Your favorite space for your pleasure and dream.
LAST GAME
Blu-ray & DVD
GAME
B1
ビデオゲーム
メダルゲーム
3F
animate
Melonbooks
Comic,Dojin&Goods total shop.
コミック

Part 7.1

包羅萬有的動漫相關店鋪

福岡市

福岡市為九州眾多城市中人口最多的城市，愛稱為博多的福岡市內擁有不少動漫相關的店鋪，當中大部分位於天神區，另外如 Jump Shop 及海賊王專門店等的分店都可在此找到。

九州唯一分店
Jump Shop 福岡店

Online地圖：goo.gl/8HZtzt

Jump Shop 位於福岡的分店，亦是九州地區唯一的分店，位置就在繁華的博多運河城 (キャナルシティ博多) 內，店內以出售集英社動漫為主，少年 Jump 內的作品如《海賊王》與《我的英雄學院》等精品或漫畫都可找到。

INFO
地址：福岡縣福岡市博多區住吉 1-2-22 キャナルシティ博多 B1F
交通：從 JR 博多站博多口步行約 10 分鐘
時間：10:00~21:00　電話：092-263-2675
官網：www.shonenjump.com/j/jumpshop

多種體驗於一身
Namco Chara Store 博多バスターミナル店

Online地圖：goo.gl/MWj3gv

Namco 店內除了設有 Namco Chara Store，還有以動漫為主題的 Key's Cafe 及常設的 Idol Master 專門店。Namco Chara Store 多次與不同動漫合作，如《黑子的籃球》及《Idolish 7》等，店內設有小遊戲及限定精品。另外 2017 年底更新增了 VR ZONE Portal HAKATA，讓人體驗 VR 的真實感，當中更包括 Mario Kart(瑪利歐賽車) 的 VR 版本呢！

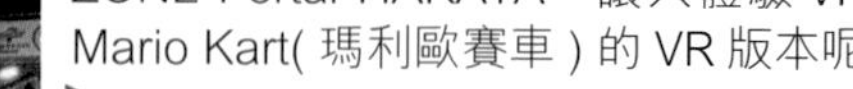

INFO
地址：福岡縣福岡市博多區博多駅中央街 2-1 博多バスターミナルビル 7F
交通：從 JR 博多站博多口步行約 1 分鐘
時間：09:00~24:00　電話：092-434-3721
官網：www.namco.co.jp/game_center/loc/hakata

模型控的天堂
Volks 福岡 Show Room

Online地圖：goo.gl/Uxvo3S

備有大量軍事模型與機械人模型的 Volks 福岡 Show Room，同時也有 Super Dollfie 公仔出售。Volks 福岡 Show Room 內亦備有大量模型製作工具，單是彩色顏料已有接近一百款。另外亦設有格仔箱，讓遊客在此盡情挖寶。

INFO
地址：福岡縣福岡市中央區天神 4-4-11 イオンショッパーズ福岡店 4F
交通：從西鐵福岡天神站北口步行約 5 分鐘
時間：10:00~20:00　電話：092-715-5239
官網：www.volks.co.jp/jp/shop/fukuoka_sr

薩波哥哥坐陣 《海賊王》專門店福岡店

Online地圖: bit.ly/2SYPnNe

出售《海賊王》精品的專門店，亦是九州地區唯一的分店。不少《海賊王》的專門店均位於 PARCO 內，福岡分店也不例外。而每間《海賊王》專賣店均有不同的人物坐陣，福岡的代表是薩波！

INFO
地址：福岡縣福岡市中央區天神 2-11-1 福岡 PARCO 7F
交通：與地下鐵天神站西口 7 號出口及西鐵福岡天神站北口改札連接
時間：10:00~20:30　電話：092-235-7428
官網：www.mugiwara-store.com/store/1256

▲福岡分店同樣位於 PARCO 內。

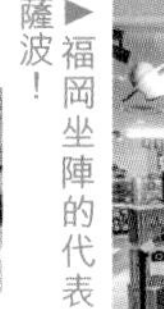

▶福岡坐陣的代表就是薩波！

更多福岡市 ACG 店鋪

Gamers 博多店

地址：福岡縣福岡市博多區博多駅中央街 2-1 博多バスターミナル 7F namco 博多バスターミナル店内
交通：從 JR 博多站博多口步行約 1 分鐘
時間：星期一至五 10:30~21:00，星期六、日及公眾假期 10:00~21:00
電話：092-434-6868　官網：www.gamers.co.jp/shop/4238

Online地圖: goo.gl/RD6qKt

Animate Cafe 福岡天神店

地址：福岡縣福岡市中央區天神 1-11-1 天神ビブレ 6F
交通：從西鐵福岡天神站北口改札或地下鐵福岡天神站東口改札口 13 號出口步行約 2 分鐘
時間：10:00~20:30　電話：092-717-2323
官網：https://cafe.animate.co.jp/shop/fukuoka

Online地圖: bit.ly/2Jj37mO

Animate 福岡天神店

地址：福岡縣福岡市中央區天神 1-11-1 天神ビブレ 6F
交通：從西鐵福岡天神站北口改札或地下鐵福岡天神站東口改札口 13 號出口步行約 2 分鐘
時間：10:00~20:30　電話：092-732-8070
官網：www.animate.co.jp/shop/fukuokatenjin

Online地圖: goo.gl/HWNomW

Princess Cafe 福岡店

地址：福岡縣福岡市中央區天神 1-11-11 天神コア B2F
交通：從西鐵福岡天神站北口出口步行約 3 分鐘
時間：10:00~20:00　電話：092-406-3134
官網：http://pripricafe.com/fukuoka.html

Online地圖: goo.gl/JkRbCk

らしんばん福岡天神店

地址：福岡縣福岡市中央區天神 1-9-1 ベスト電器福岡本店 8F
交通：從地下鐵福岡天神站 14 號出口步行約 2 分鐘
時間：10:00~21:00　電話：092-771-8801
官網：www.lashinbang.com/store/fukuokatenjin

Online地圖: goo.gl/RVa984

Melonbooks 福岡店

地址：福岡縣福岡市中央區天神 1-9-1 ベスト電器福岡本店 9F
交通：從地下鐵福岡天神站 14 號出口步行約 2 分鐘
時間：10:00~21:00　電話：092-739-5505
網址：www.melonbooks.co.jp/shop/shop.php?wp_id=23

Online地圖: goo.gl/McVY3r

Animega 福岡 PARCO 店

地址：福岡縣福岡市中央區天神 2-11-1 福岡 PARCO 西鉄増床部 7F
交通：與地下鐵天神站西口 7 號出口或西鐵福岡天神站北口改札連接
時間：10:00~20:30　電話：092-791-5615
官網：www.bunkyodojoy.com/shop/pages/animega_t_ls_fukuoka.aspx

Online地圖: bit.ly/2UzYaH8

Part 7.2

北九州的動漫集中地 小倉市 あるある City

小倉市位於福岡市東北部，乘搭新幹線只需十多分鐘即達。而距 JR 小倉站不過五分鐘路程的あるある City 更可說是動漫迷的聖地，只因商場內超過九成店鋪均與動漫有關，頂樓更有北九州漫畫博物館坐陣啊！

逛不完的動漫商場 あるある City

Online地圖：goo.gl/UWMSe5

2012 年開業的あるある City 為小倉區內一棟以動漫為主的商場，商場內除了進駐了北九州漫畫博物館，另外也開設了十多間與動漫相關的商店，動漫迷們在此逛上一天也未必足夠呢！

▲鄰近 JR 小倉站的あるある City。

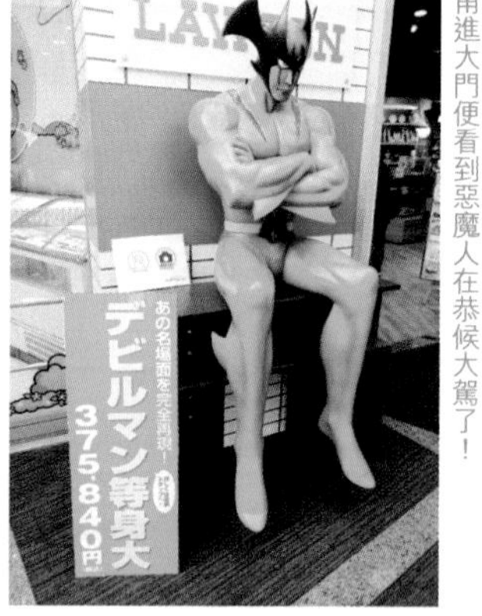

◀甫進大門便看到惡魔人在恭候大駕了！

▲Gamers。以出售男性向動漫精品為主，還有遊戲軟件、漫畫雜誌等。(位置：3F)

▲夾公仔機，內裏的公仔都是以動漫主題為主。(位置：2F)

INFO

地址：福岡縣北九州市小倉北區浅野 2-14-5
交通：從 JR 小倉站新幹線口步行約 3 分鐘
時間：11:00~20:00，個別店鋪營業時間請參考網頁
電話：093-512-9566
官網：http://aruarucity.com

あるある City 樓層動漫相關店鋪情報：

樓層	商店	營業時間	店鋪詳情	網頁
B1F	あるある B1F スタジオ	11:00~20:00	あるある City 的舞台設施，不時舉辦聲優或俳優（演員）表演	—
	コロツケ倶楽部	24 小時	卡拉 OK，部分房間更是動漫主題房	www.korokke.com/shop/shousai.php?no=MTAx
	Hunaudieres	星期一至五 12:00~24:00，星期六、日及公眾假期 10:00~24:00	設有 6 條四驅車比賽賽道，可供租借四驅車，店內亦有不少汽車相關玩具及模型出售	www.hunaudieres-cars.com
1F	Maid Cafe Maidreamin	星期一至六 11:30~22:00，星期日及公眾假期 11:00~22:00	Maid Cafe Maidreamin 為於九州唯一的分店，備受海外歡迎的女僕餐廳	https://maidreamin.com/shop/detail.html?id=20
2F	駿河屋	11:00~20:00	著名網店駿河屋開設的實體店，大部分為中古品，更不時會有大減價優惠	www.suruga-ya.jp/feature/aruarucity/index.html
	軸中心派 小倉店	11:00~20:00，逢星期二、三休息	出售超過 150 種美少女掛軸，亦有美少女 Figure 及書籍	https://ameblo.jp/ittaoyz
	ロボツトロボツト	11:00~20:00	網店ロボツトロボツト的分店，部分盒蛋可根據款式個別購入	www.robotrobot.com/hub
	マチ★アソビ Cafe 北九州	11:00~20:00	ufortable 於九州地區唯一的餐廳與賣店，可找到 Fate 系列與刀劍亂舞等產品，亦會舉辦期間限定的主題 Café	www.machiasobi.com/machiasobicafe
	G-stage	11:00~20:00	設有多部夾公仔機與大型音樂遊戲機，也有一番賞抽獎	http://nextstage2009.com
	JUNGLE	11:00~20:00	出售不同動漫的 Figure、精品與玩具，部分價錢更低於市價	http://jungle-scs.co.jp/sale/?page_id=19
3F	Gacha Gacha Section	11:00~20:00	設有多部扭蛋機的扭蛋區	—
	カードラボ	11:00~20:00	出售對戰類遊戲卡	www.c-labo.jp
	らしんばん小倉店	11:00~20:00	詳見らしんばん小倉店 (P.158) 介紹	www.lashinbang.com/store/kokura
	Melon Books 小倉店	11:00~20:00	詳見 Melon Books 小倉店 (P.158) 介紹	www.melonbooks.co.jp/shop/shop.php?wp_id=24
	Gamers 小倉店	11:00~20:00	詳見 Gamers 小倉店 (P.158) 介紹	www.gamers.co.jp/shop/4250
	Animate 小倉店	11:00~20:00	詳見 Animate 小倉店 (P.158) 介紹	www.animate.co.jp/shop/kokura
4F	駿河屋	11:00~20:00	駿河屋於あるある City 的另一間分店	www.suruga-ya.jp/feature/aruarucity/index.html
	まんだらけ小倉店	12:00~20:00	詳見まんだらけ小倉店 (P.158) 介紹	http://mandarake.co.jp/shop/kkr
	SMILE STATION	11:00~20:00	設有多款夾公仔機，亦有一番賞抽獎	http://smilestationblog.blog.fc2.com
5F	UnderLand	11:00~20:00	九州規模最大的 Cosplay 攝影場地	http://underlandcos.com
5F / 6F	北九州漫畫博物館	11:00~19:00(最後入場時間為閉館前 30 分鐘)，逢星期二休館	詳見北九州漫畫博物館 (P.158) 介紹	www.ktqmm.jp

5 萬本漫畫收藏 北九州漫畫博物館

Online地圖:
bit.ly/2NZJ9Mo

北九州漫畫博物館於 2012 年開館，5 樓為企劃展區域，曾於此處舉辦個展的動漫作品包括《雷朋三世》及北条司作品展等；6 樓則為常設展區，並特設北九州市出身的一代漫畫家松本零士的區域，另外也有講述漫畫的製作過程與日本的漫畫發展史。而 6 樓亦設有閱讀區，內藏約 5 萬本漫畫供參觀人士隨意翻閱。

INFO

地址：福岡縣北九州市小倉北區浅野 2-14-5 あるある City 5~6F
交通：從 JR 小倉站新幹線口步行約 3 分鐘
時間：11:00~19:00(最後入場時間為閉館前 30 分鐘)，個別日子開放時間有所不同，請參考網頁
休息：星期二
費用：常設展成人 ￥400，高中生或中學生 ￥200，小學生 ￥100
電話：093-512-5077
官網：www.ktqmm.jp

更多小倉市 ACG 店鋪

まんだらけ小倉店

地址：福岡縣北九州市小倉北區浅野 2-14-5 あるある City 4F
交通：從 JR 小倉站新幹線口步行約 3 分鐘
時間：12:00~20:00
電話：093-512-1777
官網：http://mandarake.co.jp/shop/kkr

Online地圖:
bit.ly/2Hzgw7L

Animate 小倉店

地址：福岡縣北九州市小倉北區浅野 2-14-5 あるある City 3F
交通：從 JR 小倉站新幹線口步行約 3 分鐘
時間：11:00~20:00
電話：093-512-7743
官網：www.animate.co.jp/shop/kokura

Online地圖:
bit.ly/2u4KeJS

らしんばん小倉店

地址：福岡縣北九州市小倉北區浅野 2-14-5 あるある City 3F
交通：從 JR 小倉站新幹線口步行約 3 分鐘
時間：11:00~20:00
電話：093-513-7393
官網：www.lashinbang.com/store/kokura

Online地圖:
bit.ly/2XSHHQt

Melonbooks 小倉店

地址：福岡縣北九州市小倉北區浅野 2-14-5 あるある City 3F
交通：從 JR 小倉站新幹線口步行約 3 分鐘
時間：11:00~20:00
電話：093-512-3363
官網：www.melonbooks.co.jp/shop/shop.php?wp_id=24

Online地圖:
bit.ly/2EWSj8j

Gamers 小倉店

地址：福岡縣北九州市小倉北區浅野 2-14-5 あるある City 3F
交通：從 JR 小倉站新幹線口步行約 3 分鐘
時間：11:00~20:00
電話：093-541-3731
官網：www.gamers.co.jp/shop/4250

Online地圖:
bit.ly/2XTrLxl

Part 7.3 九州中部動漫集中地 熊本市

熊本市為九州第三大城市，熱門的動漫連鎖店如 Animate 及らしんばん等都有在此設立分店，而且全部位於本町商店街內同一棟商業大廈內，可一次過在此盡情購物。

熊本市 ACG 店鋪

Animate 熊本店

地址：熊本縣熊本市中央區手取本町 4-12 ファインビル 3F
交通：從市電通町筋站步行約 1 分鐘
時間：10:00~20:00
電話：096-311-0133
官網：www.animate.co.jp/shop/kumamoto

Online地圖:
bit.ly/2T1e63C

らしんばん熊本店

地址：熊本縣熊本市中央區手取本町 4-12 ファインビル 4F
交通：從市電通町筋站步行約 1 分鐘
時間：11:00~20:00
電話：096-312-0755
官網：www.lashinbang.com/store/kumamoto

Online地圖:
bit.ly/2XQCOYa

Melonbooks 熊本店

地址：熊本縣熊本市中央區手取本町 4-12 ファインビル 4F
交通：從市電通町筋站步行約 1 分鐘
時間：11:00~20:00
電話：096-312-2117
官網：www.melonbooks.co.jp/shop/shop.php?wp_id=25

Online地圖:
bit.ly/2TKy0V2

Part 8
北海道
ぐるっと
シアター
券売機
SHOP
DORAEMON SHOP
DORAEMON SHOP
ロイズ 板チョコ

跟着動漫
遊北海道
POKéMON

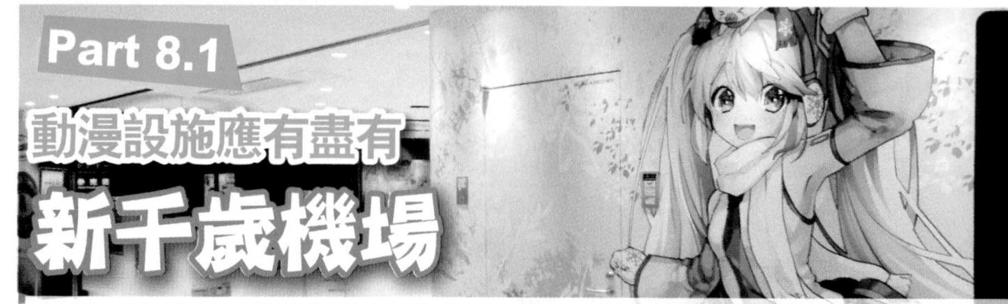

Part 8.1 動漫設施應有盡有 新千歲機場

新千歲機場可説是通往北之大地北海道的大門，機場內的美食讓人難忘之餘，原來還蘊藏了眾多動漫相關店鋪與設施，當中包括多啦 A 夢空中樂園 Sky Park 與 Snowmiku Sky Town 等！

入手機師造型的比卡超 Pokémon Store 新千歲機場店

Online地圖：goo.gl/HQF3tb

Pokémon 於新千歲機場設立的商店，商店範圍比東京站分店還要大，店內還有機師造型的比卡超公仔與精品，全為新千歲空港限定的啊！而作為機場分店，當然還有大量旅行相關精品如行李牌及旅行袋等出售！

INFO
地址：北海道千歲市美々 987 新千歳空港国内線ターミナルビル 2F
交通：從 JR 新千歲空港站步行約 3 分鐘
時間：08:00~20:00
電話：0123-45-5865
官網：www.pokemon.co.jp/gp/store/new-chitose-airport

雪初音限定商店 Snowmiku Sky Town

Online地圖：goo.gl/GDpqih

看到白色雙馬尾的造型你會感到無限眼熟，眼前的並非為人熟悉的初音未來，而是為應援 2010 年札幌雪祭而誕生的雪未來，被稱雪初音的新角色！雪初音其後擔當起北海道形象大使，更於新千歲機場內設立了 Sky Town，以 360 度螢幕展示北海道的壯麗自然景觀，宣傳北海道的魅力。Sky Town 內不能少的當然還有雪初音的限定精品，如襟章與抱枕等。

▲以藍白色為主色調的雪初音讓人想起冬天的皚皚白雪，與綠色為主色調的初音大有不同。

◀店外留有空間讓人作小休之用，但作為粉絲當然是要衝進店內敗家才對吧！

INFO
地址：北海道千歳市美々新千歳空港国内線ターミナルビル 4F
交通：從 JR 新千歲空港站步行約 3 分鐘
時間：09:00~19:00
電話：0123-45-0039
官網：http://snowmiku.com/skytown

利用道具拍出稀奇相片
多啦 A 夢空中樂園 Sky Park

Online地圖:
goo.gl/GfA5Jq

沒想到在機場也會設立多啦 A 夢的室內樂園吧？位於新千歲機場的多啦 A 夢空中樂園 Sky Park 為世界第一個於機場設置的多啦 A 夢設施，除了進入樂園區域要額外收費外，兒童遊樂區、餐廳與商店均可免費參觀。餐廳內有各款以多啦 A 夢法寶創作的餐點，而樂園內則有多啦 A 夢以法寶製成的幻想空間，讓你可拍下有趣照片。

▲配合主題曲的節拍，可與一眾人物玩互動遊戲。

▶一進樂園便看到巨大的多啦 A 夢從神奇穿牆圈探身出來！

▲餐廳區有以多啦 A 夢為造型的豆沙餅與拉花咖啡。

▲錯覺能讓你拍下有趣的相片。

▶充滿各種限定品的商店。

▶多啦 A 夢其中一個經典場面，必定是偷看靜香洗澡了！

INFO

地址：北海道千歲市美々新千歲機場国内線ターミナルビル 3 樓微笑之路
交通：從 JR 新千歲空港站步行約 15 分鐘
時間：10:00~18:00
費用：成人 ￥800，高中生及初中生 ￥500，小童 ￥400
電話：0123-46-3355
官網：www.new-chitose-airport.jp/ja/doraemon

札幌市可説是北海道最繁華的城市，市內當然亦不乏動漫專賣店。像動漫精品龍頭 Animate、らしんばん、Gamers 甚至以中古品為主的 Mandarke 都有在此設立分店。

札幌市 ACG 店鋪

Yellow Submarine 札幌店

地址：北海道札幌市中央區南 3 条西 4-12-1 アルシユ 6F
交通：從地下鐵すすきの站 (薄野站)2 號出口步行約 2 分鐘或市電狸小路站直達
時間：星期一至四 11:00~21:00，星期五至日及公眾假期 10:00~21:00
電話：011-213-6003
官網：www.yellowsubmarine.co.jp/shop/shop-003.htm

Online地圖:
goo.gl/GMmosF

Animate 札幌店

地址：北海道札幌市中央區南 2 条西 1-5 丸大ビル 2F
交通：從地下鐵大通站 35 號出口步行約 3 分鐘
時間：10:00~20:00
電話：011-219-1223
官網：www.animate.co.jp/shop/sapporo

Online地圖:
bit.ly/2u4TMUZ

ACOS 札幌店

地址：北海道札幌市中央區南 2 条西 1-5 丸大ビル 2F
交通：從地下鐵大通站 35 號出口步行約 3 分鐘
時間：10:00~20:00
電話：011-219-1223
官網：www.acos.me/store/detail.php?store=sapporo

Online地圖:
bit.ly/2u4TMUZ

らしんばん札幌店本館

地址：北海道札幌市中央區南二 2 条西 1-5 丸大ビル 3F
交通：從地下鐵大通站 35 號出口步行約 3 分鐘
時間：星期一至五 11:00~20:00，星期六日或假期 10:00~20:00
電話：011-222-0337
官網：www.lashinbang.com/store/sapporo

Online地圖:
bit.ly/2VQYjWQ

Gamers 札幌店

地址：北海道札幌市中央區南 2 条西 1-5 丸大ビル 5F
交通：從地下鐵大通站 35 號出口步行約 3 分鐘
時間：10:00~20:00
電話：011-223-2177
官網：www.gamers.co.jp/shop/2418

Online地圖:
bit.ly/2VZGZzh

とらのあな札幌店

地址：北海道札幌市中央區南 2 条西 1-7-1 2 番館ビル 1F
交通：從地下鐵大通站 35 號出口步行約 1 分鐘
時間：10:00~21:00
電話：050-5433-1213
官網：www.toranoana.jp/shop/sapporo

Online地圖:
goo.gl/eYYYpP

Volks 札幌 Show Room

地址：北海道札幌市中央區南 1 条西 2-9-1 IKEUCHI ZONE B2F
交通：從地下鐵大通站南改札出口步行約 3 分鐘
時間：10:00~20:00
電話：011-218-5441
官網：www.volks.co.jp/jp/shop/sapporo_sr

Online地圖:
goo.gl/DB66C3

Pokémon Centre 札幌店

地址：北海道札幌市中央區北 5 条西 4-7 大丸札幌店 8F
交通：與 JR 札幌站連接
時間：10:00~22:00
電話：011-232-3212
官網：www.pokemon.co.jp/gp/pokecen/sapporo

Online地圖:
goo.gl/8QUpkS

Animega 札幌大通駅店

地址：北海道札幌市中央區南 1 条西 4 丁目日之出ビル B1
交通：與地下鐵大通站 10 出口直結
時間：星期一至五 08:30~22:00，星期六日或假期 09:00~21:00
官網：www.bunkyodojoy.com/shop/pages/animega_t_sapporoodori.aspx

Online地圖:
bit.ly/2VCKGOy

附錄
ONISHI
白梅町
203

日本各地交通指南

實用資料

語言

日本居民均以日文為主要語言。不過許多熱門旅遊地點如東京、大阪、名古屋市等均設有英語對應的職員替旅客解答疑難，當中不少更精通普通話，確實讓自遊行的旅客安心不少呢！

日元兌換

日本的貨幣單位為日元，其中紙幣分為 ¥10,000、¥5,000、¥2,000 與 ¥1,000。硬幣則分為 ¥500、¥100、¥50、¥10、¥5 與 ¥1。

香港大部分銀行均提供日元兌換服務，如旅客為兌換銀行的客戶，部分銀行更會豁免手續費；位於中環的百年找換有限公司亦有提供日元兌換服務，讀者亦可於以下網頁參考一下有關匯率。

百年找換有限公司：http://bcel1985.blogspot.com

海外自動櫃員機提款

一般日本銀行不接受海外提款卡提款，不過日本的 7-11 便利店設置了 ATM，提供海外提款服務，並設置了中英文網頁，讓人可隨時隨地提取現金。提款過程很簡單：先插入銀行卡，然後選擇要使用的語言，再輸入密碼及金額就完成。可使用的銀行卡包括 Visa、Mastercard、Plus、JCB、AmericanExpress、銀聯等。銀行可能會收取海外提款的手續費，詳情可先向相關銀行查詢。另外，謹記出發前要開通海外提款服務。

Seven Bank(7-11 的ATM 位置)：www.sevenbank.co.jp/intlcard/index5.html

時差、電壓

日本比香港及台灣快 1 小時，旅客要特別注意航班的時間喔！而電壓方面，日本的電壓為 110V，插頭為兩腳扁型插頭。

國內外打電話方法

現時日本廣泛使用 4G(即 LTE) 網絡，只要你的電話支援 4G 或 3G 服務，並於出發前與香港或台灣的電訊商申請開通漫遊服務後，抵達日本即可連接電話網絡。不過要留意的是，接收電話亦會當作漫遊收費，而且日本的長途電話費用不菲，回家就有一張長長的帳單在等待着你了！

從香港 / 台灣致電日本：電訊供應商的長途電話字頭 +81(日本國家區號)+ 電話號碼

從日本致電回港：電訊供應商的長途電話字頭 + 852(香港地區區號)+ 香港電話號碼

從日本致電回台：電訊供應商的長途電話字頭 + 866(台灣地區區號)+ 台灣電話號碼

從日本當地致電當地：直接撥打電話號碼即可

緊急電話	
日本警察熱線	110
日本警察英語熱線	3501 0110
火警與召喚救傷車熱線	119
香港入境處熱線	(852)1868
中華人民共和國駐日本大使館	033-403-0924

輕鬆上網大全

現時日本多個地區都有免費 Wi-Fi 上網區域，如在機場、JR 主要車站的驗票口及候車處 (須事先申請帳號)、甚至 Starbucks(星巴克咖啡店) 都提供免費 Wi-Fi 上網。若要在日本隨時隨地上網，一些大型電器店內都可購買數據卡，如 So-net、b-mobile 等。若同時有多名朋友出遊，租借 Wi-Fi Router 可能更為划算。

b-mobile Visitor Sim

b-mobile 為一家日本電訊公司，現時特意為遊客提供於日本使用的上網數據卡。遊客只需出發前於網上訂購上網數據卡，便可於機場或酒店取得，隨即在日本各處隨心上網了！現時 b-mobile 數據卡可於多間大型電器店購買，詳情可參考網頁。

數據卡均有普通尺寸、Micro Sim 及 Nano Sim 供遊客選擇，購買時需留意電話適用於哪一種。數據卡可透過上網增值來延長日數，及於數據用量用盡時增值，非常方便。

	Visitor SIM
提供服務	只限上網
可用期限	21 日
話音通話	不可直接通話
數據用量	5GB
購買地點	網上或指定電器商店
價錢	¥3,480

b-mobile (英文)：www.bmobile.ne.jp/english/

TIPS

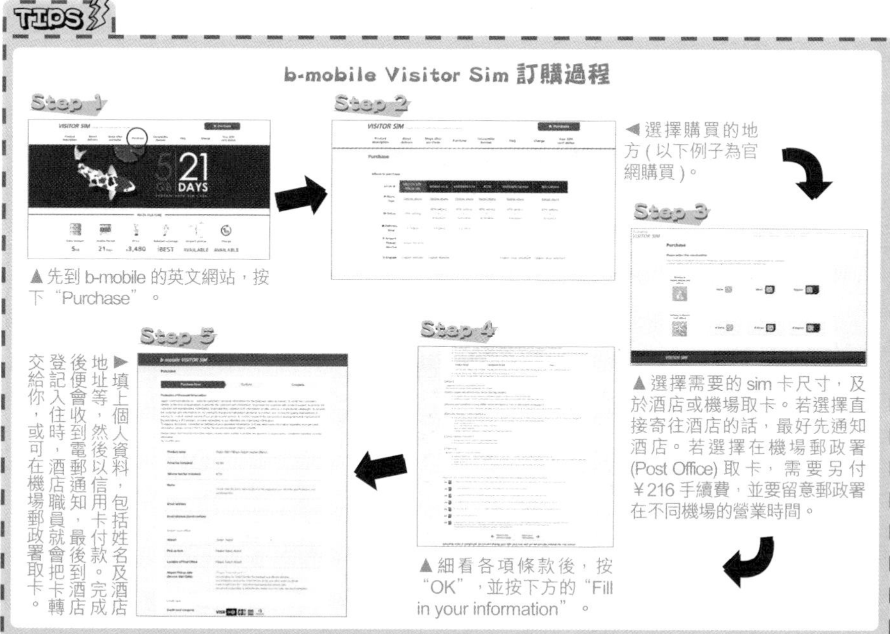

▲先到 b-mobile 的英文網站，按下“Purchase”。

◀選擇購買的地方 (以下例子為官網購買)。

▲選擇需要的 sim 卡尺寸，及於酒店或機場取卡。若選擇直接寄往酒店的話，最好先通知酒店。若選擇在機場郵政署 (Post Office) 取卡，需要另付 ¥216 手續費，並要留意郵政署在不同機場的營業時間。

▲細看各項條款後，按“OK”，並按下方的“Fill in your information”。

▶填上個人資料，包括姓名及酒店地址等，然後以信用卡付款。完成後便會收到電郵通知，最後到酒店登記入住時，酒店職員就會把卡轉交給你，或可在機場郵政署取卡。

So-net 輕便流動電話卡

So-net 為 Sony 旗下一員，現時於日本國內機場如富山機場、關西國際機場及 Yodobashi 等大型電器店都可直接購買數據卡，以供旅遊期間上網，設有三種服務方案，分別為 30 天 1.2GB 或 2.4GB 及 60 天 3.2GB，數據使用完畢後可於網上增值，每 1GB 價錢為 ¥2,838，可延長 60 天。

以上 3 款數據卡均有普通尺寸、Micro Sim 及 Nano Sim 供選擇，購買時需留意電話適用哪一種。

So-net：www.so-net.ne.jp/prepaid/tc/

日本租用 Wi-Fi Router

日本機場有 Wi-Fi Router 的出租服務處，可選擇的出租公司很多，包括 Softbank、Telecom Square 等。Wi-Fi Router 按租用日數計算收費，每日約 ¥450~1,500，價錢較 b-mobile 高，但同時多人使用時更為划算。

Wi-Fi 租用屋さん：http://tw.wifi-rental-store.jp/
Telecom Square：http://biz.telecomsquare.co.jp/telecomsquare/data/
Japan Wireless：http://japan-wireless.com/
Softbank：www.softbank-rental.jp/c/rental.php

香港租借 Wi-Fi Router

現時香港有多間公司提供租借 Wi-Fi Router 服務，價錢從每天 HK$15 起，按金 HK$500~1,000，一般可以速遞取機、還機，或到機場取機。詳情可參考各大公司官網。

Crazy Egg：www.crazyegg.com.hk
Ninja Wifi：http://ninjawifi.com
維訊數據：https://visondata.com

簽證

現時入境日本的旅客均需拍照與及記錄手指模，如 3 個月內再入境的話則可免卻這程序。持有不同護照的居民，簽證規定也有不同：

香港居民

持有有效期為 6 個月或以上的香港特區護照或海外國民護照 (BNO)，可享免簽證在日本逗留不超過 90 天。

台灣居民

持有有效期為6個月或以上的中華民國護照，可享免簽證在日本逗留不超過90天。

內地居民

需前往日本領事館或透過代辦機構辦理日本簽證，最長可逗留 90 天。

填寫入境記錄

海關申告書 (A、B 面)

外國人入境日本需要填寫一張外國人入境記錄卡與一份海關申告書，其中外國人入境記錄卡於入境時與護照一起交給入境處職員便可以；而海關申告書則於領取行李後離開時交給海關人員。海關申告書每組旅客 (如一家人) 遞交一張便可。

(A面)

日本國稅關
海關樣式C第5360-E號

攜帶品・另外寄送的物品 申告書

請填寫下列與背面表格，並提交海關人員。
家族同時通關時只需要由代表者填寫一份申告書。

搭乘班機（船舶）名		出發地	
入國日	年	月	日
姓名	英文名		
現在日本住宿地點			
	電話 ( )		
國籍		職業	
出生年月日	年	月	日
護照號碼			
同行家人	20歲以上 人	6歲以上20歲未滿 人	6歲未滿 人

※ 回答以下問題，請在□內打"✓"記號。

1.您持有以下物品嗎？ 是 否
① 禁止或限制攜入日本的物品(參照B面) □ □
② 超過免稅範圍(參照B面)的購買品、名產或禮品等 □ □
③ 商業貨物、商品樣本 □ □
④ 他人託帶物品 □ □
＊上述問題中，有選擇「是」者，請在B面填寫您入國時攜帶的物品。

2.您現在攜帶超過100萬日圓價值的現金或有價證券嗎？ 是 □ 否 □
＊選擇「是」者，請另外提交「支付方式等攜帶進口申告書」。

3.另外寄送的物品 您是否有入國時未隨身攜帶，但以郵寄等方式，另外送達日本的行李(包括搬家用品)？
□ 是 （ 個 ） □ 否
＊選擇「是」者，請把入國時攜帶入境的物品記載於B面，並向海關提出此申告書2份，由海關確認。(限入國後六個月內之輸入物品)
另外寄送的物品通關時，需要海關確認過的申告書。

《注意事項》
在國外購買的物品，受人託帶的物品等，要帶進我國時，依據法令，須向海關申告且接受必要檢查，敬請合作。另外，漏申告者或是虛偽申告等行為，可能受到處罰，敬請多加留意。

茲聲明以上申告均屬正確無誤。

旅客簽名

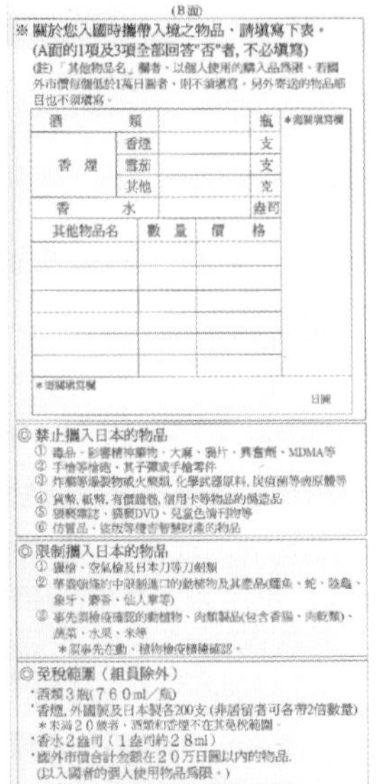

(B面)

※ 關於您入國時攜帶入境之物品，請填寫下表。
(A面的1項及3項全部回答"否"者，不必填寫)
(註)「其他物品名」欄者，以個人使用的購入品為限，若國外市價每個低於1萬日圓者，則不須填寫。另外寄送的物品細目也不須填寫。

酒類			瓶	＊海關填寫欄
香煙	香煙		支	
	雪茄		支	
	其他		克	
香水			盎司	

其他物品名	數量	價格

＊海關填寫欄 日圓

◎ 禁止攜入日本的物品
① 毒品、影響精神藥物、大麻、鴉片、興奮劑、MDMA等
② 手槍等槍砲、其子彈或手槍零件
③ 炸藥等爆裂物或火藥類，化學武器原料，炭疽菌等病原體等
④ 貨幣、紙幣、有價證卷、信用卡等物品的偽造品
⑤ 猥褻雜誌、猥褻DVD、兒童色情刊物等
⑥ 仿冒品、盜版等侵害智慧財產的物品

◎ 限制攜入日本的物品
① 獵槍、空氣槍及日本刀等刀劍類
② 華盛頓條約中限制進口的動植物及其產品(鱷魚、蛇、陸龜、象牙、麝香、仙人掌等)
③ 事先須檢疫確認的動植物、肉類製品(包含香腸、肉乾類)、蔬菜、水果、米等
＊須事先在動、植物檢疫櫃檯確認。

◎ 免稅範圍（組員除外）
・酒類3瓶(760ml／瓶)
・香煙，外國製及日本製各200支 (非居留者可各帶2倍數量)
＊未滿20歲者，酒類和香煙不在其免稅範圍。
・香水2盎司（1盎司約28ml）
・國外市價合計金額在20万日圓以內的物品。
(以入國者的個人使用物品為限。)
＊國外市價指的是外國通常零售價（購買價格）。
＊單件超過20萬日圓時，將全額課稅。
＊未滿6歲的孩童，本人使用的玩具等物品以外不可免稅。

所有進入日本(或回國)之旅客，依據法令，必需向海關提出本申告書。

►別忘了填寫海關申告書，若入境物品需要報關，便需填寫 B 面。

外國人入境記錄卡 (正面) 要填寫的資料：	
1 英文姓氏	2 英文名字
3 出生日 / 月 / 年	4 國家名
5 居住地	6 選擇入境目的，一般可選擇「觀光」
7 航班編號	8 停留日本時間 (以日或月作單位)
9 在日本可聯絡的地址 (填寫第一晚在日本入住的酒店地址)	
10 在日本可聯絡的電話 (填寫住宿的電話)	
11 曾經試過被日本拒絕入境或遣返？ (選擇是或否)	
12 曾經被判有罪 (日本或其他國家) ？ (選擇是或否)	
13 是否持有管制藥物、槍械、刀劍利器、火藥？ (選擇是或否)	
14 簽名	

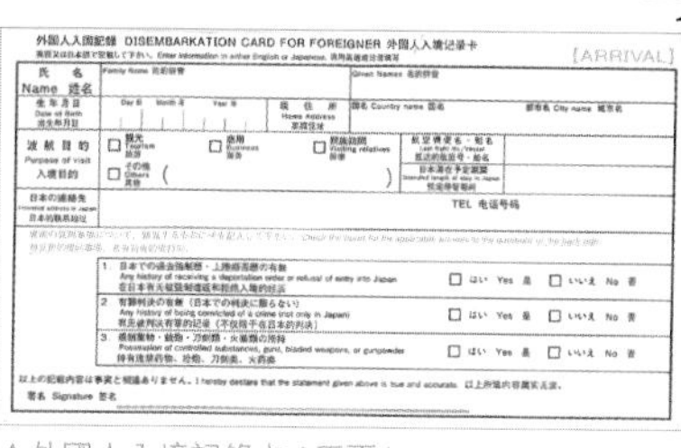

DISEMBARKATION CARD FOR FOREIGNER 外国人入境记录卡

[ARRIVAL]

Name 姓名

Family Name

Given Names

Day 日 Month 月 Year 年

Home Address

Country name

City name

Purpose of visit 入境目的

Tourism

Business

Visiting relatives

Others

TEL 电话号码

1 Any history of receiving a deportation order or refusal of entry into Japan — はい Yes 是 / いいえ No 否

2 Any history of being convicted of a crime (not only in Japan) — はい Yes 是 / いいえ No 否

3 Possession of controlled substances, guns, bladed weapons, or gunpowder — はい Yes 是 / いいえ No 否

I hereby declare that the statement given above is true and accurate.

Signature 签名

▲外國人入境記錄卡 (正面)

退稅

在日本購物要加 8% 消費稅 (在 2019 年 10 月後消費稅調升為 10%)，但在個別大型電器店及百貨公司均設遊客退稅優惠，遊客於同一天在同一店鋪內消費滿￥5,000(含稅為 ￥5,400)，便可憑護照到店內的退稅櫃位辦理退稅手續退回稅項，但要承諾不拆封物品，並在購買後 30 天內把物品帶離日本。可退稅商品包括家電用品、服飾、裝飾品、皮包、鞋、藥妝品、食品、酒類、香煙、文具等。免稅店只限有“Japan · Tax-Free Shop”這標示的店鋪。

除了液體退稅品需按規定寄艙，其他免稅物品必須以手提行李方式帶出境，並於離境時讓海關檢查。

實際退稅經驗

店內退稅程序：大部分可退稅店家都會有專門處理退稅的櫃台。所有可退稅物品會被封在一個透明膠袋內 (不可拆開)，如果買了很多東西，可向店員建議把較重、液體和必須寄倉的物品放在同一袋，手提的則放另一袋。退稅時必須出示護照及回程電子機票，店員會在「購買誓約書」上填寫資料，而旅客要在「免稅品購入記錄」上簽名，承諾於 30 天內把退稅品帶離日本。店員會將已簽名的「免稅品購入記錄」夾在護照內 (於出境時按指示交給海關關員)。

攜帶退稅品到機場：於日本機場辦登機手續前需接受安檢，部分乘客需要打開行李箱接受檢查。過關前後請留意指示，向當值關員交出護照，關員會收起所有退稅單。

(撰文：CheukTable)

遇上地震須知

如果旅遊期間遇上地震，保持冷靜，看清楚自己身處的地方是否安全，特別要留意從上方掉下來的物件或碎片。

A. 如在酒店或民宿內：

- 地震劇烈並造成搖晃時，宜躲進廁所內，或找堅固的桌子躲在桌底，或者站在主要柱子旁或水泥牆邊。
- 不要留在櫥櫃或雪櫃旁邊，也不要站在燈飾或照明裝置的下方。
- 盡快關掉爐頭、煤氣、電源，並打開大門，以免大門被壓毀，阻礙了逃生出口。
- 不要赤腳，避免被地上碎片割傷。
- 劇烈搖晃過後，呼叫同住親友，協助年幼與長者，立即從門口逃生，並關緊大門，避免火災蔓延。

B. 如身處公共交通工具內：

- 安靜並聽從職員指示或廣播， 下車時切勿爭先恐後。

C. 如在公共場所內：

- 保持冷靜，聽從廣播指引，留意逃生出口位置，不要驚慌及不可推擠。

東京交通

鐵路是東京主要的交通工具，以下介紹最常用的路線，給大家基本概念：

1. JR東日本

JR覆蓋廣泛，遍及日本全國(沖繩除外)。在東京，最常用路線的有兩條：

▲ JR 山手線列車，車身為淺綠色。

山手線

山手線為循環線，覆蓋了大部分重要地區，如秋葉原、涉谷、新宿、池袋等，路線沒有起訖點，只有順時針(外回り)和逆時針(内回り)方向行駛。

中央線(快速)

由東京出發，經新宿前往吉祥寺、三鷹市，以高尾為總站。由東京站前往新宿站，車程只需 15 分鐘，比山手線的 30 分鐘還要快。

JR 都市地區通票(都区内パス)

JR 設有無限次乘搭車票，這個「都区内パス」覆蓋東京都內 JR 範圍，包括了最重要的山手線及中央線，但不包括吉祥寺、三鷹市範圍(需補車資)。車費為 ￥750，小童 ￥370。車票在車站售票機發售。

◀ JR 都內地區通票車票。

www.jreast.co.jp/index.html (圖文：Him)

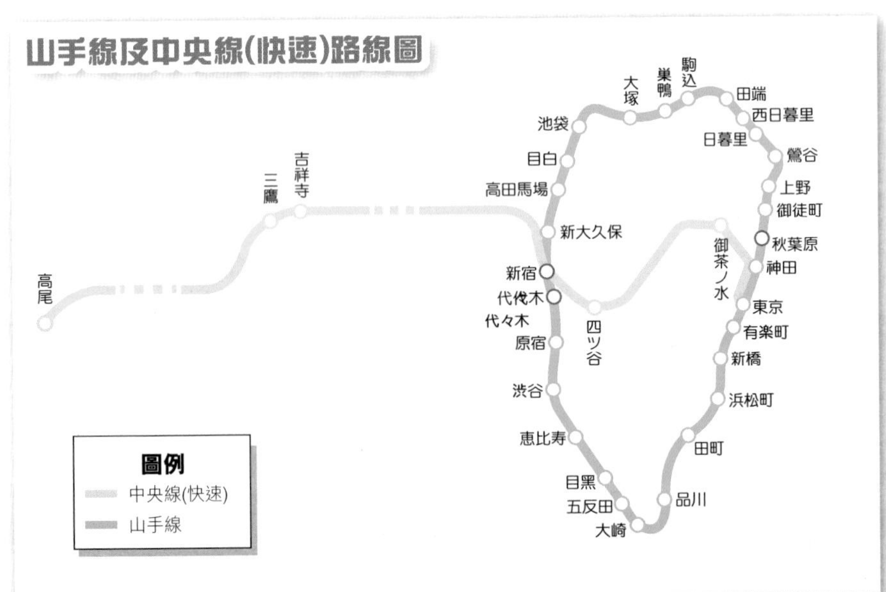

2. 東京地下鐵

東京地下鐵是全亞洲第一條地下鐵路，於1927年通車，至今有近100年的歷史。東京地下鐵在東京都內所覆蓋的地區比JR更廣，例如浅草是JR不能到達的。東京地下鐵單程車費視乎距離而定，在￥170-230之間。以下是東京地下鐵的常用鐵路及覆蓋的主要區域：

日比谷線	中目黑、恵比寿、六本木、銀座、秋葉原、上野、南千住
銀座線渋	渋谷、表參道、新橋、銀座、日本橋、上野、浅草
丸ノ内線	新宿、東京、池袋
副都心線	渋谷、明治神宮前、新宿三丁目、池袋、雑司が谷

www.tokyometro.jp/tcn/

(圖文：Him)

▶在浅草站內有一張海報，說明1927年東京地鐵浅草至上野段通車，並宣稱為「東洋唯一的地下鐵路」，對當時的日本人來說，是十分驕傲的事情。

▲東京地下鐵日比谷線。

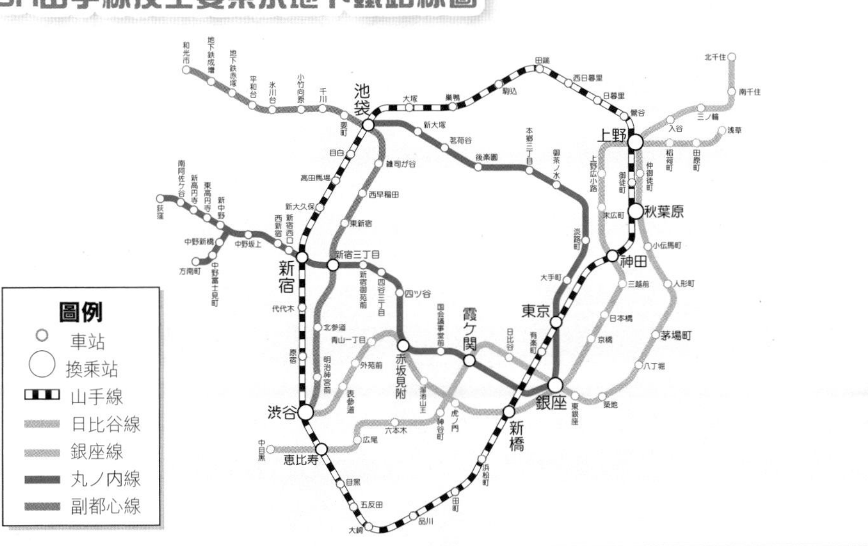

與 JR 比較，東京地下鐵有以下好處和壞處：

好處：覆蓋地區比 JR 廣，而且優惠車票選擇較多；
壞處：路線不比 JR 直接，沒有像中央線較快的列車選擇，轉車機會比較多，車程可能比較長。

3. 都營地下鐵

都營地下鐵為東京都政府的鐵路，設有四條路線：大江戸線、浅草線、三田線和新宿線。一般來説，都營地下鐵所覆蓋的範圍，東京地下鐵都能抵達。不過，單程車資一般較貴，由￥180~430不等；且覆蓋範圍不夠東京地下鐵的廣。

都營地下鐵與其他交通工具一樣，設有全日無限搭優惠車票(都営まるごときっぷ)。憑這張車票，一天內可任乘都營地下鐵全線、都營巴士、都電荒川線及日暮里舍人線，票價為￥700，小童半價。

(圖文：Him) www.kotsu.metro.tokyo.jp/subway

大阪市區交通

1. 地下鐵御堂筋線 (紅色心臟線)+ 北大阪急行線

勉強的可以將御堂筋線叫做大阪的荃灣線 (香港地下鐵路線之一)，因為是紅色線，也是由南走到最北，和荃灣線一樣途經人口密度較高的地區和旅遊熱點，不過御堂筋線不像荃灣線需要過海，最多只是過河而已。事實上，它比荃灣線更厲害！連接着不少鐵路和景點，好好運用這條路線，就能帶你到不少的地方！ (詳細鐵路路線圖見 P.175)

▲動物園前站。

御堂筋線為大阪市營地下鐵歷史最悠久的路線，1933 年已經開辦，當年只有梅田至心齋橋一段。其後經過多次延長，成為今天的樣子。與此同時，這條市營地下鐵連接北大阪急行線私營鐵路，可到綠地公園站的日本民家集落博物館和在千里中央轉乘單軌鐵路。

▲每個月台都設有路線圖，每站附有車站編號。

2.JR 大阪環狀線

JR 大阪環狀線比較適用往新今宮。

除了由西九条轉車往環球影城外，往梅田 (大阪站) 只要 ￥160~180，對比乘坐地下鐵御堂筋線 (￥240) 較便宜，相差 ￥60，設有部分班次經西九条及弁天町站特快往梅田，約需 11 分鐘，相當方便。

(圖文：Him)

地下鐵御堂筋線圖

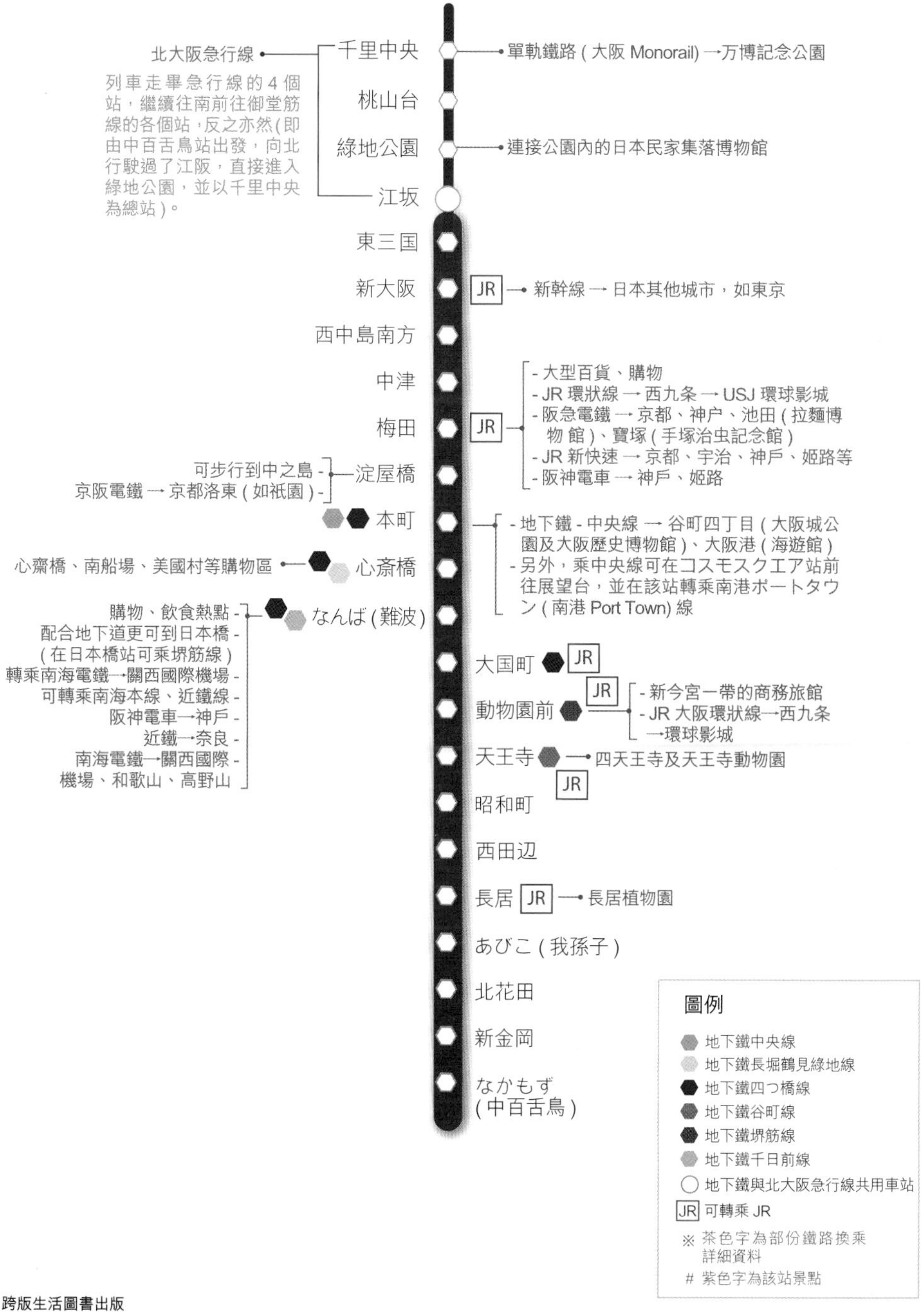

北大阪急行線 —— 千里中央 —— 單軌鐵路（大阪 Monorail）→万博記念公園

列車走畢急行線的 4 個站，繼續往南前往御堂筋線的各個站，反之亦然(即由中百舌鳥站出發，向北行駛過了江阪，直接進入綠地公園，並以千里中央為總站)。

- 千里中央 —— 單軌鐵路 (大阪 Monorail) →万博記念公園
- 桃山台
- 綠地公園 —— 連接公園內的日本民家集落博物館
- 江坂
- 東三国
- 新大阪 [JR] → 新幹線 → 日本其他城市，如東京
- 西中島南方
- 中津
- 梅田 [JR]
  - 大型百貨、購物
  - JR 環狀線 → 西九条 → USJ 環球影城
  - 阪急電鐵 → 京都、神户、池田 (拉麵博物館)、寶塚 (手塚治虫記念館)
  - JR 新快速 → 京都、宇治、神戶、姬路等
  - 阪神電車 → 神戶、姬路
- 淀屋橋
  - 可步行到中之島
  - 京阪電鐵 → 京都洛東 (如祇園)
- 本町
  - 地下鐵 - 中央線 → 谷町四丁目 (大阪城公園及大阪歷史博物館)、大阪港 (海遊館)
  - 另外，乘中央線可在コスモスクエア站前往展望台，並在該站轉乘南港ポートタウン (南港 Port Town) 線
- 心斎橋 —— 心齋橋、南船場、美國村等購物區
- なんば (難波)
  - 購物、飲食熱點
  - 配合地下道更可到日本橋 (在日本橋站可乘堺筋線)
  - 轉乘南海電鐵→關西國際機場
  - 可轉乘南海本線、近鐵線
  - 阪神電車→神戶
  - 近鐵→奈良
  - 南海電鐵→關西國際機場、和歌山、高野山
- 大国町 [JR]
- 動物園前 [JR]
  - 新今宮一帶的商務旅館
  - JR 大阪環狀線→西九条→環球影城
- 天王寺 [JR] —— 四天王寺及天王寺動物園
- 昭和町
- 西田辺
- 長居 [JR] —— 長居植物園
- あびこ (我孫子)
- 北花田
- 新金岡
- なかもず (中百舌鳥)

圖例

- 地下鐵中央線
- 地下鐵長堀鶴見綠地線
- 地下鐵四つ橋線
- 地下鐵谷町線
- 地下鐵堺筋線
- 地下鐵千日前線
- ○ 地下鐵與北大阪急行線共用車站
- [JR] 可轉乘 JR

※ 茶色字為部份鐵路換乘詳細資料

紫色字為該站景點

大阪地下鐵及JR環狀線路線圖

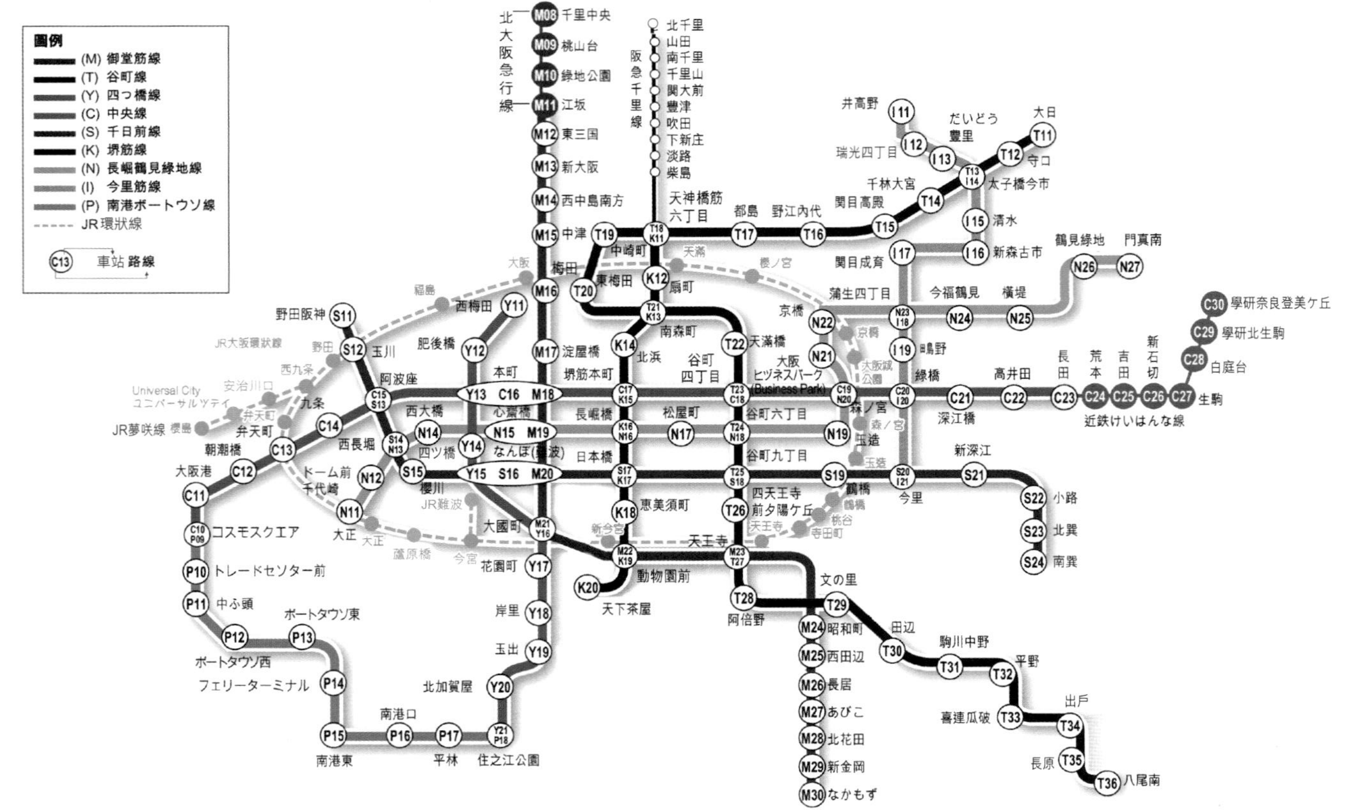

京都市區交通

市內交通有數家巴士公司和市營地下鐵，基於交通優惠和覆蓋範圍，最常用的是市營巴士，因為地下鐵或其他鐵路不能覆蓋大部分景點。

1. 市營巴士

市營巴士 (市バス，即綠色巴士) 是京都市內常用的交通工具，在同一區間範圍內車費為 ￥230，主要景點包括二条城、金閣寺、銀閣寺、清水寺等。不過，大部分巴士路線很少分區間，全段只收 ￥230，若超出 ￥230 區間的範圍，就要補差額。

常用巴士線：

巴士號碼	路線
12	祇園、河原町→二条城、金閣寺
100	京都車站→京都東面 (洛東) 一帶之景點清水寺、祇園、銀閣寺、平安神宮
206	京都車站→祇園

市バス • 京都バス一日乗車券カード：
www.city.kyoto.lg.jp/kotsu/page/0000028337.html

▲市營巴士。

京都巴士一日任乘車票 (市バス • 京都バス一日乗車券カード)

在京都市區內，可以一日內無限次搭乘市營巴士 (市バス) 及京都巴士 (京都バス)。一日票的價錢為 ￥600。範圍必須為一區間內，嵐山也包括在內，而不包括如鞍馬、貴船、宇治等的較遠地方。另外，利用 SUICA 及 ICOCA 等電子卡亦可乘京都的市巴士。

優點：坐三程便能回本，只有巴士覆蓋大部分景點，不用太多步程，省回腳力。

發售地點：JR 京都車站外的巴士站，有自動售票機；地下鐵車站如三条、四条站。

乘搭巴士教學

如在自動售票機購得車票，可在車上向司機索取巴士路線圖，以便更清楚知道一日票使用範圍和巴士所到之景點。

乘車流程：

Step 1. 巴士站

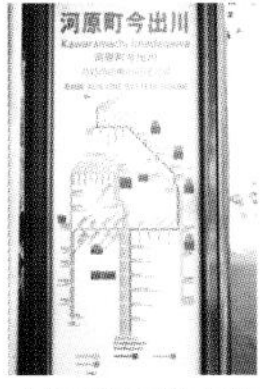

▶首先，要認住「市バス」的站牌。

▲如果不知乘甚麼路線，巴士站亦有由該站出發的路線圖，並列出著名景點。

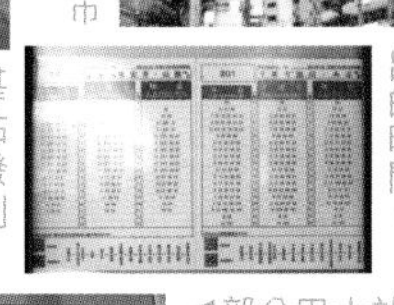
◀巴士站的時間表為巴士到該站的時間，並非由總站開出的時間。

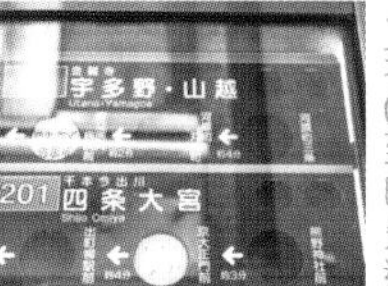

◀部分巴士站有顯示下一班巴士正身處哪一個車站 (即可知還有多少個站才到)。以左圖為例：59 號巴士即將抵達，201 號要先到出町柳才到站，大概還需多等 4 分鐘。

Step 2. 後門上車

▶後門上前門落，只需找座位或企位。(如果只買單程票，而該線又實施分段收費的，需在後門取一張叫「整理券」的小紙條，記錄了哪個站上車，下車則計算票價。)

Step 3. 乘車時

▲車頭的 LCD 顯示屏會報下一個站。

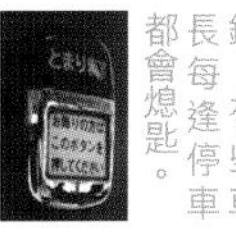
◀下車需按鐘，有些車長每逢停車都會熄匙。

Step 4. 前門下車

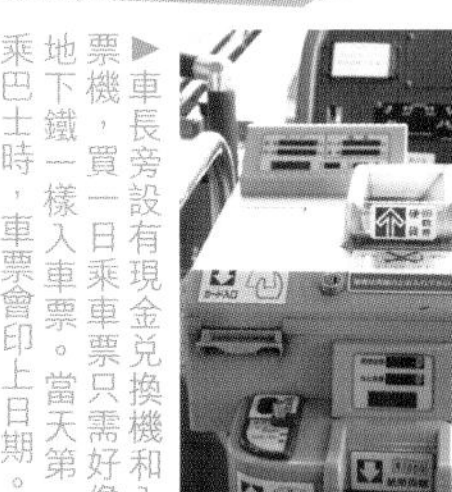
▶車長旁設有現金兌換機和入磁票機，買一日乘車票只需好像乘地下鐵一樣入車票。當天第一次乘巴士時，車票會印上日期。

* 由 2019 年 3 月起，部分巴士 (如 100 號) 改為「前上後下」，上車同時付車資，相關巴士車頭會有「Use the Front Door」字樣。

交通查詢

京都市交通局有自己的交通查詢網站，最大特色是可以在路線圖上按下出發和目的地的車站，方便不會輸入日語的人。

京都市交通局網站：www.city.kyoto.jp/kotsu
バス・鉄道の達人：www.arukumachikyoto.jp/index.php?lang=en

(圖文：Him)

2. 京都市營地下鐵

京都市地下鐵由京都市交通局經營，分為東西線及烏丸線，東西線來往六地藏與大秦天神川，而烏丸線則來往竹田與國際會館，途中可換乘其他鐵路到奈良、京都、嵐山等，單程車費視乎區間而定，價錢由 ￥210 起，另有地下鐵一日乘車券，成人 ￥600，小童 ￥300。

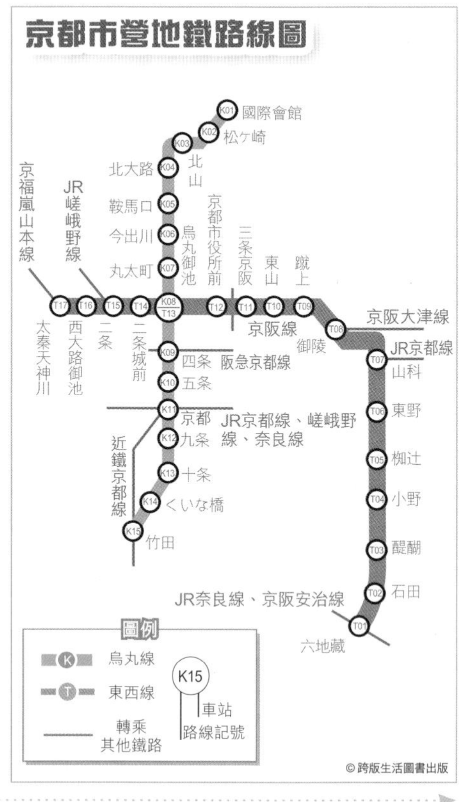

3. 京阪電車京阪本線

這間公司有很多與京都相關的廣告，目的是為了宣傳它的列車可以到達京都不少名勝。一般在京都市內會使用祇園四条、三条和出町柳等車站。路線也可於中書島站轉乘宇治線往宇治站。單程車費由 ￥150 起。

www.keihan.co.jp (圖文：Him)

4. 阪急電車京都線

由大阪往京都可使用阪急電車，可由梅田站往京都的烏丸站及河原町站，在京都市內乘搭阪急一般在大宮站至河原町站的範圍內，不少動漫相關商店皆在河原町站附近。單程車費由 ￥150 起。

www.hankyu.co.jp

神戶市區交通

市內交通主要為地下鐵、私鐵 (阪神、阪急和山陽) 和 JR。

1. 地下鐵

地下鐵分為西神・山手線及海岸線，前者主要前往谷上接駁神戶電鐵到有馬溫泉，海岸線到達的景點較多，如舊居留地和南京町 (舊居留地・大丸前)、神戶港 (みなと元町)。新長田是這兩條地下鐵線的轉車站，可前往鐵人 28 模型。另外西神・山手線的三宮站和海岸線的三宮・花時計前站以及其他鐵路三宮站 (如阪急) 和 Santica 地下街相連接。

到北野異人館和海港區需要步行前往，有需要可以 City Loop 巴士代步。

www.shintetsu.co.jp (圖文：Him)

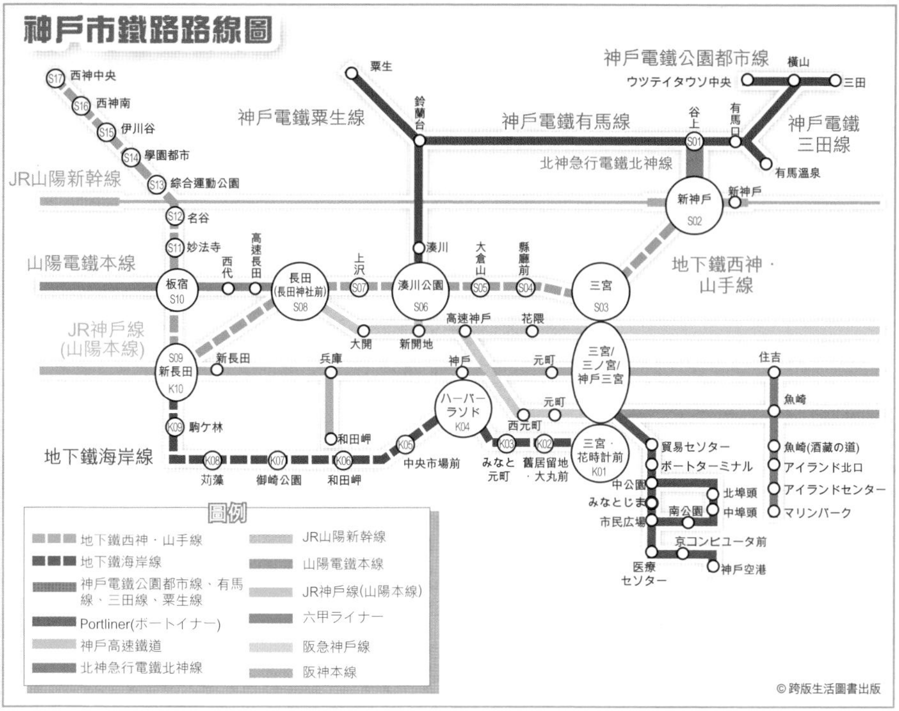

神戶市鐵路路線圖

神戶電鐵公園都市線：ウツテイタウソ中央、橫山、三田
神戶電鐵三田線：有馬口、有馬溫泉
神戶電鐵粟生線：粟生、鈴蘭台
神戶電鐵有馬線：鈴蘭台、谷上（S01）、有馬口
北神急行電鐵北神線：谷上、新神戶
地下鐵西神・山手線：西神中央（S17）、西神南（S16）、伊川谷（S15）、學園都市（S14）、綜合運動公園（S13）、名谷（S12）、妙法寺（S11）、板宿（S10）、新長田（S09）、長田（長田神社前）（S08）、上沢（S07）、湊川公園（S06）、大倉山（S05）、縣廳前（S04）、三宮（S03）、新神戶（S02）、谷上（S01）
地下鐵海岸線：新長田（K10）、駒ケ林（K09）、苅藻（K08）、御崎公園（K07）、和田岬（K06）、中央市場前（K05）、ハーバーランド（K04）、みなと元町（K03）、舊居留地・大丸前（K02）、三宮・花時計前（K01）
JR山陽新幹線、山陽電鐵本線、JR神戶線（山陽本線）
其他站名：西代、高速長田、湊川、大開、新開地、高速神戶、花隈、新長田、兵庫、神戶、元町、西元町、和田岬、三宮／三ノ宮／神戶三宮、住吉、魚崎
Portliner：貿易センター、ポートターミナル、中公園、みなとじま、市民広場、医療センター、京コンピュータ前、神戶空港、南公園、中埠頭、北埠頭
六甲ライナー：魚崎（酒藏の道）、アイランド北口、アイランドセンター、マリンパーク

圖例

- 地下鐵西神・山手線
- 地下鐵海岸線
- 神戶電鐵公園都市線、有馬線、三田線、粟生線
- Portliner(ポートイナー)
- 神戶高速鐵道
- 北神急行電鐵北神線
- JR山陽新幹線
- 山陽電鐵本線
- JR神戶線(山陽本線)
- 六甲ライナー
- 阪急神戶線
- 阪神本線

2.City Loop 巴士

City Loop 巴士仿傳統歐陸式設計，雖有兩扇門，但主要由中門上落。車上有兩個顯示屏，有中英日韓四種語言，用以報站、介紹沿途景點和指示乘客如何乘車。可是中文的表達方式讓人摸不着頭腦：好像下圖這句「雨請按附近的下車按鈕告知」，其實想説明下車前請按鐘而已。

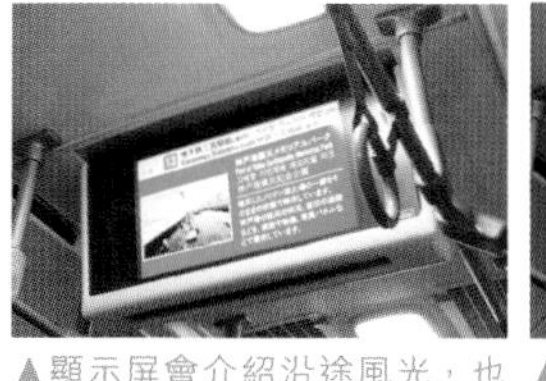

▲顯示屏會介紹沿途風光，也指示乘客如何下車。

▲雖有中文顯示，卻讓人摸不着頭腦。

▲神戶市內巴士 City Loop。

▲車廂內。

INFO

售價：一日票 ¥660，單程 ¥260
適用範圍：神戶主要市區如三宮、北野、元町、海洋區
服務時間：09:00~18:00
班次：每小時約 3~4 班

時間表下載

主要景點：海港區、北野異人館、舊居留地（市立博物館）、南京町
發售地點：巴士中門附近有女服務員，會説英語，負責解答乘客的諮詢、收取單程車費及售賣一日票
網址：www.kctp.co.jp/outline/car/cityloop

City Loop 優劣：

優點：去北野、海港區可省腳力。
缺點：¥660 一日票太貴，而且班次疏、服務時間短（部分站 18:00 停止服務）。如果持有神戶觀光一日票，建議有需要時才使用點數券乘搭一至兩程 City Loop。

日本中部JR路線圖
N
圖例
小浜線
北陸本線
七尾線
氷見線
関西本線
越美北線
高山本線
東海道本線
東海道新幹線
北陸新幹線
城端線
大糸線
武豊線
中央本線
紀勢本線
名松線
参宮線
太多線
篠ノ井線
JR站
七尾線 (JR西日本)
氷見線 (JR西日本)
北陸本線 (JR西日本)
城端線 (JR西日本)
高山本線 (JR西日本/JR 東海)
大糸線 (JR西日本/JR 東海)
北陸新幹線
飯山線 (JR東日本)
小浜線 (JR西日本)
越美北線 (JR西日本)
篠ノ井線 (JR東日本)
七尾
和倉温泉
能登二宮
良川
能登部
徳田
金丸
千路
羽咋
南羽咋
敷浪
宝達
免田
高松
横山
宇野気
能瀬
本津幡
中津幡
津幡
金沢(金澤)
氷見
島尾
雨晴
越中国分
伏木
能町
越中中川
石動
福岡
西高岡
高岡
倶利伽羅
森本
東金沢
西金沢
野々市
松任
加賀笠間
美川
小舞子
寺井
明峰
小松
粟津
動橋
加賀温泉
大聖寺
牛ノ谷
細呂木
芦原温泉
丸岡
春江
森田
福井
越前花堂
大土呂
北鯖江
鯖江
武生
王子保
南条
湯尾
今庄
南今庄
敦賀
新疋田
近江塩津
余呉
東美浜
美浜
西敦賀
粟野
気山
三方
藤井
十村
大鳥羽
若狭有田
上中
新平野
東小浜
小浜
勢浜
加斗
若狭本郷
若狭和田
若狭高浜
三松
青郷
松尾寺
東舞鶴
六条
足羽
越前東郷
一乗谷
越前高田
市波
小和清水
美山
越前大宮
計石
牛ケ原
北大野
越前大野
越前田野
越前富田
下唯野
柿ケ島
勝原
越前下山
九頭竜湖
林
二塚
新高岡
油田
戸出
砺波
東野尻
高儀
福野
東石黒
福光
越中山田
城端
呉羽
小杉
越中大門
富山
西富山
婦中鵜坂
速星
千里
越中八尾
東八尾
笹津
楡原
猪谷
杉原
打保
坂上
角川
飛騨細江
杉崎
飛騨古川
飛騨国府
上枝
高山
飛騨一ノ宮
久々野
渚
飛騨小坂
東富山
水橋
滑川
東滑川
魚津
黒部
生地
西入善
入善
泊
越中宮崎
市振
親不知
青海
糸魚川
姫川
頸城大野
根知
小滝
平岩
北小谷
中土
南小谷
千国
白馬大池
信濃森上
白馬
飯森
神城
南神城
簗場
稲尾
北大町
海ノ口
ヤナバスキー場前
信濃木崎
信濃大町
南大町
信濃常盤
安曇沓掛
信濃松川
北細野
細野
有明
安曇追分
穂高
柏矢町
豊科
南豊科
中萱
黒部宇奈月温泉
屋敷
浦本
能生
筒石
名立
有間川
谷浜
直江津
上越妙高
豊野
長野
飯山
上田
安茂里
川中島
今井
篠ノ井
姨舍
冠着
聖高原
坂北
西条
明科
田沢

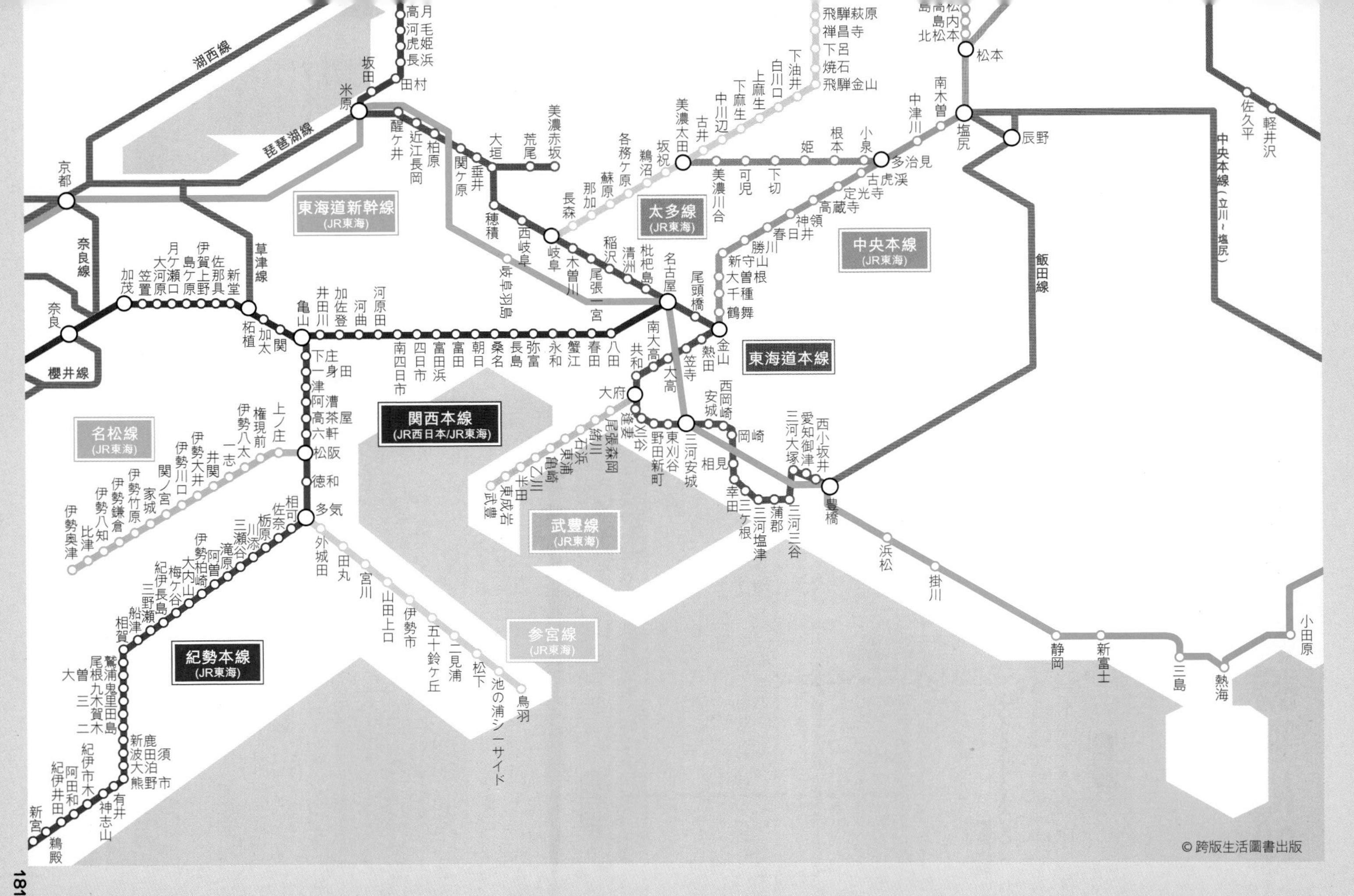

湖西線
琵琶湖線
東海道新幹線（JR東海）
奈良線
草津線
櫻井線
太多線（JR東海）
中央本線（JR東海）
中央本線（立川～塩尻）
飯田線
東海道本線
関西本線（JR西日本/JR東海）
名松線（JR東海）
武豊線（JR東海）
参宮線（JR東海）
紀勢本線（JR東海）
京都
奈良
加茂
米原
坂田
田村
長浜
虎姫
河毛
高月
醒ケ井
近江長岡
柏原
関ケ原
垂井
大垣
荒尾
美濃赤坂
穂積
西岐阜
岐阜
木曽川
尾張一宮
稲沢
清洲
枇杷島
名古屋
尾頭橋
金山
熱田
笠寺
大高
南大高
共和
大府
逢妻
刈谷
野田新町
東刈谷
三河安城
安城
西岡崎
岡崎
相見
幸田
三ケ根
三河塩津
蒲郡
三河三谷
三河大塚
愛知御津
西小坂井
豊橋
浜松
掛川
静岡
新富士
三島
熱海
小田原
尾張森岡
緒川
石浜
東浦
亀崎
乙川
半田
東成岩
武豊
岐阜羽島
長森
那加
蘇原
各務ケ原
鵜沼
坂祝
美濃太田
古井
中川辺
下麻生
上麻生
白川口
下油井
飛騨金山
焼石
下呂
禅昌寺
飛騨萩原
美濃川合
可児
下切
姫
根本
小泉
多治見
古虎渓
定光寺
高蔵寺
神領
春日井
勝川
新守山
大曽根
千種
鶴舞
中津川
南木曽
塩尻
辰野
松本
北松本
島内
島高松
佐久平
軽井沢
笠置
大河原
月ケ瀬口
島ケ原
伊賀上野
佐那具
新堂
柘植
加太
関
亀山
井田川
加佐登
河曲
河原田
南四日市
四日市
富田浜
富田
朝日
桑名
長島
弥富
永和
蟹江
春田
八田
下庄
一身田
津
阿漕
高茶屋
六軒
松阪
徳和
多気
相可
佐奈
栃原
川添
三瀬谷
滝原
阿曽
伊勢柏崎
大内山
梅ケ谷
紀伊長島
三野瀬
船津
相賀
尾鷲
大曽根浦
九鬼
三木里
賀田
二木島
新鹿
波田須
大泊
熊野市
有井
神志山
紀伊市木
阿田和
紀伊井田
鵜殿
新宮
上ノ庄
権現前
伊勢八太
一志
井関
伊勢大井
伊勢川口
関ノ宮
家城
伊勢竹原
伊勢鎌倉
伊勢八知
比津
伊勢奥津
外城田
田丸
宮川
山田上口
伊勢市
五十鈴ケ丘
二見浦
松下
池の浦シーサイド
鳥羽
© 跨版生活圖書出版

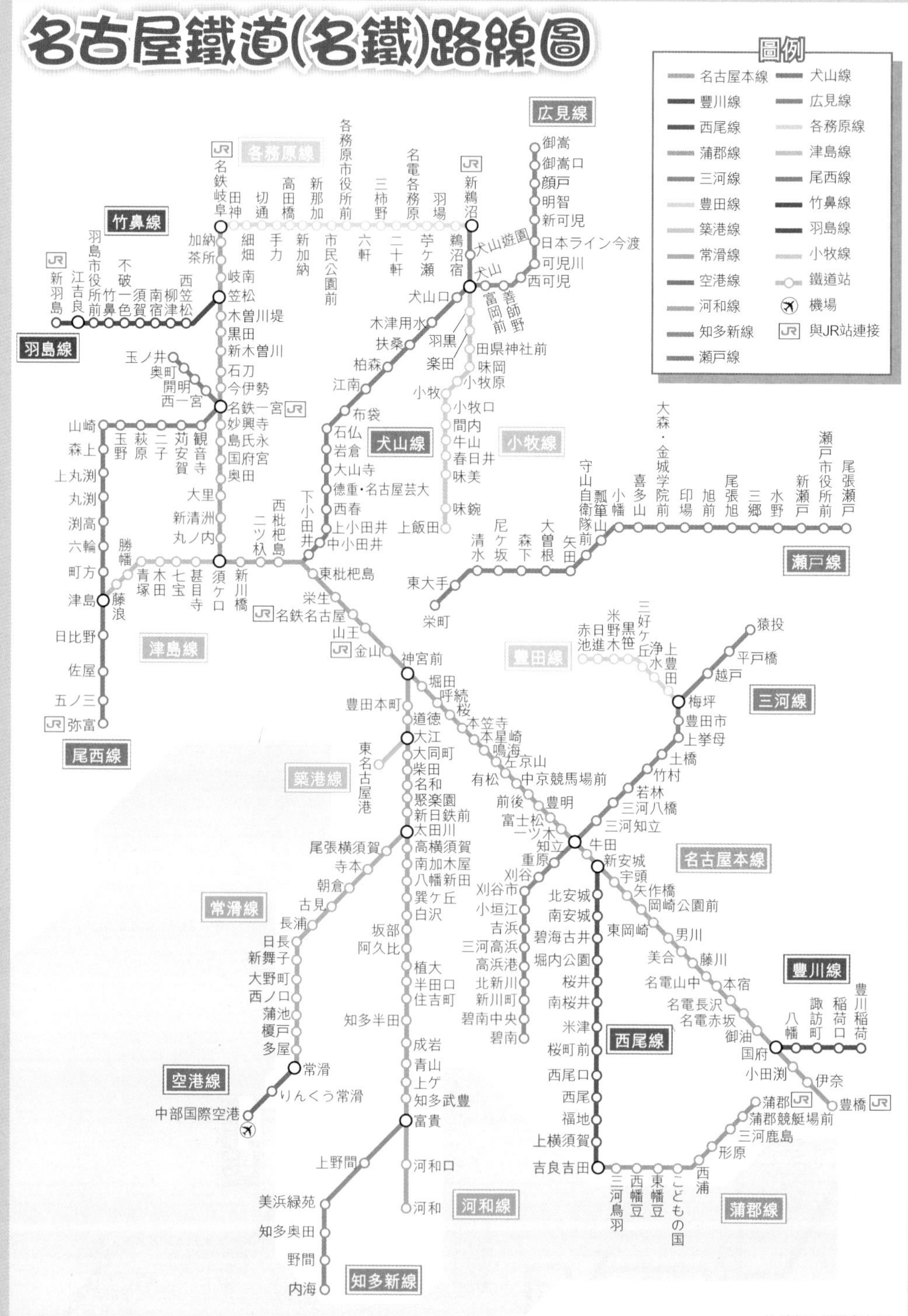

名古屋鐵道(名鐵)路線圖
圖例
名古屋本線
犬山線
豊川線
広見線
西尾線
各務原線
蒲郡線
津島線
三河線
尾西線
豊田線
竹鼻線
築港線
羽島線
常滑線
小牧線
空港線
鐵道站
河和線
機場
知多新線
與JR站連接
瀬戸線
各務原線
名鉄岐阜
田神
細畑
切通
手力
高田橋
新加納
新那加
市民公園前
各務原市役所前
六軒
三柿野
二十軒
名電各務原
苧ケ瀬
羽場
鵜沼宿
新鵜沼
広見線
御嵩
御嵩口
顔戸
明智
新可児
日本ライン今渡
可児川
西可児
善師野
富岡前
犬山遊園
犬山
竹鼻線
羽島市役所前
不破一色
竹鼻
須賀
南宿
柳津
西笠松
江吉良
新羽島
羽島線
加納
茶所
岐南
笠松
木曽川堤
黒田
新木曽川
石刀
今伊勢
名鉄一宮
妙興寺
島氏永
国府宮
奥田
大里
新清洲
丸ノ内
須ケ口
新川橋
玉ノ井
奥町
開明
西一宮
山崎
玉野
萩原
二子
苅安賀
観音寺
森上
上丸渕
丸渕
渕高
六輪
町方
津島
日比野
佐屋
五ノ三
弥富
尾西線
津島線
勝幡
藤浪
青塚
木田
七宝
甚目寺
二ツ杁
西枇杷島
下小田井
東枇杷島
栄生
名鉄名古屋
山王
金山
神宮前
犬山口
木津用水
扶桑
柏森
江南
布袋
石仏
岩倉
大山寺
徳重・名古屋芸大
西春
上小田井
中小田井
犬山線
羽黒
楽田
田県神社前
味岡
小牧
小牧原
小牧口
間内
牛山
春日井
味美
味鋺
上飯田
小牧線
瀬戸線
東大手
栄町
清水
尼ケ坂
森下
大曽根
矢田
守山自衛隊前
瓢箪山
小幡
喜多山
大森・金城学院前
印場
旭前
尾張旭
三郷
水野
新瀬戸
瀬戸市役所前
尾張瀬戸
豊田線
赤池
日進
米野木
黒笹
三好ケ丘
浄水
上豊田
猿投
平戸橋
越戸
梅坪
三河線
豊田市
上挙母
土橋
竹村
若林
三河八橋
三河知立
知立
重原
刈谷
刈谷市
小垣江
吉浜
碧海古井
三河高浜
高浜港
北新川
新川町
碧南中央
碧南
堀田
呼続
桜
本笠寺
本星崎
鳴海
左京山
有松
中京競馬場前
前後
豊明
富士松
一ツ木
牛田
新安城
宇頭
矢作橋
岡崎公園前
男川
美合
藤川
名電山中
本宿
名電長沢
名電赤坂
御油
国府
小田渕
伊奈
豊橋
名古屋本線
豊川線
八幡
諏訪町
稲荷口
豊川稲荷
西尾線
北安城
南安城
東岡崎
堀内公園
桜井
南桜井
米津
桜町前
西尾口
西尾
福地
上横須賀
吉良吉田
三河鳥羽
西幡豆
東幡豆
こどもの国
西浦
形原
三河鹿島
蒲郡競艇場前
蒲郡
蒲郡線
豊田本町
道徳
大江
東名古屋港
築港線
大同町
柴田
名和
聚楽園
新日鉄前
太田川
尾張横須賀
寺本
朝倉
古見
長浦
日長
新舞子
大野町
西ノ口
蒲池
榎戸
多屋
常滑
常滑線
りんくう常滑
中部国際空港
空港線
高横須賀
南加木屋
八幡新田
巽ケ丘
白沢
坂部
阿久比
植大
半田口
住吉町
知多半田
成岩
青山
上ゲ
知多武豊
富貴
河和口
河和
河和線
上野間
美浜緑苑
知多奥田
野間
内海
知多新線
© 跨版生活圖書出版

日本中部交通

要縱橫中部各縣，大部分自由行旅客都會使用 JR 鐵道或高速巴士前往目的地。

JR 鐵道

JR 在日本中部提供鐵路服務的是東海旅客鐵道 (JR 東海)、西日本旅客鐵道 (JR 西日本) 及東日本旅客鐵道 (JR 東日本)。JR 鐵道幾乎在日本中部的每個縣市均設有停車站，旅客可先以 JR 前往，再配以各地的鐵道或巴士前往景點。JR 的路線雖多，但網頁內設有路線搜尋功能，要怎樣乘車，一清二楚：輸入出發車站及抵達車站後，網頁會建議不同的路線乘搭建議，詳細列出可乘搭的路線、在哪裡轉車、列車出發時刻及車費等，並會按車程時間由快至慢排序，非常方便！

JR 東海 http://english.jr-central.co.jp
JR 西日本 www.westjr.co.jp/global/tc
JR 東日本 www.jreast.co.jp

JR 東海	
名古屋市	名古屋站 (東海道新幹線、東海道本線、中央本線、關西本線)
岐阜市	岐阜站 (東海道本線、高山本線)
JR 西日本	
高岡市	高岡站 (城端線、冰見線)
敦賀市	敦賀站 (北陸本線)
JR 東日本	
新瀉市	新瀉站 (信越本線)

名古屋市區交通

要遊遍名古屋市內的各大景點，旅客主要可乘搭地下鐵、電車及觀光巴士前往。不同交通工具於不同日子亦會推出特惠的一日乘車券，只要事前好好計劃當天的行程，相信可替你省下不少交通費用呢！

1. 名古屋鐵道

簡稱名鐵，與名古屋地下鐵最大的不同是，名鐵將中部國際機場連接金山、名古屋、犬山或岐阜等地方，大多遊客都是乘名鐵空港線，然後再轉乘其他鐵路往景點。

www.meitetsu.co.jp

2. 名古屋地下鐵

名古屋地下鐵建於 1957 年，至今共有 6 條路線，幾乎貫通整個名古屋市，部分車站更與其他鐵路連接，例如轉乘名鐵線、單軌列車 Linimo 等。

東山線	貫通名古屋東西兩端，從高畑至藤之丘，前往愛・地球博記念公園的朋友可於藤之丘站轉乘單軌列車 Linimo 前往。
名城線	名古屋市內的環狀線，亦可直達名港線至名古屋港方面。
名港線	前往名古屋港方面的路線，亦是旅客愛用的路線之一。
鶴舞線	連接上小田井至赤池一帶，旅客可乘搭此線至上小田井站轉乘至犬山方向的名鐵線。
櫻通線	繼東山線外另一條最繁忙的路線，途經丸之內、久屋大通等繁榮的車站。
上飯田線	整條路線只有兩個車站，亦是 6 條路線中最短的一條。

名古屋地下鐵車費

車費以距離來區分，成人從 ¥200~330 不等。地下鐵設有兩款的一日乘車券：

任意乘搭地下鐵與市巴士一日乘車券 *	成人 ¥850，小童 ¥430
地下鐵全線一日乘車券 **	成人 ¥740，小童 ¥370

* 地下鐵與市巴士一日乘車券於星期六、日、假日及每月 8 日均以特價成人 ¥600，小童 ¥300 發售。
** 憑一日乘車券於某些景點更可享有入場折扣優惠，實在非常划算啊！

www.kotsu.city.nagoya.jp/jp/pc/SUBWAY

名古屋地下鐵鐵路圖

鶴舞線：上小田井、庄内緑地公園、庄内通園、浄心、浅間町、丸の内、伏見、大須観音、上前津、鶴舞、荒畑、御器所、川名、いりなか、八事、塩釜口、植田、原、平針、赤池

上飯田線：上飯田、平安通

名城線：平安通、志賀本通、黒川、名城公園、市役所、久屋大通、栄、矢場町、上前津、東別院、金山、西高蔵、神宮西、伝馬町、堀田、妙音通、新瑞橋、瑞穂運動場東、総合リハビリセンター、八事、八事日赤、名古屋大学、本山、自由ケ丘、茶屋ケ坂、砂田橋、ナゴヤドーム前矢田、大曽根

東山線：高畑、八田、岩塚、中村公園、中村日赤、本陣、亀島、名古屋、伏見、栄、新栄町、千種、今池、池下、覚王山、本山、東山公園、星ヶ丘、一社、上社、本郷、藤が丘

桜通線：中村区役所、名古屋、国際センター、丸の内、久屋大通、高岳、車道、今池、吹上、御器所、桜山、瑞穂区役所、瑞穂運動、新瑞橋、桜本町、鶴里、野並、鳴子北、相生山、神沢、徳重

名港線：金山、日比野、六番町、東海通、港区役所、築地口、名古屋港

3. 金色觀光巴士：Me~Guru 號

Me~Guru 號從名古屋站出發，沿途經過榮區、伏見區等等。名古屋市或受名古屋城的金鯱影響，許多象徵物都會以金色為主，就連名古屋的觀光巴士 Me~Guru 號車身亦是金色，十分搶眼啊！另外，持一日乘車券的旅客於不同著名景點可享有入場優惠，或可在一些著名食肆享有折扣優惠，購買了一日乘車券的朋友記着要好好參考附設的小冊子，以免錯失這些免費的小禮物呢！

◀ Me~Guru 號的巴士站牌以金色作主色，站牌上除了顯示站名及編號，還有巴士班次時間表。

INFO

時間：平日發車 09:30~17:00(30 分鐘 ~1 小時一班)，星期六、日及公眾假期發車 09:30~17:00(20~30 分鐘一班)
休息：星期一(若遇假期則順延一天)及 12 月 29 日至 1 月 3 日
價錢：每程成人 ¥210，小童 ¥100；一日乘車券成人 ¥500，小童 ¥250
網址：www.nagoya-info.jp/zhtw/routebus

新潟市區交通

循環觀光巴士

市內的循環觀光巴士接載遊客來往 JR 新潟站至各大景點，繞行一圈約 1 小時。巴士路線分「白山公園先回線」與「朱鷺メッセ先回線」，途經車站相同，只是方向相反。乘客可購買一日乘車券，憑乘車券可享指定景點門票優惠，方便划算。

▲於車上購買一日乘車券後，利用硬幣刮去使用當天日期便可。

INFO

種類	成人	小童
單程	¥210	¥110
一日乘車券	¥500	¥250

電話：025-246-6333
網址：www.city.niigata.lg.jp/kanko/kanko/kankobus

▲這輛循環觀光巴士上有《犬夜叉》的漫畫人物。

▲兩條路線方向相反，上車前要留意！

高岡市區交通

高岡軌道

高岡軌道全名為萬葉線高岡軌道，以電力發動的地面電車行走高岡市至射水市之間，共有 18 個車站，當中高岡站鄰近 JR 高岡站。高岡市為動畫多啦 A 夢作者藤子 • F • 不二雄的故鄉，高岡軌道更設置了以多啦 A 夢為主題的列車，現時預計運行至 2021 年 8 月底。

INFO

價錢：成人 ¥150 起，小童 ¥80 起
網址：www.manyosen.co.jp
(時間表)www.manyosen.co.jp/files/topics/dora307English2.pdf

敦賀市區交通

觀光巴士ぐるっと敦賀周遊バス

敦賀市內交通以巴士為主，除了一般路線巴士外，亦設有觀光巴士ぐるっと敦賀周遊バス。ぐるっと敦賀周遊バス設有一日券，乘客同時可以此乘搭一般路線巴士，更靈活遊覽各個景點。

INFO

時間：10:10~16:20，約 1 小時一班 (平日 6 班，星期六、日及公眾假期 9 班)
價錢：每程成人 ¥200，小童 ¥100；一日券成人 ¥500，小童 ¥250
網址：(時間表) www.city.tsuruga.lg.jp/communitybus/route/route13.html

▲一日乘車券可直接於巴士上購買。

▲部分路線巴士的車身同樣有「銀河鐵道 999」的畫像。

▲觀光巴士上印有松本零士老師的作品。

中國地區JR路線圖

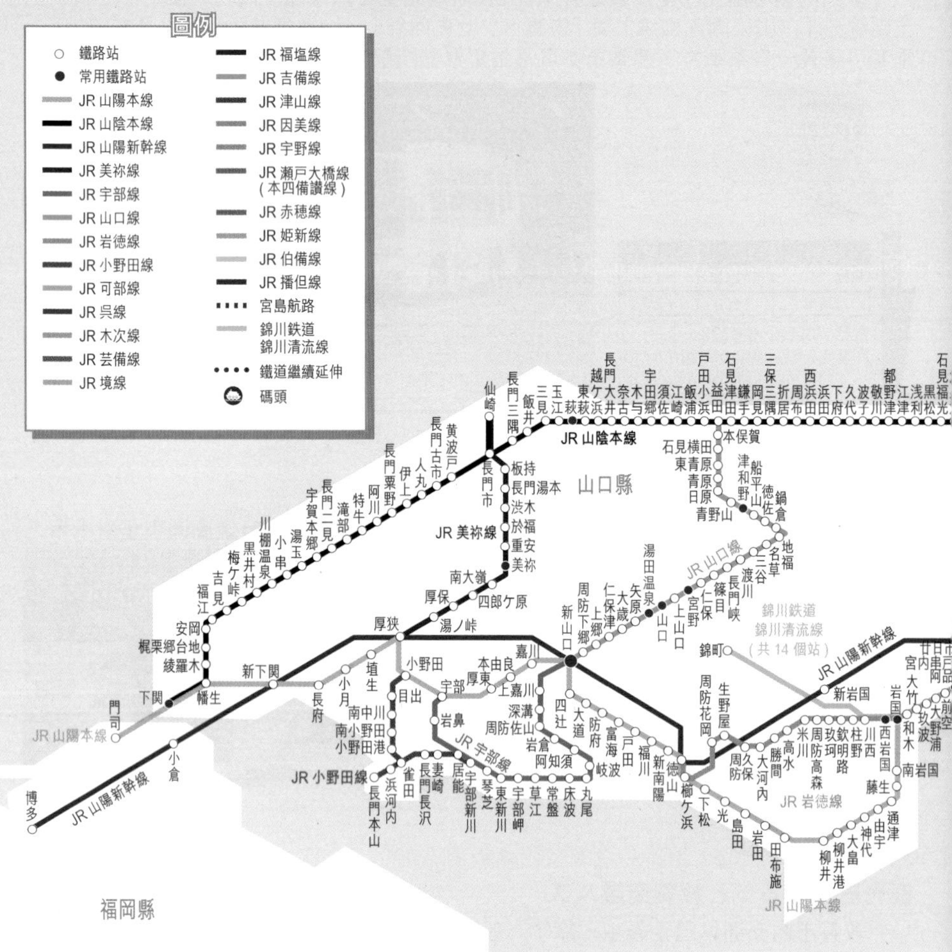

注意：部分列車是特急或準特急。某些站不會停靠而直接飛站，而路線圖也不會顯示出來，上車前要留意。

JR 山陰本線
JR 境線
JR 木次線
JR 芸備線
JR 福塩線
JR 可部線
JR 山陽本線
JR 山陽新幹線
JR 呉線
JR 伯備線
JR 津山線
JR 吉備線
JR 因美線
JR 姫新線
JR 播但線
JR 赤穂線
JR 宇野線
JR 瀬戸大橋線
(本四備讃線)
島根縣
鳥取縣
廣島縣
岡山縣
香川縣
德島縣
高知縣
淡路島
(往京都站)
(往新大阪站)
宮島航路
宮島桟橋
境港
米子
松江
出雲市
宍道
鳥取
倉敷
岡山
福山
尾道
三原
広島
呉
姫路
相生
津山
新見
高松
宇多津
児島
宇野
茶屋町
東広島
新尾道
新倉敷

中國地區交通

JR 鐵道

JR 鐵道連接日本中國各個主要地區，班次準確頻密，是大多數旅客的首選。不過單程車票的價格不太親民，所以記得好好利用外國旅客的身份，以優惠價錢購買外國人限定的火車證，暢遊山陰山陽各大縣！

山陽 & 山陰地區鐵路周遊券

山陽 & 山陰地區鐵路 7 天周遊券 (Sanyo-San'in Area Pass)，讓遊客在 7 天內無限次乘搭山陰山陽有效區域內的列車路線，同時可預約指定席，適合想來一趟山陰山陽深度遊的你。

購買方式	費用	
	成人	小童
於日本國外旅行社或網上預購	￥19,000	￥9,500
於任何 JR 西日本車站購買	￥20,000	￥10,000

周遊券 (包含路線圖)：
www.westjr.co.jp/global/tc/ticket/pass/sanyo_sanin

查詢 JR

如要乘搭 JR 前往不同景點，可瀏覽 JR 西日本網站，網站會顯示不同列車的班次、收費，轉乘或直達等資訊。網站只提供日文查詢。

JR 西日本：www.jr-odekake.net

九州交通

1.JR 鐵道

要縱橫九州，除了自駕外，最方便的便是利用新幹線及火車。JR 九州推出了四種 JR 火車證讓旅客以最優惠的價錢暢遊九州南北，憑火車證不但可預約新幹線普通座位的指定席，更可預約不同類型的特色列車。購買火車證地點：除了可於日本國外的日本航空、JTB 及特約旅行社購買外，亦可抵達九州後於福岡國際機場 TISCO 信息服務中心，博多、熊本、佐賀、長崎、鹿兒島、宮崎等的 JR 綠色窗口直接購買。(注意：JR 普通列車指定席車費隨閑散期、繁忙期有所不同。)

JR 九州提供多款特色火車，各有特色和主題，乘客還可於中途車站下車參觀。

基本上，持有 JR Pass 便可預約乘坐指定席，但若只持有「北九州地區」的 JR Pass 便不能預約南九州列車 (即熊本以南的列車) 的指定席。

JR 九州周遊券 (火車證 /JR 九州 Pass) 種類：

	北九州地區 (九州北部至熊本)	全九州地區
三天券	成人 ￥8,500，小童 ￥4,250	成人 ￥15,000，小童 ￥7,500
五天券	成人 ￥10,000，小童 ￥5,000	成人 ￥18,000，小童 ￥9,000

註：小童為 6 至 11 歲，以開始使用 JR 火車證之日的年齡為準。

▲北九州地區 JR 周遊券。

◀從福岡站可乘搭新幹線直達九州各地與本州，車站內指示清晰。

◀只要在JR站內找到綠色窗口的服務中心，無論預約車票或購買火車證都可一次過辦妥。

2. 西日本鐵道

在九州，除了乘 JR 火車外，也可乘西日本鐵道 (簡稱「西鐵」) 來往不同市區。不過西鐵路線沒有 JR 多，主要分為：天神大牟田線 [西鉄福岡 (天神) 站－大牟田站]、太宰府線 (西鉄二日市站－太宰府站)、甘木線 (宮乃陣站－甘木站)、貝塚線 (貝塚站－西鉄新宮站)。

www.nishitetsu.co.jp

3. 高速巴士

除了 JR，亦可選搭九州高速巴士前往九州各地，以下提供一些較熱門的高速巴士路線的基本資訊：

路線	車程	車費
博多巴士總站－長崎縣營巴士總站	2 小時 30 分鐘	成人 ￥2,570，小童 ￥1,285
博多巴士總站－佐世保前	2 小時 6 分鐘	成人 ￥2,260，小童 ￥1,130
博多巴士總站－豪斯登堡	1 小時 56 分鐘	成人 ￥2,260，小童 ￥1,130

九州高速巴士：www.atbus-de.com

福岡市區交通

1. 福岡市地下鐵

福岡地下鐵共有三條路線，分別為空港線、箱崎線及七隈線。地下鐵站除了有獨立的標誌外，亦會有一個獨立號碼，讓不懂日文的旅客都可以輕易認出地下鐵站。地下鐵服務從凌晨時分運行至半夜，列車每隔 4 至 8 分鐘一班，若要前往的目的地就在地下鐵站附近的話，乘地下鐵實為不二之選。

▲福岡市地下鐵的標誌為藍色，遠看有點像 "f" 字。

▲福岡的地下鐵站與香港及台北一樣，當中一些車站位於地面而非地底。

TIPS

一日乘車券

1. 地下鐵站內提供一日車票，使用當天次數不限，成人 ￥620，小童 ￥310。使用一日票，除了節省買票時間與金錢外，前往一些景點如福岡塔或「博多町家」ふるさと館等更可享有折扣優惠，一些食肆亦有參加相關活動。

2. 福岡市推出了以外國旅客為對象的一日乘車券 "FUKUOKA TOURIST CITY PASS"，可在一天內無限次搭乘西鐵巴士、昭和巴士、西鐵電車及地下鐵。票價分兩種：A.「福岡市內(除西鐵電車)」成人 ￥820、小孩 ￥410；B.「福岡市內＋太宰府」成人 ￥1,340、小孩 ￥670。詳見：www.nishitetsu.jp/docs/zh_tw/tourist_pass_ch.pdf。

地下鐵購票流程

Step 1

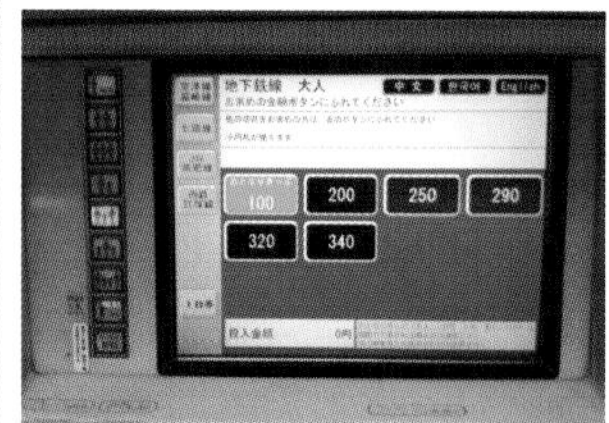

▲福岡地下鐵的售票機可讓旅客選擇中文、韓文或英文版面。

Step 2

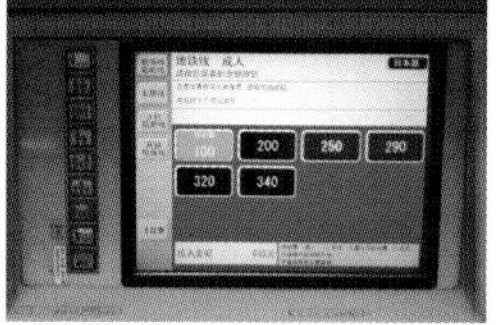

▲選用熟悉的語言後，使用起來便得心應手了；你可以先根據售票機上方的地圖來選擇你要購買的車票價格。

Step 3

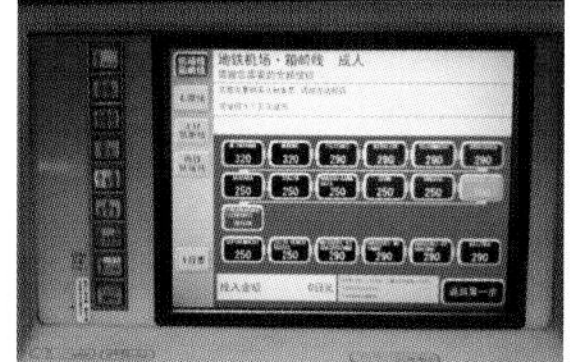

▲螢幕隨即出現需要支付的金額，投入硬幣或紙幣，但不能使用￥1及￥5。

Step 4

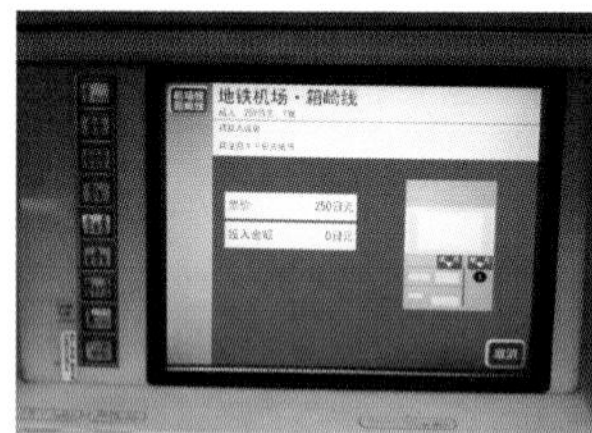

▲或可按左方不同路線的按鈕，再選擇要前往的目的地。紅色顯示你身處的車站，左方的人形公仔按鈕為購買的張數。

Step 5

福岡市交通局
福岡空港➡ 250 円区間
小児130
発売当日限り有効
下車前途無効
A02
9557
10:09

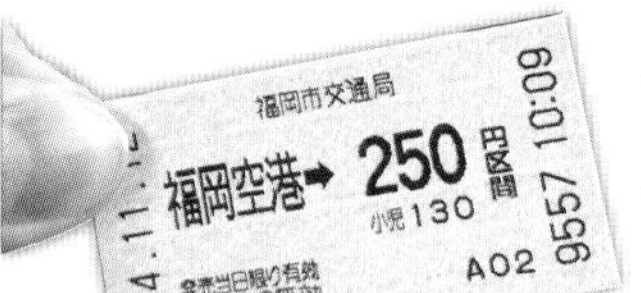

▲購票完成。

INFO
時間：05:30~00:25
價錢：成人 ￥200~370，小童 ￥100~185
網址：http://subway.city.fukuoka.lg.jp
註：由東日本 JR 發行的 Suica 卡可於地下鐵站內增值及使用

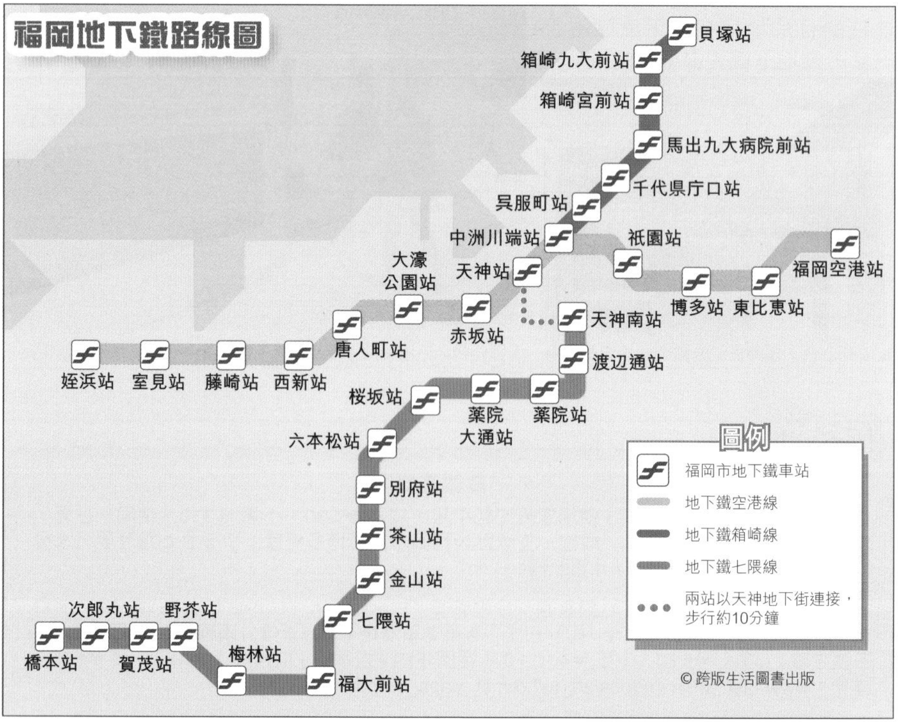

福岡地下鐵路線圖
貝塚站
箱崎九大前站
箱崎宮前站
馬出九大病院前站
千代県庁口站
呉服町站
中洲川端站
祇園站
福岡空港站
天神站
大濠公園站
赤坂站
天神南站
博多站
東比恵站
唐人町站
姪浜站
室見站
藤崎站
西新站
渡辺通站
桜坂站
薬院大通站
薬院站
六本松站
別府站
茶山站
金山站
七隈站
次郎丸站
野芥站
橋本站
賀茂站
梅林站
福大前站
圖例
福岡市地下鐵車站
地下鐵空港線
地下鐵箱崎線
地下鐵七隈線
兩站以天神地下街連接，步行約10分鐘
© 跨版生活圖書出版

2. 巴士

一些景點可能會離地下鐵站較遠，乘搭巴士反而更舒適快捷。福岡的巴士線四通八達，旅客常住的博多站與天神一帶更是巴士站的樞紐，幾乎各個地區都有巴士直達。坐巴士還可以慢慢欣賞窗外風光，是不錯的選擇。不過，相比起市內電軌，乘巴士會較為複雜。

付款方法：上車時於車門旁取下一張整理券，券上印有數字，下車時按照車頭的顯示板付款及出示整理券。

▶市內巴士。

時間：各路線運行時間各有不同，可參考官網得知最新資訊
價錢：成人 ￥100 起，小童 ￥50 起
網址：www.nishitetsu.co.jp/bus

3.Fukuoka Open Top Bus(觀光巴士)

有趣！日本也有雙層巴士？而且頂層還是露天？這款名為 Fukuoka Open Top Bus 的觀光巴士，專為想輕輕鬆鬆隨團出發的遊客而設！遊客可於觀光巴士出發前 20 分鐘前往福岡市役所內購票，或於中途站上車時在車內購票。現時，觀光巴士設有三款路線供遊客選擇，見下表：

路線 1：シーサイドももちコース

始發站：天神福岡市役所前
行車路線：天神福岡市役所前→福岡塔→大濠公園前→大濠公園 • 福岡城址→天神福岡市役所前
車程：約 60 分鐘
始發站：10:00、12:00、14:30、16:00、17:00

路線 2：博多街なかコース

始發站：天神福岡市役所前 (前往博多站途中可遠眺福岡港)
行車路線：天神福岡市役所前→博多站→櫛田神社→大濠公園 • 福岡城址→天神福岡市役所前
車程：約 60 分鐘
始發站：09:30、11:30

路線 3：福岡きらめきコース (夜景)

始發站：天神福岡市役所前
行車路線：天神福岡市役所前→博多站→福岡塔→ヒルトン福岡シーホーク→天神福岡市役所前
車程：約 80 分鐘
始發站：18:00、19:00

INFO
價錢：成人 ￥1,540，4 歲小童至小學生 ￥770
網址：http://fukuokaopentopbus.jp

熊本市區交通

熊本市電

◄車頭列明電車系統的號碼(即 A 或 B 線)、顏色與總站名稱。

要暢遊熊本，最方便的當然是使用熊本市電穿梭各個景點。熊本市電全部於地面行駛，只有 A、B 兩條路線，車站名稱全部皆為漢字。乘搭方法為先從市電後方上車，按鈴示意下車，並於下車時付款或出示一日乘車券便可，簡單方便。

INFO

時間：05:50~24:09，班次約數分鐘至十多分鐘一班
價錢：成人每程 ¥170，小童每程 ¥90，另有一日乘車券 *，當天可無限次乘搭：

熊本市電一日乘車券 (市電全線有效)	成人 ¥500，小童 ¥250
電車 • 巴士共通一日乘車券 (任乘市電、電鐵電車、產交巴士、電鐵巴士、熊本都市巴士)	按不同區間指定 ** 而收費 (分為區間指定 1、2 及熊本縣內版)，成人 ¥700~2,000，小童 ¥350~1,000

* 一日乘車券購票地點：JR 熊本站的觀光案內所、市電或巴士內
**「區間指定」即一日券可達範圍，詳見 www.kotsu-kumamoto.jp/kihon/pub/detail.aspx?c_id=8&id=12&pg=1
網址：www.kotsu-kumamoto.jp

熊本市電路線圖

JR上熊本站
B1 上熊本駅前站
B2 県立体育館前站
B3 本妙寺入口站
B4 杉塘站
B5 段山町站
B6 蔚山町站
B7 新町站
B8 洗馬橋站
B9 西辛島町站

JR熊本站
1 田崎橋站
2 二本木口站
3 熊本駅前站
4 祇園橋站
5 吳服町站
6 河原町站
7 慶德校前站
8 辛島町站
9 花畑町站
10 熊本城・市役所前站
11 通町筋站
12 水道町站
13 九品寺交差点站
14 交通局前站
15 味噌天神前站
16 新水前寺駅前站
JR新水前寺站
17 国府站
18 水前寺公園站
19 市立体育館前站
20 商業高校前站
21 八丁馬場站
22 健軍校前站
23 神水・市民病院前站
24 動植物園入口站
25 健軍交番前站
26 健軍町站

圖例
市電 A 系統
市電 B 系統
① 電車站及編號
JR 線車站
JR 鹿兒島本線
JR 豐肥本線
九州新幹線

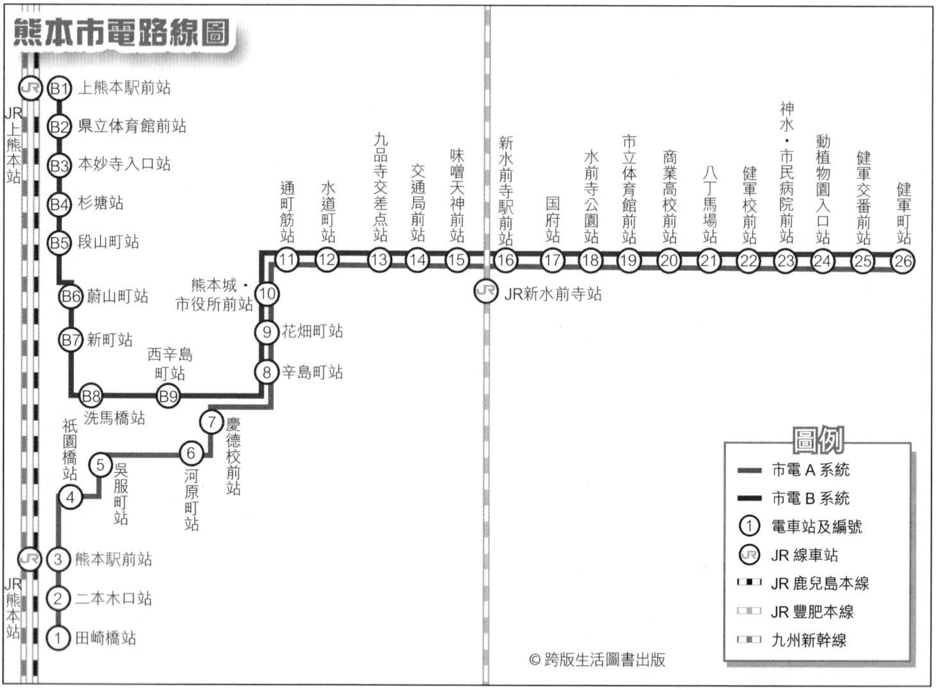

北海道交通

札幌市區交通

札幌市市內交通相當發達，除了地下鐵外，還有名為「市電」的路面電車與縱橫各地的巴士。若要由札幌市前往北海道大部分主要城市的話，除了乘 JR，還可在札幌市乘長途巴士前往。

1. 札幌地下鐵

札幌地下鐵共有 3 條路線：東西線、南北線與東豐線，各線皆會經過大通站。地下鐵站全部均有獨立號碼，只要看到號碼便能確保順利下車，即使不會日文也不怕！

▲札幌地下鐵。(攝影：詩人)

INFO

車費：以區域劃分 (分 6 區)，成人 ¥200~370，小童 ¥100~370；設有地下鐵一日券，平日成人 ¥830，小童 ¥420，逢星期六、日及公眾假期成人 ¥520，小童 ¥260

網站：www.city.sapporo.jp/st/chinese/routemap.html

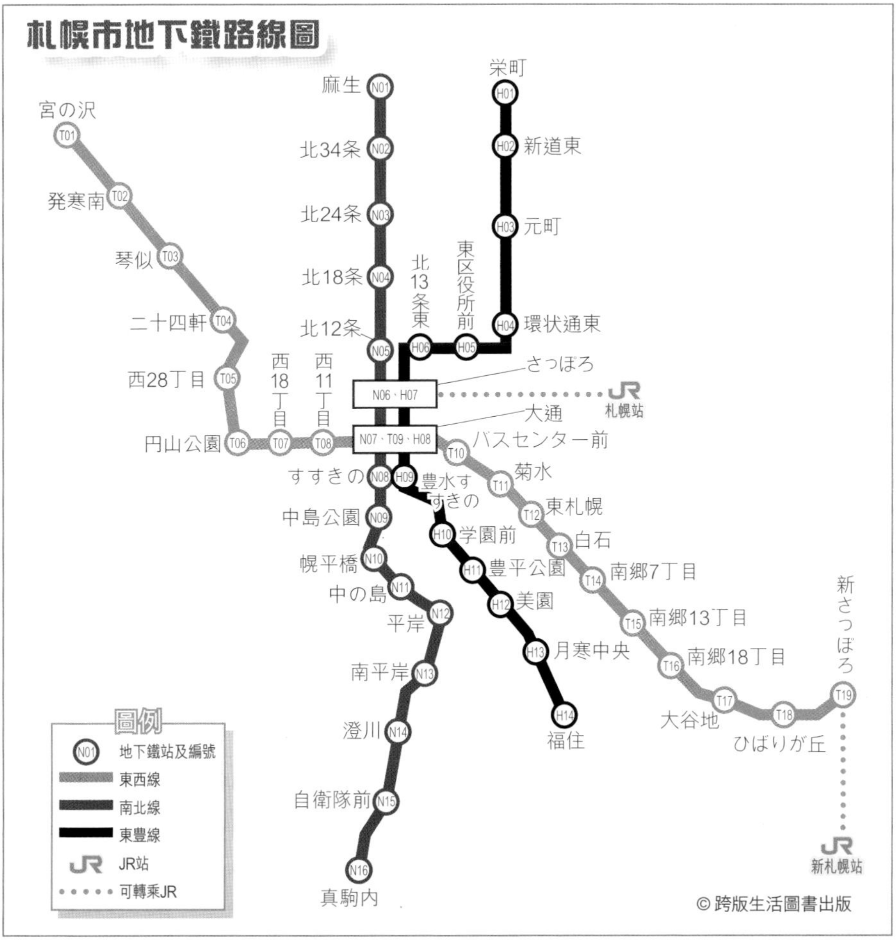

札幌市地下鐵路線圖

南北線：N01 麻生、N02 北34条、N03 北24条、N04 北18条、N05 北12条、N06 さっぽろ、N07 大通、N08 すすきの、N09 中島公園、N10 幌平橋、N11 中の島、N12 平岸、N13 南平岸、N14 澄川、N15 自衛隊前、N16 真駒内

東西線：T01 宮の沢、T02 発寒南、T03 琴似、T04 二十四軒、T05 西28丁目、T06 円山公園、T07 西18丁目、T08 西11丁目、T09 大通、T10 バスセンター前、T11 菊水、T12 東札幌、T13 白石、T14 南郷7丁目、T15 南郷13丁目、T16 南郷18丁目、T17 大谷地、T18 ひばりが丘、T19 新さっぽろ

東豐線：H01 栄町、H02 新道東、H03 元町、H04 環状通東、H05 東区役所前、H06 北13条東、H07 さっぽろ、H08 大通、H09 豊水すすきの、H10 学園前、H11 豊平公園、H12 美園、H13 月寒中央、H14 福住

N06・H07　N07・T09・H08

JR 札幌站　JR 新札幌站

圖例：(N01) 地下鐵站及編號；東西線；南北線；東豐線；JR 站；可轉乘JR

2. 市電 (路面電車)

札幌市的市電自 1958 年開始行駛，行走路線為環狀線，並可細分為 4 條路線，分別是行走「西 4 丁目站」至「西 15 丁目站」的一条線；「西 15 丁目站」至「中央図書館前站」的山鼻西線；「中央図書館前站」至「すすきの站」的山鼻線及「すすきの站」至「西 4 丁目站」的都心線。市電每個車站均有獨立編號，方便外國遊客識別。

▲市電。(攝影：蘇飛)

INFO

車費：每程成人 ¥200，小童 ¥100；逢星期六、日、公眾假期及 12 月 29 日至 1 月 3 日則設有名為「どサンこパス」的一日乘車券，價錢為 ¥360

網站：www.city.sapporo.jp/st/shiden/sidenromen.html

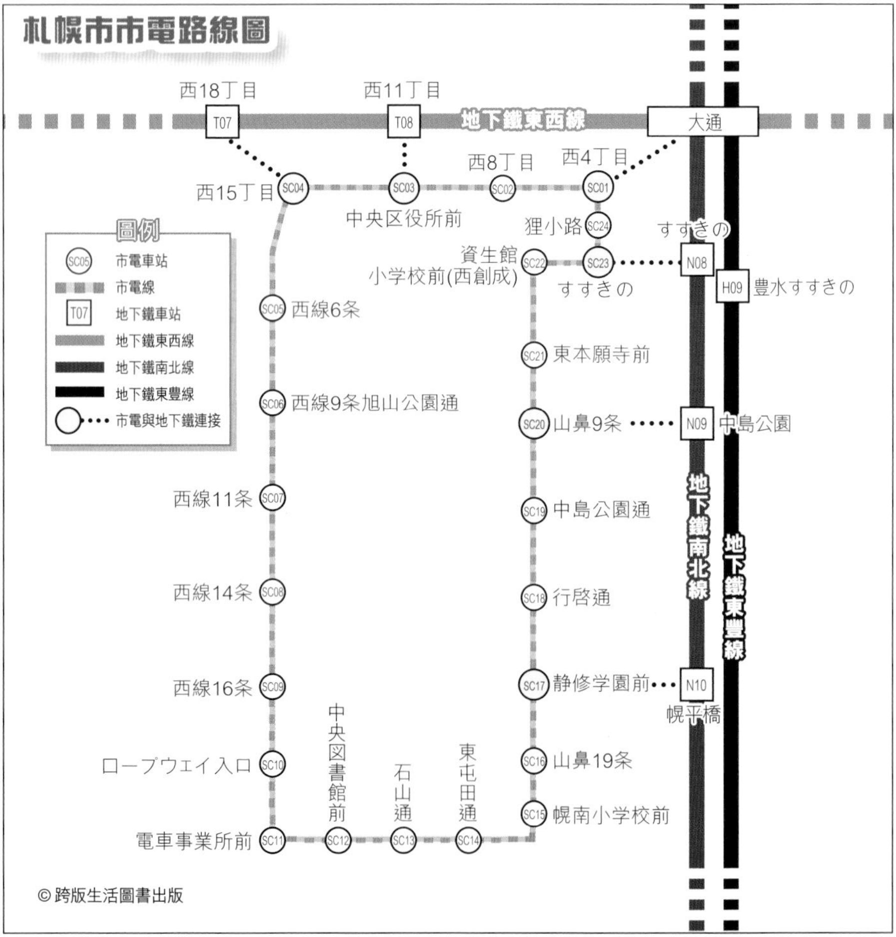

札幌市市電路線圖

地下鐵東西線：西18丁目 T07、西11丁目 T08、大通

SC01 西4丁目
SC02 西8丁目
SC03 中央区役所前
SC04 西15丁目
SC05 西線6条
SC06 西線9条旭山公園通
SC07 西線11条
SC08 西線14条
SC09 西線16条
SC10 ロープウェイ入口
SC11 電車事業所前
SC12 中央図書館前
SC13 石山通
SC14 東屯田通
SC15 幌南小学校前
SC16 山鼻19条
SC17 静修学園前
SC18 行啓通
SC19 中島公園通
SC20 山鼻9条
SC21 東本願寺前
SC22 資生館小学校前(西創成)
SC23 すすきの
SC24 狸小路

地下鐵南北線：N08 すすきの、N09 中島公園、N10 幌平橋
地下鐵東豊線：H09 豊水すすきの

圖例
市電車站
市電線
地下鐵車站
地下鐵東西線
地下鐵南北線
地下鐵東豊線
市電與地下鐵連接

Easy Go!® 旅遊系列

韓國

巷弄滋味市場尋寶
Easy GO!——首爾美食街

作者：Cyrus
頁數：368頁全彩
書價：HK$88、NT$350

絕色奇觀清新遊
Easy GO!——京畿道

作者：陳瑋詩
頁數：360頁全彩
書價：HK$88、NT$350

韓風魅力新意遊
Easy GO!——首爾仁川

作者：陳瑋詩(위시)
頁數：264頁全彩
書價：HK$98、NT$390

熱情海港爽吃遊
Easy GO!——釜山

作者：林芳菲
頁數：312頁全彩
書價：HK$98、NT$390

澈藍海島繽紛遊
Easy GO!——濟州

作者：車建恩
頁數：248頁全彩
書價：HK$98、NT$390

台灣

熱玩盛宴豐味遊
Easy GO!——台北新北

作者：Lammay
頁數：416頁全彩
書價：HK$98、NT$350

放空逍遙滋味遊
Easy GO!——中台灣澎湖

作者：次女、一哥、關茵
頁數：388頁全彩
書價：HK$88、NT$350

陽光美饌山海奔放
Easy GO!——南台灣

作者：宋維哲、Lammay
頁數：400頁全彩
書價：HK$88、NT$350

山海尋秘慢活
Easy GO!——東台灣

作者：宋維哲、陳奕祺
頁數：336頁全彩
書價：HK$88、NT$350

遊城走鄉環台好時光
Easy GO!——台灣環島

作者：Lammay
頁數：376頁全彩
書價：HK$98、NT$390

東南亞及其他系列

邂逅純樸新派之美
Easy GO!——越南

作者：車建恩
頁數：240頁全彩
書價：HK$88、NT$390

Hea玩潮遊嘆世界
Easy GO!——曼谷

作者：Tom Mark
頁數：336頁全彩
書價：HK$98、NT$390

泰北淳樸愜意遊
Easy GO!——清邁

作者：車建恩
頁數：232頁全彩
書價：HK$88、NT$350

動感觸目精華遊
Easy GO!——新加坡

作者：高俊權
頁數：264頁全彩
書價：HK$98、NT$350

異國滋味獨家風情
Easy GO!——澳門

作者：高俊權、宋維哲等
頁數：240頁全彩
書價：HK$88、NT$390

魅力情懷潮爆遊
Easy GO!——香港

作者：沙米、李雪熒等
頁數：336頁全彩
書價：HK$88、NT$350

婀娜風情耀眼之都
Easy GO!——上海

作者：Li、次女
頁數：280頁全彩
書價：HK$88、NT$350

SMART GO!系列

台灣單車環島遊

作者：智富
頁數：216頁全彩
書價：HK$78、NT$290

Easy Go!® 旅遊系列

日本

經典新玩幸福嘆名物
Easy GO!——大阪

作者：Him
頁數：360頁全彩
書價：HK$98、NT$390

玩味泡湯親自然
Easy GO!——九州

作者：Li
頁數：432頁全彩
書價：HK$98、NT$390

藍天碧海琉球風情
Easy GO!——沖繩

作者：Li
頁數：416頁全彩
書價：HK$108、NT$450

香飄雪飛趣玩尋食
Easy GO!——北海道青森

作者：Li
頁數：368頁全彩
書價：HK$108、NT$450

暖暖樂土清爽醉遊
Easy GO!——日本東北

作者：Li
頁數：344頁全彩
書價：HK$98、NT$350

秘境神遊新鮮嘗

Easy GO!——鳥取廣島

作者：Li
頁數：456頁全彩
書價：HK$108、NT$450

環抱晴朗慢走島國
Easy GO!——四國

作者：黃穎宜、Gigi
頁數：352頁全彩
書價：HK$108、NT$450

紅楓粉櫻古意漫遊
Easy GO!——京阪神關西

作者：Him
頁數：504頁全彩
書價：HK$108、NT$450

北陸古韻峻美山城
Easy GO!——名古屋日本中部

作者：Li
頁數：520頁全彩
書價：HK$108、NT$450

頂尖流行掃貨嘗鮮
Easy GO!——東京

作者：Him
頁數：512頁全彩
書價：HK$108、NT$450

歐美、澳洲

遨遊11國省錢品味遊
Easy GO!——歐洲

作者：黃穎宜
頁數：312頁全彩
書價：HK$108、NT$390

殿堂都會華麗濱岸
Easy GO!——美國東岸

作者：Lammay
頁數：328頁全彩
書價：HK$88、NT$350

沉醉夢幻國度
Easy GO!——法國瑞士

作者：Chole
頁數：288頁全彩
書價：HK$98、NT$350

豪情闖蕩自然探奇
Easy GO!——澳洲

作者：黃穎宜
頁數：248頁全彩
書價：HK$98、NT$350

Classic貴氣典雅迷人
Easy GO!——英國

作者：沙發衝浪客
頁數：272頁全彩
書價：HK$108、NT$390

全港各大書局有售

網上訂購及獲取更多圖書資訊請瀏覽

Facebook 專頁
http://crossborder.com.hk/

或

公司網站
http://www.crossborderbook.net/

海外讀者可到以下網址訂購圖書：

博客來：www.books.com.tw
Yes Asia：www.yesasia.com

《日本ACG動漫聖地巡遊》

編著：Li
責任編輯：李卓蔚
版面設計：麥碧心
協力：IKiC
相片授權提供：Maidreamin、和style.cafe AKIBA、Hacostadium Cosset、執事喫茶スワロウテイル、外国人執事喫茶バトラーズカフェ、NEWTON CORPORATION、Curas Studio、CheckTable、Him、詩人、蘇飛、Vivian、Hikaru

出版：跨版生活圖書出版
地址：新界荃灣沙咀道11-19號達貿中心211室
電話：3153 5574　傳真： 3162 7223
專頁：http://crossborder.com.hk/（Facebook專頁）
網站：http://www.crossborderbook.net
電郵：crossborderbook@yahoo.com.hk

發行：泛華發行代理有限公司
地址：香港將軍澳工業邨駿昌街七號星島新聞集團大廈
電話：2798 2220　傳真：2796 5471
網址：http://www.gccd.com.hk
電郵：gccd@singtaonewscorp.com

台灣總經銷：永盈出版行銷有限公司
地址：231新北市新店區中正路499號4樓
電話：(02)2218 0701　傳真：(02)2218 0704

印刷：鴻基印刷有限公司

出版日期：2019年6月總第1次印刷
定價：HK$98　NT$390
ISBN：978-988-78894-5-8

出版社法律顧問：勞潔儀律師行

（我們力求每本圖書的資訊都是正確無誤，且每次更新都會努力檢查資料是否最新，但如讀者發現任何紕漏或錯誤之處，歡迎以電郵或電話告訴我們！）

請沿虛線剪下，傳真或郵寄到本社。

讀者意見調查表（七五折購書）

為使我們的出版物能更切合您的需要，請填寫以下簡單8題問卷（可以影印），交回問卷的讀者可以七五折郵購本社出版的圖書，**郵費及手續費全免** (只限香港地區)。

請在以下相應的□內打「✓」：

1. 基本資料：
   性別：□男 □女
   年齡：□18歲以下 □18-28歲 □29-35歲 □36-45歲 □46-60歲 □60歲以上
   學歷：□碩士或以上 □大學或大專 □中學 □初中或以下
   職業：________________
   一年內買書次數：1 次或以下□ 2-5次□ 6次或以上□
2. 您在哪裏購得本書《日本ACG動漫聖地巡遊》：
   □書店 □郵購 □便利店 □贈送 □書展 □其他__________
3. 您選購本書的原因（可多選）：
   □價錢合理 □印刷精美 □內容豐富 □封面吸引 □題材合用 □資料更新
   □附送地圖 □附送優惠券 □其他__________
4. 您認為本書：□非常好 □良好 □一般 □不好
5. 您認為本書是否有需要改善？(可選多項，刪除不適用)
   □沒有 □頁數(過多/過少) □景點資訊(太多/太少) □飲食/購物(太多/太少)
   □地圖準確度 □住宿介紹 □交通/行程 □其他______________________________
6. 您對跨版生活圖書出版社的認識程度：□熟悉 □略有所聞 □從沒聽過
7. 請建議本社出版的旅遊書題材：____
8. 其他意見和建議(如有的請填寫)：____

七五折購書表格

請選購以下圖書：（全部75折）

□《頂尖流行掃貨嘗鮮Easy GO!—東京》 (原價：HK$108 折實$81) ____ 本
□《紅楓粉櫻古意漫遊Easy GO!——京阪神關西》 (原價：HK$108 折實$81) ____ 本
□《秘境神遊新鮮嘗Easy GO!——鳥取廣島》 (原價：HK$108 折實$81) ____ 本
□《北陸古韻峻美山城Easy GO!——名古屋日本中部》 (原價：HK$108 折實$81) ____ 本
□《藍天碧海琉球風情Easy GO! ——沖繩》 (原價：HK$108 折實$81) ____ 本
□《　　　　　　　　》 ____ 元 ____ 本

共選購______ 本，總數（HK$）：________________________

（其他可選圖書見背頁，詳情請瀏覽：http://www.crossborderbook.net）

（訂購查詢可致電：3153 5574）

本社根據以下地址寄送郵購圖書（只接受香港讀者）：

姓名：______________________________ 聯絡電話#：__________________________________

電郵：____

地址：____

請把問卷傳真至31627223或寄至「荃灣郵政局郵政信箱1274號 跨版生活圖書出版有限公司收」。

#聯絡電話必須填寫，以便本社確認收件地址無誤，如因無法聯絡而郵寄失誤，本社恕不負責。

* 購書方法：請把表格剪下，連同存款收據/ 劃線支票（不接受期票）郵寄至「荃灣郵政局郵政信箱1274號 跨版生活圖書出版有限公司收」。或把表格及存款收據傳真至31627223（只限銀行存款方式付款）。收到表格及款項後本社將於五個工作天內將圖書以平郵寄出。
* 付款方式：

(1)請將款項存入本社於匯豐銀行戶口：033-874298-838

(2)支票抬頭請寫：「跨版生活圖書出版」或「Cross Border Publishing Company」。

*此問卷結果只供出版社內部用途，所有個人資料保密，並於使用後銷毀。

(影印本有效)

PLEASE AFFIX
STAMP HERE
請貼上郵票

新界荃灣郵政局
郵政信箱1274號
「跨版生活圖書出版有限公司」收

圖書目錄

食譜

《營養師慳錢家常食譜》	HK$78(折實$58.5)□
《輕鬆抗癌營養師食譜》	HK$78(折實$58.5)□
《肝病營養食譜》	HK$78(折實$58.5)□
《營養師低卡私房菜》	HK$78(折實$58.5)□
《營養師的輕怡瘦身甜品》	HK$78(折實$58.5)□
《營養師話你知101不可不知健康營養真相》	HK$68(折實$51)□
《營養進補坐月食譜》	HK$78(折實$58.5)□
《營養師素食私房菜》	HK$78(折實$58.5)□
《(金牌)營養師的小學生午餐便當》	HK$78(折實$58.5)□
《擊破港式飲食陷阱》	HK$68(折實$51)□
《(金牌)營養師的糖尿病甜美食譜》	HK$88(折實$66)□
《抗膽固醇營養師新煮意》	HK$78(折實$58.5)□
《營養師瘦身私房菜》	HK$68(折實$51)□
《懷孕坐月營養師食譜》	HK$68(折實$51)□
《0-2歲快樂寶寶食譜&全方位照護手冊》	HK$68(折實$51)□
《快樂餐單全方位抗壓食療坊》	HK$68(折實$51)□

湯水

《排毒美容中醫湯水》	HK$78(折實$58.5)□
《健康排毒中醫101湯水》	HK$68(折實$51)□
《女性病調護中醫食療》	HK$68(折實$51)□
《抗鼻敏感100中醫湯水》	HK$68(折實$51)□
《抗高血壓108中醫湯水》	HK$68(折實$51)□
《更年期中醫108湯水》	HK$68(折實$51)□
《糖尿病中醫108湯水》	HK$68(折實$51)□
《抗膽固醇家常湯水(增訂版)》	HK$68(折實$51)□
《兒童抗都市病101湯水》	HK$58(折實$43.5)□

理財投資、商管營銷

《美元10萬做美國業主》	HK$88(折實$66)□
《投資創富趁年輕》	HK$78(折實$58.5)□
《轉角樓市置業攻略》	HK$88(折實$66)□
《技術分析精讀本(全新修訂第5版)》	HK$78(折實$58.5)□
《瞬間讀穿客戶心》	HK$68(折實$51)□
《一句定輸贏──銷售必勝50金句》	HK$68(折實$51)□

消閒/興趣

《養狗必識78件事》	HK$78(折實$58.5)□
《聽聽寵物心底話──動物傳心術 與寶貝談心》	HK$78(折實$58.5)□
《動物傳心師的世界》	HK$78(折實$58.5)□

旅遊

《暖暖樂土清爽醉遊Easy GO!──日本東北》	HK$98(折實$73.5)□
《秘境神遊新鮮嘗Easy GO!──鳥取廣島》	HK$108(折實$81)□
《經典新玩幸福嘆名物Easy GO!──大阪》	HK$98(折實$73.5)□
《環抱晴朗慢走島國Easy GO!──四國》	HK$108(折實$81)□
《北陸古韻峻美山城Easy GO!──名古屋日本中部》	HK$108(折實$81)□
《藍天碧海琉球風情Easy GO!──沖繩》	HK$108(折實$81)□
《紅楓粉櫻古意漫遊Easy GO!──京阪神關西》	HK$108(折實$81)□
《頂尖流行掃貨嘗鮮Easy GO!──東京》	HK$108(折實$81)□
《香飄雪飛趣玩尋食Easy GO!──北海道青森》	HK$108(折實$81)□
《玩味泡湯親自然Easy GO!──九州》	HK$98(折實$73.5)□
《婀娜風情耀眼之都Easy GO!──上海》	HK$88(折實$66)□
《異國滋味獨家風情Easy GO!──澳門》	HK$88(折實$66)□
《熱玩盛宴豐味遊Easy GO!──台北新北》	HK$98(折實$73.5)□
《放空逍遙滋味遊Easy GO!──中台灣澎湖》	HK$88(折實$66)□
《陽光美饌山海奔放Easy GO!──南台灣》	HK$88(折實$66)□
《山海尋秘慢活Easy GO!──東台灣》	HK$88(折實$66)□
《遊城走鄉環台好時光 Easy GO!──台灣環島》	HK$98(折實$73.5)□
《巷弄滋味市場尋寶Easy GO!──首爾美食街》	HK$88(折實$66)□
《閃耀韓流吃喝遊Easy GO!──首爾》	HK$98(折實$73.5)□
《韓風魅力新意遊 Easy GO!──首爾仁川》	HK$98(折實$73.5)□
《熱情海港爽吃遊Easy Go!──釜山》	HK$98(折實$73.5)□
《絕色奇觀清新遊Easy GO!──京畿道》	HK$88(折實$66)□
《澈藍海島繽紛遊Easy GO!──濟州》	HK$98(折實$73.5)□
《Classic貴氣典雅迷人 Easy Go!──英國》	HK$108(折實$81)□
《遨遊11國省錢品味遊Easy GO!──歐洲》	HK$108(折實$81)□
《沉醉夢幻國度Easy GO!──法國瑞士》	HK$98(折實$73.5)□
《殿堂都會華麗濱岸Easy GO!──美國東岸》	HK$88(折實$66)□
《豪情闖蕩自然探奇Easy GO!──澳洲》	HK$98(折實$73.5)□
《Hea玩潮遊嘆世界 Easy GO!──曼谷》	HK$98(折實$73.5)□
《泰北淳樸愜意遊 Easy GO!──清邁》	HK$88(折實$66)□
《動感觸目精華遊Easy GO!──新加坡》	HK$98(折實$73.5)□
《邂逅純樸新派之美Easy GO!──越南》	HK$88(折實$66)□
《魅力情懷潮爆遊 Easy GO!──香港》	HK$88(折實$66)□
《台灣單車環島遊》	HK$78(折實$58.5)□
《日本ACG動漫聖地巡遊》	HK$98(折實$73.5)□

請沿虛線剪下，傳真或郵寄到本社。